Schriftenreihe der Stiftung Denkmal für die
ermordeten Juden Europas

Band II

Dimensionen der Verfolgung

Dimensionen der Verfolgung.

Opfer und Opfergruppen im Nationalsozialismus

Herausgegeben von Sibylle Quack

Schriftenreihe der Stiftung Denkmal
für die ermordeten Juden Europas
Band II

Bibliografische Information Der Deutschen Bibliothek
Die Deutsche Bibliothek verzeichnet diese Publikation in der Deutschen
Nationalbibliografie; detaillierte bibliografische Daten sind im Internet
über <http://dnb.ddb.de> abrufbar.

© 2003 Deutsche Verlags-Anstalt GmbH, München
Alle Rechte vorbehalten
Satz: EDV-Fotosatz Huber/Verlagsservice G. Pfeifer, Germering
Umschlaggestaltung: F 217 Gudrun Haberkern, Berlin
Druck und Bindung: Freiburger Graphische Betriebe, Freiburg i. Br.
Diese Ausgabe wurde auf chlor- und säurefrei gebleichtem,
alterungsbeständigem Papier gedruckt.
ISBN 3-421-05757-5

Inhalt

Sibylle Quack

Einleitung

Der Beschluss des Deutschen Bundestags vom 25. Juni 1999, ein zentrales Denkmal für die ermordeten Juden Europas mit einem »Ort der Information« in Berlin zu errichten, enthält zugleich die Aufforderung, über die Errichtung des Denkmals hinaus auch das würdige Gedenken an alle Opfer des Nationalsozialismus wachzuhalten. Für die Umsetzung des Beschlusses wurde im Jahr darauf die Stiftung »Denkmal für die ermordeten Juden Europas« errichtet. Diese berief einen Beirat, der sie bei ihren Aktivitäten, an alle Opfergruppen zu erinnern, berät und unterstützt.

Die vorliegende Sammlung von Aufsätzen über Opfer und Opfergruppen des Nationalsozialismus basiert auf verschiedenen Vortragsreihen, die die Stiftung auf Anregung ihres Beirats in den Jahren 2002 und 2003 veranstaltet hat. Kooperationspartner waren dabei die Vertretung des Saarlandes beim Bund sowie die Stiftungen »Topographie des Terrors«, »Neue Synagoge – Centrum Judaicum« und »Brandenburgische Gedenkstätten«.

Die Beiträge des Bandes bieten ein breites Spektrum der Verfolgungsmaßnahmen und Opfererfahrungen im Dritten Reich. Sie vermitteln ein differenziertes Bild von Menschen, die in das Visier des Terrors gerieten, und unterstreichen die Absurdität, mit der die Verfolgung und Ermordung der Opfer durch den nationalsozialistischen Herrschaftsapparat begründet wurden. Die Sammlung zeigt aber auch, wie schwer es ist, der Perspektive der Opfer gerecht zu werden. Oft sind nicht einmal mehr ihre Namen bekannt. Dazu kommt, dass der geschichtlichen Aufarbeitung und Darstellung der NS-Verbrechen die Neigung innewohnt, bei den Mechanismen der Tat und bei den Tätern zu verweilen.

Hier liegt ein Problem jeder geschichtlichen Darstellung, die sich der wissenschaftlichen Aufarbeitung und Analyse des Nationalsozialismus widmet. Wir wollen die Opfer würdigen, ihr Leid begreifen, an sie erinnern, und wir sprechen über die Täter. Doch dieses Dilemma ist struktureller Natur – auch hinsichtlich der Überlieferung – und nur bis zu einem gewissen Grad abzubauen. Man kann das Leid der Opfer nicht würdigen, noch nicht einmal begreifen, wenn die Hauptlinien der Verfolgung, wenn Plan und konkrete Ausführung der Täter nicht bekannt sind. Verfolgungspolitik und erlittene Verfolgung gehören zusammen. Das eine ist ohne das andere nicht denkbar.

Dass wir bei der historischen Analyse auf die Kategorien der Mörder zurückgreifen, ist schmerzlich. Die Darstellung kann nur mit gleichzeitiger Distanzierung und Reflexion erfolgen, und es muss immer deutlich werden, wie absurd die von den Nationalsozialisten betriebenen Einteilungen von Menschen waren, zu welch grausamer Realität und entsetzlichen Konsequenzen die rassistischen und »rassenbiologischen« Kategorien der Täter bei den Betroffenen geführt haben. Manche der vorliegenden Arbeiten zeigen, dass diese Kategorisierungen in einer Tradition standen, die schon lange vor 1933 entstanden war; und dass sie zum Teil noch nach 1945 fortbestanden. Aber erst und nur die Nationalsozialisten haben diese Traditionen zu einem umfassenden »gesellschaftsbiologischen«, rassistischen Programm und vor allem zum Gegenstand von brutal und rücksichtslos durchgesetzter Herrschaft und Politik gemacht.

Wichtig ist, dass wir die subjektiven Stimmen der Verfolgten hören und zur Kenntnis nehmen – wo sie noch welche haben. Das heißt, dass wir ihre Zeugnisse, ihre Erinnerungen, ihre Hilfeschreie, ihre in Not geschriebenen Zettel, ihre Äußerungen während späterer Prozesse, ihre Äußerungen in Interviews sehr ernst nehmen. Und dass wir sie nicht hauptsächlich als Opfer begreifen, sondern als Menschen mit all ihren Widersprüchen, die ein individuelles Leben hatten, bevor sie verfolgt wurden, die dann versucht haben, sich zu behaupten, zu entkommen, zu überleben.

Besonders eindrucksvoll ist in dieser Hinsicht der Beitrag von Beate Meyer, der uns dank neuer Interviews mit Angehörigen so genannter jüdischer Mischlingsfamilien eine Innenansicht dieser Opfergruppe angesichts von Zwangsmaßnahmen und Gewalt bietet. Zugleich macht die Autorin deutlich, wie nah und gegenwärtig die Gefahr und Bedrohung, wie unendlich hoch der Druck, sich anzupassen und nicht aufzufallen, für diese Menschen war. Freilich, auch das wird aus dem Beitrag ersichtlich, erlebten diese Verfolgten ihre Diskriminierung und Ausgrenzung als Einzelne, trotz äußerem Druck entwickelten sie »kein Gruppenbewusstsein«. Jeder von ihnen versuchte auf seine Weise, den jeweils besten der noch möglichen Wege zu beschreiten. Claudia Schoppmann berichtet anhand einzelner Biographien über das Leben deutscher Juden im Untergrund – in ständiger Gefahr, entdeckt zu werden. Viele Versuche sind gescheitert, doch es gab unter den nichtjüdischen Deutschen auch Helfer und Retter. Die Forschung zu dieser Thematik steht noch am Anfang; ihre Untersuchung beruht auf einem Projekt des Zentrums für Antisemitismusforschung an der Technischen Universität Berlin. Es gibt, so schreibt die Autorin, bisher keine systematische, überregionale Darstellung des Überlebenskampfes dieser Verfolgtengruppe. Die Rekonstruktion ist umso schwieriger, weil die Opfer selbst bemüht waren, ihre Spuren zu verwischen, um sich dem Zugriff der Täter zu entziehen.

Schließlich erweitert der Band unseren Horizont, indem er auf Opfergruppen hinweist, die so gut wie unbekannt sind: zum Beispiel die so genannten Rundfunkverbrecher. Gleich nach der Machtübernahme waren die Nationalsozialisten darauf bedacht, sich das Informations- und Deutungsmonopol im Reich zu sichern. Michael P. Hensle vermittelt anschaulich, wie sehr die Diktatur ihrer eigenen Propaganda und deren Medien misstraute. Selbst Minister benötigten eine Erlaubnis, ausländische Sender zu hören; für die Bevölkerung galt das allemal. Die Verfolgung des immer größer werdenden »Nachrichtenhungers« öffnete justizieller Willkür Tür und Tor; eine genaue Abgrenzung einzelner Vergehen war nicht gegeben. Darüber hinaus macht der Beitrag deutlich, wie weit verbreitet Denunziation war: Sogar »Grußbesteller«, die im Rundfunk gehörte Nachrichten von gefangenen Soldaten an Angehörige übermitteln wollten, wurden verfolgt – nachdem sie von ebendiesen Verwandten angezeigt worden waren.

Günter Graus Beitrag widmet sich dagegen einer Opfergruppe, deren Schicksal – wenn auch erst in den letzten Jahren – seinen Weg in das öffentliche Gedächtnis der Bundesrepublik gefunden hat: Für die Gruppe der Homosexuellen, schreibt Grau, gab es kein »Konzept« der Nationalsozialisten zur physischen Vernichtung. Galten Homosexuelle in Kaiserreich und Weimarer Zeit als »gewöhnliche Kriminelle«, wurden sie nun jedoch aufgrund »rassenbiologischer« Begründungen zu »inneren Staatsfeinden«; das hatte tödliche Folgen für viele schwule Männer. Dem konnten die Betroffenen – wie

die jüdischen »Mischlinge« – nur durch ein möglichst unauf-
fälliges Verhalten begegnen. Das späte Gedenken an diese
Verfolgtengruppe hat seine Ursachen allerdings in ihrer be-
wussten Ausgrenzung auch nach dem Krieg.

Der Beitrag Peter Jahns benennt große Opfergruppen, die
bis zum heutigen Tage kaum eine Rolle in der öffentlichen
deutschen Erinnerungslandschaft spielen. Zu Recht verweist
er auf einen zentralen Verbrechenskomplex der NS-Diktatur:
die postulierte Vernichtung des »jüdischen Bolschewismus«
und die Eroberung von »Lebensraum im Osten«. Sein Beitrag
zeigt eindrucksvoll, dass der Hungertod von mehreren Millionen slawischsprachigen Zivilisten und Kriegsgefangenen
zum Kalkül der Nationalsozialisten gehörte, die die Planung
und Praxis dieser Form der Vernichtung systematisch voran-
trieben. Wenn »wir diesen vor allem durch Hunger praktizierten Genozid an den slawischen Völkern in der Erinnerung
marginalisieren«, schreibt Jahn, »verzichten wir darauf, uns
einen umfassenden Begriff von NS-Herrschaft zu machen«.

Gerhard Paul wiederum zeigt, wie rigoros, geradezu hysterisch die Wehrmachtsjustiz auch gegen die eigenen Soldaten
vorgegangen ist. Ähnlich wie bei den »Rundfunkverbre-
chern«, denen der Tatbestand der »Zersetzung« im zivilen Be
reich vorgeworfen wurde, war die Angst vor einer Neuauflage
des »November 1918« Beweggrund, so genannte wehrkraft-
zersetzende Erscheinungen innerhalb der Armee mit härtes-
ten und in diesem Falle standgerichtlichen Mitteln zu be-
kämpfen. Die mörderische Militärjustiz des Dritten Reichs
hat Tausende das Leben gekostet. Strafrechtlich verfolgt und
zur Verantwortung gezogen wurden die Täter nach dem Krieg
kaum.

Dietmar Sedlaczek lenkt den Blick auf Kinder und Jugendliche, die von den Nazis verfolgt wurden – zunächst im Reich,

dann, im Laufe des Krieges, auch in den besetzten Gebieten. Sie bilden keine eigenständige Opfergruppe, da sie Juden, »Slawen« oder »Zigeuner« waren. Sie fielen – wie Erwachsene – »rassenbiologischer«, rassistischer und ideologischer Verfolgung millionenfach zum Opfer.

Peter Widmann weist in seinem Beitrag über »Zigeuner« die Kontinuitäten der Stigmatisierung dieser Volksgruppe vom Kaiserreich über die Weimarer Republik bis zur nationalsozialistischen Verfolgung nach. Die braunen Machthaber verschärften vorhandene diskriminierende Vorgehensweisen; zugleich verfügten sie neue, spezifisch nationalsozialistische Maßnahmen – wie das »Gesetz zur Verhütung erbkranken Nachwuchses« und den Kampf gegen vermeintlich »Asoziale«, denen auch »Zigeuner« zum Opfer fielen: Sie wurden in Listen erfasst, zwangssterilisiert, interniert, deportiert, ghettoisiert, ermordet. »So gut wie jede Familie unter den Sinti und Roma Deutschlands und Österreichs verlor Angehörige im Völkermord«, resümiert Widmann. Und noch immer leiden die Angehörigen dieser Minderheit unter dem Trauma; denn auch in beiden deutschen Nachkriegsstaaten war die gesellschaftliche Haltung ihnen gegenüber ungebrochen negativ; wie bei den Homosexuellen waren weiterhin Stereotype vorherrschend. Erst allmählich findet der Mord an den Sinti und Roma Eingang in die offizielle Gedenkkultur.

Auch Gisela Bocks Beitrag macht deutlich, dass die Nationalsozialisten bestehendes Gedankengut aufgriffen: Ideen zur Zwangssterilisation gab es vor 1933 weltweit. Doch nur im Deutschen Reich wurden sie zu einem massenhaft angewandten Mittel der Geburtenverhinderung, nur hier sollten soziale Fragen in bis dato unbekanntem Ausmaß mit biologischen Mitteln »gelöst« werden. Die »Euthanasie«-Mord-Aktionen, die den Gegenstand des Beitrags von Georg Lilienthal bilden, knüpften an diese Sterilisationspolitik an. Der Mord an den Behinderten – durch Giftgas oder Hunger – geschah vor allem aus ideologischen und rassistischen Gründen. Zugleich offenbart Lilienthal die enge strukturelle und personelle Verbindung zwischen dem Massenmord an so genanntem minderwertigem Leben und dem Völkermord an den europäischen Juden, denn »in den Tötungsanstalten wurde erprobt, was sich in Auschwitz bewähren sollte«. Darüber hinaus schildert der Beitrag die »Wege des Gedenkens« am Beispiel Hadamars und damit den Wandel in der (west-)deutschen Erinnerungskultur in den Jahrzehnten seit 1945. Die Perversion und Menschenverachtung des nationalsozialistischen Systems, besonders auf dem Feld der Medizin, macht Rolf Winau nochmals eindringlich in seinem Text zu Menschenversuchen in Konzentrationslagern deutlich: Häftlinge waren in den Augen der verantwortlichen Ärzte eine Verfügungsmasse, die für militärische und »rassenhygienische« Forschungen missbraucht wurde.

Vortragsreihe und Sammelband allein vermögen noch nicht, den vergessenen, verdrängten oder weniger bekannten Opfergruppen nationalsozialistischer Verfolgung und Vernichtung einen gebührenden Platz im kollektiven Erinnern der Bundesrepublik zu verschaffen. Doch sie vermitteln wichtige Anstöße und regen dazu an, sich mit dem Leid dieser Opfer intensiver auseinander zu setzen und ihre Schicksale zu würdigen. Dafür danke ich den Autorinnen und Autoren des vorliegenden Bandes ganz besonders; die meisten von ihnen beschäftigen sich seit langem mit Theorie und Praxis nationalsozialistischer Verfolgung und deren Wirkungen auf die Opfer und tragen durch ihre Arbeit in Forschung, Lehre und als Leiter von Gedenkstätten dazu bei, dass die Erinnerung an alle Opfergruppen wachgehalten wird.

Schließlich sei Uwe Neumärker gedankt, der durch seine kluge und umsichtige Redaktion entscheidend dazu beigetragen hat, dass dieses Buch in der vorliegenden Fassung als zweiter Band der Schriftenreihe der Stiftung erscheinen kann.

Beate Meyer

Grenzgänger – »Mischlinge ersten Grades« zwischen Normalität und Verfolgung (1933–1945)

Lange sparte die historische Forschung das Thema der Verfolgung so genannter Halbjuden während der NS-Zeit weitgehend aus.[1] Zum einen lag dies an der relativ kleinen Opfergruppe: Die Volkszählung von 1939 ergab lediglich eine Zahl von 72 738 »Halbjuden« und 42 811 »Vierteljuden«.[2] Die Auseinandersetzungen um das Schicksal der Mischehen – die Elterngeneration – und der »Mischlinge« fanden in erster Linie im »Altreich« statt, während diese in den besetzten Gebieten, insbesondere im Osten, meist wie Juden behandelt und damit in den Vernichtungsprozess einbezogen wurden. Zum anderen verstellte eine Vielzahl von Maßnahmen, die teilweise regional differierten, oft in sich widersprüchlich waren und im Laufe der NS-Herrschaft mehrfach revidiert wurden, den Blick auf die wechselhafte Situation dieser Verfolgtengruppe. Erst seit den achtziger Jahren mehren sich wissenschaftliche Publikationen.[3] Auch die Betroffenen, die angesichts des alles überlagernden, grauenhaften Geschehens in

---

1 Siehe dazu Forschungsüberblick bei Meyer, Beate, »Jüdische Mischlinge« – Rassenpolitik und Verfolgungserfahrung 1933–1945, Hamburg 1999.

2 Vgl. Statistik des Deutschen Reiches, Band 552/4, Volkszählung, Heft 4, Die Juden und die jüdischen Mischlinge im Deutschen Reich, Berlin 1944.

3 Vgl. Literaturliste bei Meyer, »Jüdische Mischlinge«, neu Rigg, Bryan Mark, Hitlers jüdische Soldaten, Paderborn/München/Wien/Zürich 2003, und Tent, James F., In the Shadow of the Holocaust, Nazi Persecution of Jewish-Christian Germans, Lawrence/Kansas 2003.

den Ghettos und Vernichtungslagern über das eigene, eher als marginal eingeschätzte Verfolgungsschicksal lange schwiegen, veröffentlichten nun ihre Memoiren.[4] Dabei wurde deutlich, wie breit das Spektrum ihrer entsprechenden Erfahrungen war, auch wenn fast alle »Mischlinge« den Prozess der Diskriminierung und Ausgrenzung als Einzelne erlebten. Der äußere Druck erzeugte bis kurz vor Kriegsende kein Gruppenbewusstsein. Die Erfahrungen unterschieden sich nach Geburtsjahrgang, danach, ob Vater oder Mutter jüdischer Herkunft waren, in welcher Region sie lebten, wie gefestigt die Beziehungen zur nichtjüdischen Umwelt waren und vielen anderen Komponenten.

Der NSDAP galt die »Blutsmischung« – ungeachtet ob mit oder ohne Bekenntnis zum Christentum – als Gefährdung des deutschen »Volkskörpers«.[5] Mischehen, Namensänderungen und Taufen werteten die NS-Rassenpolitiker als Tarnversuche der Abstammung. Nach der nationalsozialistischen Machtübernahme 1933 wurden »Voll-«, »Halb-« und »Vierteljuden« zunächst unterschiedslos als »Nichtarier« bezeichnet.

---

4 Hier nur einige Beispiele: Giordano, Ralph, Die Bertinis, Frankfurt/Main 1982; Hecht, Ingeborg, Als unsichtbare Mauern wuchsen. Eine deutsche Familie unter den Nürnberger Rassegesetzen, Hamburg 1987; Krüger, Helmut, Der halbe Stern. Leben als deutsch-jüdischer »Mischling« im Dritten Reich, Berlin 1993; Eckler, Irene, Die Vormundschaftsakte 1935–1958. Verfolgung einer Familie wegen »Rassenschande«, Schwetzingen/Horneburg 1996; Koehn, Ilse, Mischling zweiten Grades. Eine wahre Geschichte, Reinbek 1991.
   Politiker wie Egon Bahr, Helmut Schmidt oder Freimut Duve weisen auf ihre jüdische Herkunft ebenso hin wie Kulturschaffende, beispielsweise Günter Kunert, Wolf Biermann, Johannes Mario Simmel, Hans Rosenthal, Inge Meysel oder Michael Degen.

5 Vgl. dazu Essner-Conte, Cornelia, Die Alchemie des Rassenbegriffs und die Nürnberger Gesetze. In: Jahrbuch für Antisemitismusforschung 4 (1995), S. 201–225.

Die »Nürnberger Gesetze« und ihre Ausführungsverordnungen differenzierten die Verfolgtengruppe 1935 dann in »Voll-« und »Halbjuden«, wobei Letztere in »Mischlinge ersten Grades« (nichtjüdische) und »Geltungsjuden« (jüdische) unterteilt wurden.[6] Während die Nationalsozialisten »Volljuden« strikt aus der deutschen Gesellschaft ausgrenzten, galt für »Mischlinge ersten Grades« ein kompliziertes Sonderrecht. »Vierteljuden«, nun »Mischlinge zweiten Grades«, sollten dagegen in der deutschen Gesellschaft aufgehen und unterlagen nur wenigen Einschränkungen. Den Rasse-Antisemiten ging dieser Kompromiss jedoch nicht weit genug. Sie unternahmen immer wieder Anläufe, den Judenbegriff auch auf »Mischlinge ersten Grades« auszudehnen. Die Beratungen auf der Wannseekonferenz und deren Folgetreffen 1942/43, als über die »Alternative« Zwangssterilisierung oder Ghettoisierung der »Mischlinge« diskutiert wurde, stellen den Höhepunkt ihrer Aktivitäten dar. Die Vertagung einer Entscheidung auf die Zeit nach dem Kriege rettete das Leben der Betroffenen, wenngleich auf der Alltagsebene die Maßnahmen erheblich verschärft wurden.

Die reichsweite Zahl der Mischehen am Vorabend der nationalsozialistischen Machtübernahme wird auf 35 000 geschätzt. Bei Kriegsende lebten noch etwa ein Drittel von ihnen in Deutschland.[7] Die meisten Paare wurden in Berlin gezählt, gefolgt von Hamburg und Frankfurt am Main.[8] Es hatten wesentlich mehr jüdische Männer nichtjüdische Frauen als umgekehrt geheiratet. Die Nachkommen aus diesen Ehen gehörten

---

6 Siehe dazu jetzt auch Essner, Cornelia, Die Nürnberger Gesetze oder die Verwaltung des Rassenwahns, Paderborn 2002.
7 Vgl. Büttner, Ursula, Die Not der Juden teilen, Hamburg 1988, S. 14.
8 Vgl. Die Mischehe in Deutschland. In: Zeitschrift für Demographie und Statistik der Juden 4–6 (1926), S. 29.

zu über neunzig Prozent den christlichen Konfessionen an und konzentrierten sich ebenfalls in den Großstädten. In ihrer Alterspyramide dominierten zwei Gruppen: Kinder zwischen zehn und 14 sowie Erwachsene zwischen 25 und vierzig Jahren.[9] Somit befand sich 1939 ein Großteil der »Mischlinge ersten Grades« in der Schul- oder Berufsausbildung, andere standen im Erwerbsleben – vor allem in den Berufen, deren Ausübung ihnen noch möglich war: in Industrie und Handwerk, Handel und Verkehr. Insbesondere die jüngeren waren von der Sondergesetzgebung betroffen, die sie von Bildungs- und Ausbildungswegen ausschloss, die älteren vor allem vom Heiratsverbot und beruflichen Einschränkungen.[10]

Zur Annäherung an die Verfolgungserfahrungen der »Mischlinge«, also an die »Subjektseite der Geschichte« (Lutz Niethammer), soll im Folgenden vor allem mit Oral History gearbeitet werden, das heißt, es werden lebensgeschichtliche Interviews, ausgehend von Schlüsselpassagen, dargestellt und analysiert. Wie alle Selbstzeugnisse sind Interviews nur sehr begrenzt aussagefähig, wenn es um Ereignisse, Abläufe oder Hintergrundinformationen geht, die den Betroffenen in der Regel nicht bekannt sind. Doch bieten sie tiefe Einblicke in die »Innenansichten bestimmter sozialer Gruppen« (Alexander von Plato) und die subjektive Verarbeitung von Erfah-

---

9 Vgl. Statistik des Deutschen Reichs, Band 552/4, S. 4/48–55 und 4/56–59; demographische Angaben zu den »Mischlingen« vgl. Blau, Bruno, Die Christen jüdischer und gemischter Abkunft in Deutschland und Österreich im Jahr 1939. In: Judaica 5 (1949), S. 272–288; Noakes, Jeremy, The Development of Nazi Policy toward the German-Jewish »Mischlinge« 1933–1945. In: Leo Baeck Institute Year Book XXXIV, London/Jerusalem/New York 1989, S. 291–354, hier, S. 292–298; Meyer, »Jüdische Mischlinge«, S. 162ff.

10 Zur Sondergesetzgebung im Einzelnen siehe Meyer, »Jüdische Mischlinge«, S. 162–259.

rungen.[11] Exemplarisch sollen nun am Beispiel dreier Lebensläufe Verfolgungsmaßnahmen und Faktoren, die diese abmilderten oder verschärften, herausgearbeitet werden:

Die Grenzen akzeptieren

Zur Gruppe der jungen Erwachsenen gehörte der heute in Hamburg lebende Gert Wildenhahn, Jahrgang 1917.[12] Seine Familie war von Danzig nach Berlin übergesiedelt. Der Vater, Frontkämpfer des Ersten Weltkrieges und Deutschnationaler, hatte sich Anfang der zwanziger Jahre taufen lassen und war – zum Ärger seiner Eltern – eine Mischehe eingegangen. Bei der AEG gehörte er zu den leitenden Angestellten, bis er diese Position in der Wirtschaftskrise verlor. Nur weil die Großmutter zufällig ein Exemplar des *Jüdischen Gemeindeblattes* liegen ließ, erfuhr der Enkel von seiner jüdischen Herkunft, die im Alltag der Familie keine Rolle spielte. In Elternhaus und Gymnasium entwickelte Gert, ein guter Schüler, konservative Einstellungen: »Ich bin immer ein ... sogar ziemlich nationaler Deutscher gewesen, nicht übertrieben, aber ein nationaler

---

11 Vgl. Niethammer, Lutz, Oral History. In: Kowalczuk, Ilko-Sascha (Hrsg.), Paradigmen deutscher Geschichtswissenschaft, Berlin 1994, S. 189–210; Plato, Alexander von, Oral history als Erfahrungswissenschaft. Zum Stand der mündlichen Geschichte in Deutschland. In: BIOS 1 (1991), S. 97–119, hier S. 104; siehe auch Meyer, »Jüdische Mischlinge«, S. 262 ff.; ausführlich zum Forschungsstand, den Möglichkeiten und Grenzen der Arbeit der Methode Jureit, Ulrike, Erinnerungsmuster. Zur Methodik lebensgeschichtlicher Interviews mit Überlebenden der Konzentrations- und Vernichtungslager, Hamburg 1999.

12 Name anonymisiert; Forschungsstelle für Zeitgeschichte/Werkstatt der Erinnerung, 035, Interview mit Gert Wildenhahn, geführt von Beate Meyer am 1.6.1992, alle folgenden Zitate aus dem Transkript dieses Interviews.

Deutscher und was den Glauben anbelangt, ein mehr oder
minder ... engagierter Christ. ... Ich war natürlich nie ein Nazi,
aber ich konnte mich nicht aus dieser Gemeinschaft der Deutschen ausschließen.« Die meisten seiner Mitschüler gehörten
dem »Großdeutschen Jugendbund«[13] an, Gert wählte wegen
seiner Abneigung gegen sportliche Betätigung den Verein
»Marinejugend Vaterland«. Dort sammelte er die ersten, noch
diffusen antisemitischen Erfahrungen: Als der Verein in der
»Marine-Hitlerjugend«[14] aufging, unterschrieb er auf Anraten
seiner Freunde, »deutschblütig« zu sein. Doch bald empfand
er Fremdheit in der vertrauten Umgebung: »Ich merkte doch,
dass meine Haltung ... Ich wusste auch nicht recht, was ich
machen sollte. Da wurde ja keine Politik gemacht. Das war eine reine Jugendorganisation. Eine ganz normale bündische
Organisation. In diesen Einheiten, da waren wir die selben
Leute, die immer da gewesen waren. Dann merkte ich aber
doch, ich konnte denen meine Haltung nicht plausibel machen, und da bin ich ausgetreten.«

Vom integrierten Vereinsmitglied und Freund war Gert ohne
sein Zutun zum Außenseiter geworden. Er erfuhr schmerzlich,
dass es keine politikfreien Räume mehr gab. Seine Umgebung
hatte sich so schnell an die neuen Gegebenheiten angepasst,
dass er diesen Prozess als Veränderung der eigenen Haltung
wahrnahm – ein Hinweis darauf, dass er die äußeren Zuschrei-
bungen bereits zu verinnerlichen begann. 1936 machte er sein

---

13 Der »Großdeutsche Jugendbund« schloss sich 1933 mit dem »Jungnationa-
    len Bund« zur »Freischar junger Nation« zusammen, die enge Beziehun-
    gen zur Reichswehr pflegte. Zusammen mit anderen Verbänden wurden
    diese Gruppierungen am 17. Juni 1933 aufgelöst. Vgl. Klönne, Arno, Jugend
    im Dritten Reich, München 1990, S. 100 f. und 21 f.
14 Die »Marine-HJ« diente als Sondereinheit der HJ der vormilitärischen
    Wehrertüchtigung, vgl. Klönne, Jugend, S. 32.

Abitur. Die Berufswahl war von den Einschränkungen geprägt, die inzwischen für »Mischlinge ersten Grades« galten.[15] »Meine Berufswahl (wurde) überschattet dadurch, dass ich ja nur das hätte werden können, was ich dann wurde, nämlich Kaufmann.« Mit dieser Erklärung beschreibt Gert Wildenhahn nicht nur die »Wahl« seiner künftigen Tätigkeit, sondern auch seine Umgangsstrategie mit der Verfolgung: Er orientierte sich stets am Möglichen, sondierte den besten der noch offenen Wege und beschritt diesen. Im Fall seiner Ausbildung half ein Tanzstundenfreund seiner Mutter, der ihm in seiner Hamburger Im- und Export-Firma eine Lehrstelle anbot. So siedelte er 1936 nach Hamburg über. Kurz darauf emigrierten seine Eltern und seine Schwester nach England. »Das war der schwerste Schicksalsschlag, der mich damals getroffen hat, die Trennung von meinen Eltern. Es war eine so heile Familie, und die Trennung ... war ein schrecklicher Bruch«, resümierte er später. Für sich selbst zog er die Auswanderung – wie der Großteil der »Mischlinge« – nicht in Erwägung. Er glaubte, ihm könne nicht so viel passieren; er gehöre »zu den weniger hoffnungslosen Fällen« im Vergleich zu den »Volljuden«. Zudem war er auf strikte Legalität fixiert, und als Wehrpflichtiger hätte er Deutschland legal nicht verlassen können. So konzentrierte er sich auf die Lehre und trat in den Hamburger Zweig des »Paulusbundes« ein, eines Zusammenschlusses »christlicher Nichtarier«.[16] Er

---

15 Vgl. Meyer, »Jüdische Mischlinge«, S. 192–208.

16 Mit dem 1933 gegründeten Bund, der mehrfach in der kurzen Geschichte seines Bestehens den Namen wechseln musste, versuchten »christliche Nichtarier«, das heißt getaufte Juden und »Mischlinge«, sich eine Interessenvertretung zu schaffen. 1937 musste die Organisation die »Volljuden« ausschließen und existierte als »Vereinigung 1937 e. V.«, der ausschließlich »Mischlinge« angehörten, bis zum Verbot 1939. Vgl. Vuletic, Aleksandar-Sasa, Christen jüdischer Herkunft im Dritten Reich. Verfolgung und organisierte Selbsthilfe 1933–1939, Mainz 1999.

nahm sich der verwaisten Jugendgruppe an, die sonstigen Auseinandersetzungen im Verband interessierten ihn wenig. Vor dem Hintergrund seiner Erfahrungen bei der »Marinejugend« gestaltete er ein »eher diktatorisches« Gruppenleben: Heimabende, Fahrten, Paddeln auf der Alster. Der Verein hatte keinen großen Zulauf; die meisten »Mischlinge« fürchteten, durch die Mitgliedschaft dort aufzufallen. Gert Wildenhahn verstand ihre Ängste: »Die sagten: Muss man sich denn so exponieren? Muss man sich denn bei denen da auf eine Liste setzen lassen? Muss man es denen so leicht machen, einen zu erfassen? Besser ist doch, man taucht unter.« Er selbst tauchte nicht unter, fiel aber auch nicht auf, weil er die »uns gezogenen Grenzen akzeptierte«. Gleichzeitig nutzte er die restlichen Handlungsspielräume, um für sich und andere Kontakte zu ermöglichen. Angesichts der isolierten Situation, in der sich die jugendlichen »Mischlinge« befanden, kann dieses Verhalten gar nicht hoch genug eingeschätzt werden. Ende 1939 erhielt er den Einberufungsbefehl zur Wehrmacht. Für ihn verband sich die Wehrpflicht mit der Hoffnung, »wieder dazuzugehören«, in der militärischen Kameradschaft Gleicher unter Gleichen sein zu können. Sein Asthma machte diese Hoffnungen zunichte. Ohnehin wäre er – wie die anderen Einberufenen 1940/41 – aufgrund seiner Abstammung entlassen worden: Es sei denn, Hitler hätte ihm wegen herausragender Tapferkeit eine Ausnahmegenehmigung erteilt und eine »Gleichstellung mit Deutschblütigen« nach dem Kriege in Aussicht gestellt.

In dieser Zeit erreichte ihn auch ein anderes amtliches Schreiben: eine Vorladung der Gestapo. Der Nachbar einer Bekannten hatte diese wegen eines jüdischen Freundes denunziert. Nachdem Gert Wildenhahn den Vorwurf widerlegt und unterschrieben hatte, auch künftig keine Beziehungen zu »deutschblütigen« Frauen einzugehen, konnte er heimkehren. Zwar bezog sich der Straftatbestand der »Rassenschande« laut Gesetzestext nur auf »Volljuden«, in der Praxis jedoch hatte die Gestapo die Überwachung der Liebesverhältnisse von »Mischlingen« an sich gezogen und drohte den Betroffenen mit Einweisung in Konzentrationslager.[17] Gert Wildenhahn, der auch hinsichtlich seiner Liebesbeziehungen ausschließlich legal agierte und deshalb zu Unrecht vorgeladen worden war, kam mit dem Schrecken davon. Ein neues Problem stellte sich, als er seine Arbeitsstelle in der Im- und Exportfirma verlor, die – kriegsbedingt – ihre geschäftlichen Aktivitäten reduzierte. Die Dräger-Werke in Lübeck lehnten ihn wegen seiner »Mischlingseigenschaft« ab. Doch die Firma Siemens in Berlin stellte ihn ein, wobei der Werksleiter ihm sogar Unterstützung für den Fall anbot, dass er »Probleme« bekäme.

Bedrückt hat ihn nach eigener Aussage Anfang der vierziger Jahre vor allem die Zuschreibung von Minderwertigkeit: »Isolation – die war nicht so stark, aber die Angst und die Deklassierung, die Abstempelung als minderwertig, die ist an mir nicht spurlos vorübergegangen ... Als Mensch minderen Ranges, minderer Würde, angesehen zu werden, war schon nicht so einfach.« Auf das Hilfsangebot von Siemens kam Gert Wildenhahn Ende 1944 zurück, als er – wie alle »Mischlinge ersten Grades« und »jüdisch Versippte«, das heißt die »deutschblütigen« Ehemänner jüdischer Frauen – zur Zwangsarbeit bei der Organisation Todt (OT) eingezogen wurde. Viele »Dienstverpflichtete« fürchteten, nun den Weg der jüdischen Verwandten gehen zu müssen, zumal das Einberufungsschreiben den Deportationsbefehlen sehr ähnlich war. Sie-

---

17 Vgl. zu verweigerten Ehegenehmigungen und zur Überwachung der Liebespaare Meyer, »Jüdische Mischlinge«, S. 166–191.

mens schickte ihn als Buchhalter in eine »arisierte« Niederlassung im »Protektorat Böhmen und Mähren« und entzog ihn dadurch dem Zugriff der Berliner Gestapo. Allerdings gehörte er in den Augen der tschechischen Arbeiter nun zu den deutschen Besatzern – ein Zwiespalt, den er im Interview anspricht: »Und ich war auch kein Held. Ich habe weder im geringsten daran gedacht, Widerstand zu leisten ... Insofern haben die Nazis ... Recht behalten: Ich bin ›halb‹, ich bin Verfolger und Verfolgter. Ich kann mich als Deutscher nicht davon freimachen, zum Verfolger zu gehören ... Das Unrecht, das den Tschechen da geschah, das ging mir gegen den Strich. Ich konnte aber sehr wenig tun, sehr wenig.« Bei Kriegsende wurde er – Abstammung hin oder her – zum »Volkssturm« eingezogen. Hier kulminierte, wie bei vielen in ähnlicher Situation, die Angst noch einmal: Lassen die Deutschen die »Halbjuden« am Leben? Fassen die Russen ihn? Nehmen die Tschechen an ihm als deutschem Besatzer Rache? Dennoch dominiert in der Erzählung über das Kriegsende die Perspektive des besiegten Deutschen über die des befreiten Verfolgten – ein weiterer, indirekter Hinweis auf den angesprochenen Zwiespalt. Nach dem Krieg kehrte er nach Hamburg zurück, arbeitete dort zunächst bei der »Deutschen Hilfsgemeinschaft« und später bei der »Notgemeinschaft der durch die Nürnberger Gesetze Betroffenen«. Er war jung genug, die während der NS-Zeit verwehrte akademische Ausbildung nachzuholen, studierte Jura und setzte seine Kenntnisse dann bei der »Notgemeinschaft« ein, um getaufte Juden, »Mischlinge« oder mit solchen Verheiratete in Wiedergutmachungsangelegenheiten zu unterstützen. Wie schon beim »Paulus-Bund« verlegte er sich auf die praktische Tätigkeit. Zu seiner Freude kehrten die Eltern aus der Emigration zurück. Er selbst heiratete kurz nach dem Krieg, trat in eine konservative Partei ein, hat Kinder und hofft auf Enkel. Obwohl er inzwischen für seine Leistungen um die Verfolgtenorganisation mit dem Bundesverdienstkreuz ausgezeichnet wurde, möchte er seinen Namen hier nicht genannt wissen: Im Interesse seiner Enkel, denn: »Man weiß ja nicht, was noch kommt.« Hier schließt sich der Kreis: Mit Verweis auf die beiden jüdischen Großelternteile wurde er selbst zum »Mischling ersten Grades« deklariert; nun sorgt er sich um die, die zwei Generationen nach ihm kommen – und drückt damit die tief sitzenden, lang anhaltenden Ängste aus, die die Verfolgung bei ihm bewirkt hat.

Schutzraum Familie

Der zweite Betroffene, dessen Lebenslauf hier geschildert werden soll, ist zehn Jahre jünger als Gert Wildenhahn. Der Frankfurter Peter Cahn war das jüngste von sechs Kindern. Sein Vater, der Rechtsanwalt und Notar Max L. Cahn, war politisch in der Deutschen Staatspartei organisiert.[18] Er wollte, darauf verweist sein Sohn, »als Jude innerhalb der deutschen Gesellschaft wirken«[19], war philosophisch und literarisch interessiert. Er hatte eine kunst- und kulturbegeisterte Ostfriesin geheiratet. Er gehörte der Jüdischen Gemeinde an. »Mein Vater hat nicht Schabbat mit uns gefeiert. Er war in dem Sinne kein religiöser Jude. ... Aber es war doch samstags bei uns üblich vorzulesen. Das heißt, die ganze Familie hat sich am Tisch versammelt, meistens nach dem Abendessen, und mein

---

18 Vgl. Cahn, Peter, Tagebuchaufzeichnungen und Briefe von Max L. Cahn und Tilly Cahn aus den Jahren 1933–1943. In: Rebentisch, Dieter (Hrsg.), Archiv für Frankfurts Geschichte und Kunst, Frankfurt/Main 1999, S. 182–221.

19 Privatbesitz, Interview mit Peter Cahn, geführt von Beate Meyer am 20.3.2003, alle folgenden Zitate aus dem Transkript dieses Interviews.

Vater hat uns vorgelesen. Eher aus dem Alten Testament, aber auch Werke von Tolstoi oder von Stifter ... Das ist ja doch so ein ... Stück von dieser religiösen Grundbasis«, erinnert sich Peter Cahn. Ansonsten feierte die Familie – wie die Nachbarn auch – das Weihnachtsfest und beging die christlichen Feiertage. Die Mutter tat sich mit der religiösen Zugehörigkeit schwerer, trat aus der evangelischen Kirche aus und suchte während der NS-Zeit den Kontakt zur Bekennenden Kirche. Peters Schwester erhielt auf eigenen Wunsch Unterweisungen in der jüdischen Religion. Ende der dreißiger Jahre ließ die Mutter Peter und seinen Bruder taufen und konfirmieren, während die älteren Geschwister konfessionslos blieben. Die neunköpfige Familie – die jüdische Großmutter lebte bei ihrem Sohn – wohnte in den zwanziger Jahren standesgemäß im Frankfurter Westend. Die Wirtschaftskrise in dieser Zeit und später die Diskriminierung nach der nationalsozialistischen Machtübernahme führten zu einer Rückläufigkeit der Anwaltspraxis und dadurch zu mehreren Umzügen in preiswertere Unterkünfte.

Doch zunächst blieb das »Grand Hotel Cahn« – wie die Mutter ihr Heim scherzhaft nannte – auch nach 1933 Anlaufpunkt für jüdische und nichtjüdische Freunde und Bekannte, für Jung und Alt. Wandern mit der Familie gehörte zu den bevorzugten Freizeitaktivitäten des Vaters. An diese Ausflüge knüpfen sich positive wie negative Erinnerungen Peter Cahns, so zum Beispiel an eine Nachtwanderung Ende Juni 1934 auf dem Feldberg, als die Zurückkehrenden vom »Röhm-Putsch«[20] er-

---

20 Gemeint ist »die Nacht der langen Messer«, die auf Befehl Hitlers erfolgte Liquidierung von 85 Personen, darunter SA-Stabschef Ernst Röhm und seine engsten Anhänger. Diese Ausschaltung innerparteilicher Gegner durch Mord warf ein bezeichnendes Licht auf das Verständnis von politischer Auseinandersetzung innerhalb des nationalsozialistischen Lagers.

fuhren. Im Unterschied zu anderen Eltern fürchteten Cahns offensichtlich nicht, ihre Kinder könnten regimekritische Äußerungen weitertragen. Im Gegenteil: In der Familie sei offen darüber gesprochen worden, dass sich »die Mörderbande beim Röhm-Putsch dekuvriert« habe. Ebenso ungeschminkt erfuhren die Familienmitglieder einige Jahre später vom Zweifel des Vaters am natürlichen Tod der deportierten Frankfurter Juden. Aus den Erzählungen Peter Cahns wird deutlich, dass der schützende Rahmen dieser Gemeinschaft, aber auch deren offener Umgang mit der äußeren Bedrohung ihn weitgehend vor diffusen Ängsten bewahrte, denen andere in ähnlicher Situation hilflos ausgeliefert waren, weil die Eltern konkrete Informationen von ihnen fern hielten.

Peter wuchs heran, spielte mit Freunden, fand in der Schule Unterstützung bei seinem Klassenlehrer, der dem NS-Regime ablehnend gegenüberstand. Doch in seine positiv angelegte Beschreibung mischen sich auch andere Erinnerungen: »Alle Buben Cahn waren im Lessing-Gymnasium. Die älteren nicht mit besonderem Erfolg ... Wir drei jüngeren waren relativ gute Schüler ... Also, wir haben uns auch getragen gefühlt. Und in unserer Klassengemeinschaft muss ich wirklich sagen, war es so, dass wir ... Es gab da einen, der war so etwas wie ein HJ-Führer. Er hieß dann tatsächlich später in der Klasse der ›Nazi‹ ... Da war außer uns noch ein ›Halbarier‹ und ein ›Dreiachtel‹ ... Die Klasse war ganz in Ordnung, von den Lehrern die Mehrzahl doch wohl auch ... Da liefen zwar einige mit Parteiabzeichen rum und redeten blödes Zeug, aber die wichtigsten Lehrer, auf die es uns ankam, waren anständig.« Es war also kein Schon- oder Schutzraum, in dem Peter Cahn sich bewegte. Die Elemente der Diskriminierung, Ausgrenzung, Stigmatisierung waren durchaus vorhanden und sind im Gedächtnis abgespeichert worden. Er wertet sie jedoch angesichts der Solidarität, die er ebenfalls erfahren hat, als nicht so gravierend wie das Gefühl, »getragen zu sein«.

Der erste große Schock stand ihm bevor, als sein Vater während des Novemberpogroms 1938 verhaftet und in das Konzentrationslager Buchenwald verschleppt wurde.[21] In die trotz aller antijüdischen Maßnahmen immer noch wohlsituierte Familie brach der Terror nun brutal ein. Die Kinder erlebten vor allem die Angst der Mutter (»Meine Mutter hat in der Zeit viel geweint«), aber auch die spontane Unterstützung durch deren Schwester, die sofort aus Holland anreiste. Ein Riss, wie er durch die Familien anderer Mischehen ging, die von ihren »deutschblütigen« Verwandten – sei es aus Angst oder »weltanschaulicher Überzeugung« – nicht unterstützt wurden, ist aus den Erzählungen Peter Cahns nicht erkennbar. Die erste Information, ein Zettel vom Vater, beförderte ein Polizist in den Briefkasten der Familie. Später folgte eine Postkarte aus Buchenwald, auf der der Vater auflistete, welche Kleidungsstücke er benötigte. Eine englische Firma, für die der Vater arbeitete, intervenierte, und auch das Britische Generalkonsulat schaltete sich ein, so dass Max L. Cahn bereits nach zwölf Tagen entlassen wurde. »Vor allem erinnere ich mich an die Rückkehr meines Vaters«, erzählt Peter Cahn, »da war ein Klavierabend in Frankfurt. Wir kamen dann zurück, und da saß er auf dem Sofa. Kahl geschoren, ohne Bart, wie wir ihn noch nie gesehen hatten. Und sehr anders aussehend. Meine Mutter hat dann gesagt, er wäre in die Badewanne gegangen und hätte gesungen. Da hätte sie das Gefühl gehabt, er wär' wieder da. Wir haben das alles durch die starken Erlebnisse meiner Mutter mitbekom-

---

21 Vgl. Stein, Harry, Das Sonderlager im Konzentrationslager Buchenwald nach den Pogromen 1938. In: Kingreen, Monica (Hrsg.), Nach der Kristallnacht: jüdisches Leben und antijüdische Politik in Frankfurt am Main 1938–1945, Frankfurt/Main 1999, S. 19–54.

men. Als Kind ist man da irgendwie fast hilflos gewesen ... Ich war damals elf Jahre alt.« Auswanderungsvorbereitungen hatte die Familie bis dato nicht getroffen. »Es war wohl die stillschweigende Regelung, wenn ihr euer Abitur gemacht habt, dann geht ihr raus. Nun konnten wir kein Abitur mehr machen.« Seine Hoffnung, später das Konservatorium zu besuchen, zerschlug sich ebenso.[22] Kurz vor Kriegsbeginn emigrierten die drei älteren Kinder. Da die drei jüngeren in Frankfurt blieben, war die »Privilegierung« der Mischehe nicht gefährdet.[23] Die Mutter führte fortan ein Tagebuch für die ausgewanderten Kinder. Dem Vater war die Emigration der beiden wehrpflichtigen Söhne nicht geheuer, er sicherte sich hier – wie in vielen anderen Fällen – vorsorglich schriftlich ab. Sein Umgang mit der zunehmenden Verfolgung scheint ähnlich wie der Gert Wildenhahns gewesen zu sein: Er beschritt den besten der wenigen noch möglichen Wege, insbesondere, wenn es um seine Kinder ging. Als Jurist kannte und nutzte er Gesetzeslücken, argumentierte entsprechend und begriff sich offensichtlich – bei allen Einschränkungen – immer als Handelnder. Dabei agierte er, beobachtete der Sohn, »sehr vorsichtig und hat sich sehr genau überlegt, was er sagt und wem er was sagt«. Die Mutter – so

22 Später schrieb er ein Buch über dieses Institut, vgl. Peter Cahn, Das Hoch'sche Konservatorium in Frankfurt am Main (1878–1978), Frankfurt/Main 1979.

23 Ab Winter 1938 unterschieden die nationalsozialistischen Machthaber zwischen »privilegierten« und »nichtprivilegierten« Mischehen. Als »privilegiert« galten Paare, bei denen entweder die Frau Jüdin war oder – wenn der Mann Jude war – die nichtjüdische Kinder hatten. »Nichtprivilegiert« waren kinderlose Paare mit jüdischem Ehemann oder Paare, bei denen der nichtjüdische Teil zum Judentum konvertiert war und/oder die jüdisch erzogene Kinder hatten (vgl. Meyer, »Jüdische Mischlinge« S. 30 f.). Die »Privilegierung« schützte unter anderem vor der Kennzeichnungspflicht und dem Deportationsbefehl. Emigrierten die Kinder oder erreichten sie das 18. bzw. 16. Lebensjahr – die Altersgrenze wurde mehrfach herabgesetzt –, so erlosch die »Privilegierung«.

Peter Cahn bewundernd – »wuchs an der moralischen Aufgabe«. Sie habe nicht nur für die eigene Familie gesorgt, sondern auch für jüdische Freunde, denen sie Lebensmittel verschaffte, die Wäsche wusch, sie einlud oder ihnen erlaubte, regelmäßig bei ihnen Klavier zu spielen, um nur einige Beispiele zu nennen.[24] Sie wurde mehrfach zur Gestapo bestellt, wo sie dezent auf eine entfernte Verwandtschaft mit Generalfeldmarschall Keitel hinwies. Aus den Vorladungen folgten keine weiteren Repressionen. So erlebte Peter Cahn bei Mutter und Vater gleichermaßen, wie selbst in den schwierigsten Situationen – wenn auch minimale – Handlungsspielräume gesucht, erkannt und genutzt wurden – und dass es Schwächere gab, die auf Hilfe angewiesen waren. Dennoch stand auch diese Familie manchmal vor Situationen, in denen keine »richtigen« Entscheidungen getroffen werden konnten: Als beispielsweise die Großmutter den »Judenstern« tragen musste, »wurde es kritisch. Und dann kam ja die Verfügung, dass nicht nur die Person den Stern tragen musste, sondern dass auch an den Briefkasten, an die Hauseingangstür der Stern gemusst hätte, und das hätten wir nicht durchhalten können. Dann hätten die Leute uns große Schwierigkeiten gemacht in dem Haus.«[25] Die Großmutter zog deshalb in ein jüdisches Altersheim. Von dort wurde sie im Herbst 1942 nach Theresienstadt deportiert, wo sie nach wenigen Wochen starb. Davor hätte sie der Verbleib bei der Familie nicht schützen können. Mittlerweile waren auch andere jüdische Freunde, Klienten oder Sozii des Vaters deportiert worden oder hatten Selbstmord begangen. Noch heute bewahrt Peter Cahn die Andenken an die damals Verstorbenen sorgsam auf.

Das Jahr 1943 brachte neue, einschneidende Veränderungen: Die Familie musste in ein »Judenhaus« im Frankfurter

24 Vgl. Cahn, Tagebuchaufzeichnungen, S. 209 f.
25 Ebenda, S. 213.

Ostend übersiedeln und die dortige Wohnung mit zwei Familien teilen.[26] Dies hätten die Eltern – berichtet er – mit Fassung getragen. Die zweite Veränderung lag in der Bestellung des Vaters zum Vertrauensmann der Gestapo für die Rest-»Reichsvereinigung«. Diese 1939 auf Betreiben des Reichssicherheitshauptamtes gegründete jüdische Organisation hatte alle Angelegenheiten der Juden in Deutschland regeln müssen, bis ihre Fortexistenz den Machthabern im Juni 1943 nicht mehr notwendig erschien. Die meisten deutschen Juden waren bis zu diesem Zeitpunkt deportiert worden. Allerdings lebten immer noch Mischehepaare im Land, für deren Betreuung, aber auch Registrierung und Vorbereitung zur Deportation nun die Vertrauensleute zuständig wurden.[27] »Er

---

26 Vgl. Daub, Ute, Die Stadt Frankfurt am Main macht sich »judenfrei«. Zur Konzentrierung, Verbannung und Ghettoisierung der jüdischen Bevölkerung zwischen 1938 und 1943. In: Kingreen (Hrsg.), Kristallnacht, S. 319–355.

27 Im September 1933 als »Reichsvertretung der deutschen Juden« gegründet, fungierte die Organisation bis März 1938 als Sprachrohr und Koordinationsstelle für jüdische Interessen, bis sie ihren Status als Körperschaft öffentlichen Rechts verlor. 1939 wurde auf Betreiben des RSHA, aber auch der jüdischen Vertreter, die unter Kontrolle der Gestapo stehende Nachfolgeorganisation »Reichsvereinigung der Juden in Deutschland« gegründet, der alle noch bestehenden jüdischen Organisationen zwangsweise eingegliedert wurden. Die Reichsvereinigung wurde im Juni 1943 aufgelöst, ihre Repräsentanten deportiert. Bis zum Kriegsende bearbeitete die Rest-»Reichsvereinigung« oder »Neue Reichsvereinigung« mit »Vertrauensmännern« an der Spitze die Angelegenheiten der Mischehen; vgl. dazu unter anderem Hildesheimer, Esriel, Jüdische Selbstverwaltung unter dem NS-Regime. Der Existenzkampf der Reichsvertretung und Reichsvereinigung der Juden in Deutschland, Tübingen 1994; Kulka, Otto Dov, The Reactions of German Jewry to the National Socialist Regime. New Light on the Attitudes and Activities of the Reichsvereinigung der Juden in Deutschland from 1938/39 to 1943, Cambridge, Mass. 1980; Beate Meyer, Gratwanderung zwischen Verantwortung und Verstrickung – Die Reichsvereinigung der Juden in Deutschland und die Jüdische Gemeinde zu Berlin 1938–1945. In: Meyer, Beate und Hermann Simon (Hrsg.), Die Juden in Berlin 1938–1954, Berlin 2000, S. 291–337.

hat das mit innerlichem Widerstreben gemacht, er musste es wohl machen ... Aber wenn ich so zur Kenntnis nehme, wie heute die jüngere Generation nicht nur in Israel ... über jemanden denkt, der in der Nazizeit in Deutschland geblieben ist und überlebt hat! ... Der muss ja mit den Nazis in irgendeiner Weise kollaboriert haben ... Das halte ich für vollkommen ausgeschlossen, dass mein Vater so etwas gemacht hat«, setzt Peter Cahn sich heute mit offenen oder latenten Schuldvorwürfen an die Adresse der jüdischen Repräsentanten auseinander. Die exponierte Stellung gefährdete den Vater, zumal in diesem Fall das Büro im Hermesweg der ständigen Kontrolle eines Gestapoverbindungsmannes namens Holland unterlag.[28] Dem umsichtigen Max L. Cahn gelang es jedoch, das Amt nach einigen Monaten ohne persönliche Nachteile niederlegen zu können. Die dritte große Veränderung war Peter Cahns Schulentlassung: Im Sommer 1942 hatte ein Erlass angeordnet, »Mischlinge ersten Grades« dürften keine weiterführenden Schulen mehr besuchen; die Übergangsfrist lief im Sommer 1943 aus.[29] Eine Lehrstelle durfte der 15-Jährige nicht mehr antreten, aber das Arbeitsamt vermittelte ihn und seinen Bruder in eine Gärtnerei. Hatte er die zehn Jahre der NS-Zeit bis dahin im Schutz der Gemeinschaft mit seinen älteren Brüdern verbringen können, so blieb ihm das Glück auch weiterhin treu. Die Vorarbeiter behandelten ihn anständig. Auch materielle Vorteile gab es: regelmäßige Mahlzeiten

---

28 Vgl. Becht, Lutz, »Die Wohlfahrtseinrichtungen sind aufgelöst worden«. Vom »städtischen Beauftragten bei der Jüdischen Wohlfahrtspflege« zum »Beauftragten der Geheimen Staatspolizei ...« 1938–1943. In: Kingreen (Hrsg.), Kristallnacht, S. 211–236; vgl. auch Opfermann, Charlotte, »Im Hermesweg«. Zur Tätigkeit in der Bezirksstelle der Reichsvereinigung in Frankfurt am Main von November 1942 bis Juni 1943 – ein Zeitzeugenbericht. In: Kingreen (Hrsg.), Kristallnacht, S. 403–413.

29 Vgl. Meyer, »Jüdische Mischlinge«, S. 192 ff.

und Gemüse, das die Jungen mitnehmen konnten. Diese
Phase währte achtzehn Monate, bis Peter und seine beiden
Brüder im Oktober 1944 die Dienstverpflichtung zur OT erhielten. Doch erst im Januar 1945 wurden sie eingezogen.[30]
Der Vater verabschiedete seine Söhne mit einem beruhigen-
den »Es wird euch nicht gut gehen, aber etwas ganz Schlimmes werdet ihr nicht zu erwarten haben.« Deren Sorge galt
denn auch weniger der eigenen Person als den Eltern. Peter
Cahn fasst die damaligen Ängste zusammen: »Wir hatten
schon das Gefühl, jetzt, wo wir Kinder nicht mehr da sind, da
ist der Teil der Familie, der sozusagen vermittelt den Vater
mitschützt, nicht mehr da. Das war uns sehr bewusst.« Tatsächlich erhielt der Vater einen Deportationsbefehl, dem er
aber – im März 1945 – nicht mehr Folge leistete. Er versteckte
sich bei einer befreundeten Familie außerhalb Frankfurts. Die
Jungen wurden unterdessen mit anderen »halbjüdischen«
und »jüdisch versippten« Zwangsarbeitern in ein Lager nach
Derenburg im Harz gebracht. Peter Cahn war nach eigenem
Bekunden der zweitjüngste Insasse des Lagers. Untergebracht in einem Gasthaussaal, arbeiteten die meisten Männer
beim Gleisbau. Peter Cahn schleppte vor allem schwere Ze-
mentsäcke für das Fundament einer Produktionsstätte, die
nicht mehr fertig gestellt wurde. Die körperliche Arbeit war er
gewöhnt, doch »das Bedrückende daran war, dass man nicht
wusste, wie es den Eltern geht und wie es überhaupt weitergeht und was passiert«. Trotzdem fand er auch Refugien: Dazu zählte vor allem die örtliche Kirche, deren Organist ihm er-

---

30 Siehe zur Zwangsarbeit Meyer, »Jüdische Mischlinge«, S. 237 ff., und Gru-
    ner, Wolf, Die NS-Führung und die Zwangsarbeit für sogenannte jüdische
    Mischlinge. In: Weißbecker, Manfred, und Reinhard Kühnl (Hrsg.), Rassis-
    mus, Faschismus, Antifaschismus. Forschungen und Betrachtungen, Köln
    2000, S. 63–79.

laubte, dort sonntags ab und zu auf seinem Instrument zu spielen. Allerdings erlebte er hier – wohl erstmalig – auch die Demoralisierung von Verfolgten, die sich in einer Lynchaktion offenbarte. Gleich eingangs im Interview berichtet er darüber: Ein Mithäftling sei geflüchtet, die Lagerkameraden fürchteten schwere Strafen. Als der Entwichene zurückgebracht wurde, seien sie über ihn hergefallen. Der Mann starb an den Folgen der Misshandlungen. »Die haben ihr Mütchen gekühlt, ihre Aggressionen, die sie vielleicht gegen andere Dinge gehabt haben, hat der arme Kerl abgekriegt.« Zehn Jahre nach der »Dekuvrierung der nationalsozialistischen Mörderbande« – der Verfolger – musste er erschreckt erkennen, dass bei starkem äußerem Druck, tatsächlicher oder vermeintlicher Lebensgefahr und eingebunden in eine autoritär geführte Gruppe auch die Verfolgten – seinesgleichen – zu Gewalttaten fähig waren.

Am 11. April 1945 rückten die US-Truppen an; Anfang Mai kehrten die Jungen nach Hause zurück – glücklich, die Eltern unversehrt vorzufinden. Bald darauf nahm Peter Cahn an einem Sonderreifeprüfungslehrgang teil, legte 1946 das Abitur ab und wandte sich – endlich – der Musik zu. Nun erwies sich, dass sein Privatunterricht sich auszahlte und er das Studium um einige Semester verkürzen konnte. Nachdem er einige Jahre als Gymnasiallehrer Latein und Musik unterrichtet hatte, wechselte er an die Universität und wurde schließlich auf einen Lehrstuhl für Musiktheorie und Musikgeschichte berufen. Heute emeritiert, interessiert er sich für jüdische Geschichte und engagiert sich für die Erforschung der NS-Verbrechen. Ihm ist bewusst, dass er durch die stabile Familienstruktur und das stete Zusammensein mit seinen Brüdern zwischen 1933 und 1945 von vielen Erfahrungen verschont blieb, die andere in ähnlicher Situation sammeln mussten.

Dennoch stellt er – nachdem das Mikrophon abgeschaltet ist – sich selbst und der Interviewerin die zweifelnde Frage, ob er seine Geschichte nicht zu positiv dargestellt habe. Familie und Umgebung hatten ihn eben nur weitgehend vor diffusen Ängsten bewahren können. Nicht vollständig.

Spuren verwischen

Während Peter Cahns Lebenslauf – bei allen Repressionen, die er erlitt und Ängsten, die er entwickelte, – auch zeigt, wie familiäre und soziale Faktoren die Verfolgung durch den NS-Staat abmildern konnten, soll im folgenden an einem extremen Beispiel demonstriert werden, wie hilflos ein fast gleichaltriges Kind, ebenfalls »Mischling ersten Grades«, den Ereignissen ausgeliefert war, wenn ein familiärer Schutzraum fehlte. Daten und Geschehnisse der lebensgeschichtlichen Erzählung sind nur ungefähr rekonstruierbar, da die Erinnerungen der Berlinerin Margrit Metzmacher nicht an Jahreszahlen gekoppelt oder in zeitliche Perioden aufgeteilt sind, sondern von den Orten ausgehen, an denen sie lebte bzw. die sie verlassen musste.[31]

1930 geboren, war sie das einzige Kind aus der zweiten Ehe ihrer Mutter, die – wie die Akten zeigen – 1933 aus der Jüdischen Gemeinde austrat.[32] Die Scheidung vom nichtjüdischen Vater erfolgte vermutlich bereits, als Margrit Metzmacher noch ein Kleinkind war. Jedenfalls kann sie auf kein

---

31 Privatbesitz, Interview mit Margrit Metzmacher, geführt von Beate Meyer am 29.7.1999, alle folgenden Zitate aus dem Transkript. Es handelt sich um den Geburtsnamen der Zeitzeugin.

32 Vgl. Eintrag Berliner Gedenkbuchdatenbank zu Else Metzmacher; Austritt: 22.5.1933.

gemeinsames Familienleben zurückblicken. Der Vater, ein Publizist und – wie sie sagt – »Lebemann«, besuchte sie gelegentlich. Ihre Mutter, eine schöne Frau, wie Fotos zeigen, ging – ähnlich wie der Vater – neue Beziehungen ein, darunter mit einem Freund, an den sich Margrit gut erinnert. Denn er, ein Sportler, habe das unsportliche Kind Eislaufen und Fahrradfahren gelehrt. Sie datiert dies auf ungefähr 1936, denn ihre Mutter habe bereits die englische Sprache zur Vorbereitung auf die Emigration gelernt, über die sie das Kind allerdings nicht informierte. 1936 begleitete der Chauffeur ihres Vaters sie zum ersten Schultag und überreichte ihr die Schultüte. Im Interview ist für die Zeit vor der Einschulung von Freundinnen oder Spielkameradinnen nicht die Rede. Das Zusammensein mit anderen Kindern scheint ihr eher fremd und angstbesetzt gewesen zu sein. In diesem wichtigen Lebensabschnitt von beiden Elternteilen allein gelassen, verweigerte sie das Lernen. Zunächst führte eine Serie von Erkrankungen zu einem längeren Aufenthalt in einem Kinderkrankenhaus. Eine Krankenschwester, mit der sie als Erwachsene sprach, habe ihr bestätigt, dass sie eine Reihe »hochdramatischer Krankheiten« durchlitten und nachts häufig geschrien habe. Die Not hinter diesen Hilfeschreien hörte offensichtlich niemand.

Danach – nochmals in die erste Klasse eingeschult – eignete sie sich den Lernstoff erst an, als der Vater eine Nachhilfe organisierte. In ihrer eigenen Arbeit als Pädagogin – so zieht sie die Verbindungslinie heute – habe sie immer berücksichtigt, dass Kinder die Möglichkeit haben müssten, den Schulstoff zu festigen; Begabungspotential allein reiche nicht aus. 1939 wurde ihre Schule aufgelöst. So wurde Margrit bereits einige Zeit vor der Abreise ihrer Mutter in die USA[33] in ein katholi-

---

33   Laut Eintrag Berliner Gedenkbuchdatenbank am 15.12.39.

sches Internat umgemeldet. Wie einige andere Bewohner wurde sie in einer nahe gelegenen öffentlichen Schule unterrichtet. Erst hier erfuhr sie von ihrem »rassischen Status« als »Mischling ersten Grades«. Dass der Großvater väterlicherseits sie 1934 hatte taufen lassen und dabei als ihr Pate fungierte, entnahm sie als Erwachsene den Dokumenten. Sie glaubt, dass dieser Akt mit den jüdischen Großeltern abgesprochen war. Denn bevor diese deportiert wurden, hängte die Großmutter ihr ein Kettchen mit einem Kreuz um, »damit man denkt, du seiest ein Christenkind«. Warum der streng protestantische Großvater mit dem jüdischen übereinkam, sie katholisch zu erziehen, bleibt unklar. Sie vermutet, den jüdischen Großeltern sei der Katholizismus »sanfter« erschienen als der rigide Protestantismus. Hinter den Rettungsbemühungen der jüdischen Großeltern könnte – so die Enkelin – vielleicht auch die Hoffnung gestanden haben, jemand würde später an die jüdischen Vorfahren erinnern. Zumindest habe sie als Erwachsene ein unausgesprochenes Vermächtnis erfüllt, sich »für das Jüdische einzusetzen«.

Es war der Vater, der sie zur Mutter bringen ließ, als deren Abreise unmittelbar bevorstand, ansonsten – so vermutet sie – hätte sich die Mutter nicht verabschiedet. Und sie, die die Vorbereitungen durchaus registriert hatte, hatte diese kommentarlos hingenommen. »Ich denke, dass ich als Kind etwas ganz Schreckliches entwickelt habe: nämlich nie zu fragen. Ich habe immer alles hingenommen und hab' immer gewusst, mit Fragen bringe ich die anderen in Verlegenheit«, fasst sie im Interview ihre Haltung zu den ihr damals unverständlichen Entscheidungen der Erwachsenen zusammen. Als Ausgleich habe sie die Fähigkeit entwickelt, sich über Beobachtungen selbst Informationen zusammenzustellen und aus diesen Schlüsse zu ziehen. Positiv gewendet: Diese Art des selbständigen Denkens nutzte ihr auf ihrem beruflichen Weg als Erwachsene sicherlich sehr.

Nach ihrer heutigen Erklärung hatten beide Elternteile eine »Lebensgier« entwickelt, mit der die Verantwortung für ein Kind kaum vereinbar war, während sowohl die jüdischen wie auch die nichtjüdischen Großeltern »ganz redliche Leute waren, eingeengt von ihrer Bürgerlichkeit und Redlichkeit«. Diese beiden Großelternpaare, das eine von der Richtigkeit nationalsozialistischer Weltanschauung überzeugt, das andere jüdisch, übernahmen notgedrungen die Verantwortung für das Kind. Sie erinnert sich, dass die jüdische Großmutter bei Besuchen stets versucht habe, sie zu einem »nützlichen Mädchen« zu erziehen, das ebensolche Näharbeiten verrichtete, während die nichtjüdische sie misstrauisch beäugte, was an ihr jüdisch und damit auszutreiben sei. »Jüdisch« sei in diesem Zusammenhang ein Synonym für »ungezogen« gewesen. Am »Nazigroßvater« – wie sie ihn im Interview manchmal nennt – habe sie die Brutalität gefürchtet und dies mit »sehr deutsch« und »deutscher Übermacht« schlechthin identifiziert. Der jüdische hingegen habe sich »geduckt« – für ein Kind auf der Suche nach einer stützenden Bezugsperson ebenfalls keine gute Voraussetzung. Nur den Zusammenhalt und die gegenseitige Unterstützung in der Herkunftsfamilie ihrer Mutter habe sie als positiven jüdischen Bezug erlebt. Der Großvater väterlicherseits unternahm den Versuch, sie bei der pietistischen Herrnhuter-Sekte »läutern« zu lassen. Das entsetzte Mädchen lief davon, wurde von Polizisten aufgegriffen und zum Großvater zurückgebracht, der sie zurück ins Internat begleitete. Die Nonnen nahmen sie wieder auf, obwohl das Haus in diesen Tagen bereits überfüllt war: Die christlichen Schwestern gewährten hilfesuchenden Juden – vermutlich während der Pogromnacht im November 1938 – vorüber-

gehend Unterkunft. Als Erwachsene setzte sich Margrit Metzmacher dafür ein, eine Gedenktafel am Gebäude anzubrin-
gen, die von der Hilfsbereitschaft der Nonnen gegenüber jüdischen Verfolgten kündet.

Inzwischen nahm sie in der Schule am Religionsunterricht
teil, wurde jedoch von Beichte und Kommunion ausgeschlossen. Sie beschloss, heimlich in einer Kirche die Beichte abzu-
legen, um die »Sündenfreiheit« zu erleben – ein Ausflug, der
ohne die erhoffte innere Befreiung endete. Mittlerweile war
sie eine gute Schülerin. Als solche begann sie jedoch, ihre
Leistungen zu verbergen, als sie merkte, dass die anderen sie
als Streberin ansahen. Während sie am Unterricht teilnahm,
wurde sie von »Sondermeldungen« ausgeschlossen, das heißt,
wenn die anderen Schülerinnen auf dem Hof zum Flaggenap-
pell antraten, musste sie im Klassenraum bleiben. Vielfach
riss sie dann aus, stromerte allein umher und zog sich damit
den Zorn der Nonnen zu, wenn sie am Abend ins Internat zu-
rückkehrte. War das Ausreißen bereits schlimm genug, so
verlor sie dabei auch noch regelmäßig ihre Schuhe, die die
Schwestern dann mit ihr suchen mussten. Als Erwachsene interpretiert sie dies selbst als »Spurenverwischen«. In diese
Zeit fällt einer der wenigen Versuche, Freundschaft mit einem
anderen Mädchen zu schließen.

Ihre Mutter hatte sich inzwischen in den USA neue Lebens-
zusammenhänge geschaffen; ihr Vater war nach ihren Informationen als Redakteur des *Berliner Tageblatt*s in Bukarest sta-
tioniert. Ihre jüdischen Großeltern, die das Internatsgeld
bezahlten, wurden mit dem zweiten Berliner Transport in das
Ghetto Lodz (Litzmannstadt) deportiert.[34] Offensichtlich kurz

---

34 Laut Berliner Gedenkbuchdatenbank, Sterbedatum der Großmutter Rosa
    Kallmann: 5.12.41, des Großvaters Salo Kallmann: Oktober 1941

nach dem Abtransport der Großeltern fand im Internat eine
Haussuchung der Gestapo statt, deren Grund ihr verborgen
blieb. Danach nahm ihr väterlicher Großvater sie aus dem Internat. »Der muss mehr gewusst haben. Ich bin da sehr
schwer weggegangen ... Ich fand zum Beispiel die Messe immer sehr schön. Das war so eine Geborgenheit, und dieser geregelte Tagesablauf!« Das eigentlich nicht geliebte Internat
war inzwischen zum Heim geworden; der Abschied schmerzte. Die Großeltern bewohnten zwei ineinander übergehende
Wohnungen. Margrit brachten sie im Hinterzimmer unter.
»Ich war in dem Zimmer, und sie haben mich versorgt. In der
Wohnung war ich frei. Aber ich konnte nicht mehr raus«, resümiert sie den neuen Zustand. »Der Großvater war total
überfordert. Einmal von seiner Weltanschauung, und nun war
dieses Gör auch noch da. Ich würde sogar sagen, dass eine gewisse Verantwortlichkeit bei ihm da war ... Sein Weltbild ist total durcheinander gekommen. Er wird ja auch gesehen haben,
wie das mit Hitler abbröckelt, und dann dieses Kind. Seinen
Sohn hat er verehrt.« Die Verehrung übertrug sich nicht auf
sie. Erstmals seit Jahren lebte sie bei ihrer Familie und war jedoch isolierter denn je. Der Großvater besorgte ihr Bücher
und Buntstifte, kaufte ihr »den einzigen Tuschkasten meines
Lebens« und stellte ihr Rechenaufgaben. Zuneigung entstand
dabei nicht: »Er hat mich geprügelt, mit diesem Siebenstrie-
mer ... Ich habe ihm ins Gesicht geschaut und gesagt, tu's!«
Die Großmutter nähte Kleider für sie und ihre Puppe. Ebenso
wie die Enkelin verließ die Großmutter die Wohnung nicht;
die Außenkontakte pflegte der Großvater. Nach dem Krieg –
so Margrit – habe sie ihre Großmutter fast gewaltsam aus der
Wohnung gezerrt und versucht, ihr Bildung nahe zu bringen.
Die Erfolglosigkeit zeigte ihr, dass deren Abkapselung anders
begründet war. Margrit verließ die Wohnung nur bei Flieger-

alarm, um den Kohlenkeller als Schutzraum aufzusuchen. Ob Nachbarn sie dabei gesehen haben? Jedenfalls habe eines Tages – nach ihrer Erinnerung am 14. November 1944 – an der Tür gestanden: »Rebecca, du bist erkannt.« Die Großeltern reagierten panisch, suchten ein Versteck außerhalb Berlins, wo Margrit bis zum Kriegsende untertauchen konnte.

Nun war die Rechtslage von »Mischlingen ersten Grades«, die Scheidungswaisen wurden, wesentlich prekärer als die, deren Eltern in einer »privilegierten Mischehe« lebten. Vor allem waren sie willkürlichen Entscheidungen von Amtsträgern ausgeliefert, wenn sich kein »Deutschblütiger« für sie einsetzte. Wäre ihre Mutter nicht emigriert und sie hätte bei dieser gelebt, hätte beiden die Deportation – vermutlich nach Theresienstadt – gedroht. Hätte der Vater sie zu sich genommen, hätte er sich vermutlich – neben anderen Schwierigkeiten – auf die Entlassung beim *Berliner Tageblatt* gefasst machen müssen. Ein Verbleib bei den jüdischen Großeltern hätte sie nach deren Deportation ins Waisenhaus geführt, wo sie vermutlich als »Klärungsfall« behandelt worden wäre. Das heißt, es wäre geklärt worden, ob »deutschblütige« Verwandte finanzielle und sonstige Sorge für sie übernehmen würden. Hätte der Vater das Sorgerecht behalten und sie offiziell seinen Eltern übergeben, hätte der Großvater eventuell berufliche Probleme gewärtigen müssen, aber damit wäre sie – bei allen Unwägbarkeiten – vergleichsweise geschützt gewesen: Bei keinem realistischen Szenario war es nötig, Margrit wie Anne Frank im Hinterhaus und später bei einem bezahlten Helfer zu verstecken. Diese »Lösungen« entsprangen vermutlich einer Mischung aus Unsicherheit über die Rechtssituation, kombiniert mit Scham- und Schuldgefühlen wegen der jüdischen Abstammung des Enkelkindes – und vielleicht einer Ahnung von der ungeheuren Zerstörungskraft und Brutalität der politischen Partei, de-

ren überzeugtes Mitglied der Großvater war. Für das ohnehin
an der Scheidung der Eltern und ihrer Interesselosigkeit
schwer leidende Kind wäre zudem ein offenes Bekenntnis der
Großeltern zu ihrer Enkelin psychologisch von großem Wert
gewesen. Im Übrigen weiß sie nicht, bei wem bis 1945 das Sorgerecht lag bzw. wer als Vormund für sie eingesetzt war.

Hatte sich Margrit in der großväterlichen Wohnung frei bewegen können, so beschränkte sich ihr neues Versteck auf ein
Zimmer, vor dessen Tür zur Tarnung ein Schrank geschoben
wurde. Der Bauer brachte täglich Essen und leerte ihren Not-
durfteimer. Von ihm erfuhr sie vom Angriff auf Dresden im
Februar 1945, bei dem ihr Vater ums Leben kam. Angsterfüllt
floh sie im April 1945 zurück nach Berlin, fand jedoch die aus-
gebombten Großeltern nicht. So irrte sie umher und schloss
sich einem Evakuierungstransport nach Bayern an. Bis November 1945 lebte sie in einem Auffanglager. Dann sollten dort ihre
Personalien aufgenommen werden. Sie gab an, ihre Mutter le-
be in den USA. Sofort hatte sie das Gefühl, zu viel von sich
preisgegeben zu haben, und verließ das Lager Hals über Kopf.
Dass ihr Martyrium mit dem Kriegsende einen Abschluss gefunden haben könnte, hatte sie nicht begriffen. Zu Fuß schlug
sie sich nach Berlin durch, wo sie die Großmutter wiederfand.
Der Großvater war mittlerweile verstorben. Sie fand eine überlebende Cousine ihrer Mutter wieder, zu der sie bis zu deren
Emigration 1948 in Kontakt stand. Durch diese erfuhr sie vom
Schicksal der jüdischen Verwandten. Probst Grüber[35] nahm sie

---

35 Heinrich Grüber (1891–1975), evangelischer Theologe, Mitglied der Beken-
     nenden Kirche, hatte bereits während der NS-Zeit mit seinem »Büro Grü-
     ber« getaufte Juden unterstützt, er richtete nach dem Krieg die »Evangeli-
     sche Hilfsstelle für ehemals rassisch Verfolgte« ein. Vgl. zu seinem Lebens-
     werk Hildebrandt, Jörg (Hrsg.), Bevollmächtigt zum Brückenbau. Heinrich
     Grüber. Judenfreund und Trümmerprobst, Leipzig 1991.

in die Gruppe verfolgter Kinder auf, die er betreute. In den folgenden Jahren holte sie Abschlüsse nach, studierte, gründete eine Familie, ließ sich scheiden, erzog ihre drei Töchter allein, arbeitete als Lehrerin und wurde zur kommissarischen Schulleiterin befördert. Sie sorgte für die nichtjüdische Großmutter und schickte später ihre Kinder in einen Kibbuz, um ihnen die jüdische Seite ihrer Herkunft nahe zu bringen. Erst nach der Pensionierung suchte sie therapeutische Hilfe zur Bewältigung der traumatischen Kindheitserlebnisse: Sie wollte sich – wie sie sagt – »vom Status des ›Opfers‹ befreien, um handeln zu können«. Sie lebt damit, dass sie nachts manchmal laut schreiend aufwacht und es in keinem Raum aushalten kann, dessen Fluchtweg sie nicht herausgefunden hat. Ihre in den USA lebende Mutter verbat sich weiterhin den Kontakt zu ihr oder ihren Töchtern. Ein älterer Bruder des Großvaters, protestantischer Theologe, »hat gesagt, da ich jüdisch bin in seinen Augen, will er es lassen, wie es war, ich existiere nicht«. Doch sie beweist ihre Existenz täglich, demonstriert sie mit ihrem Engagement für Kinder, für angehende Lehrer, für Behinderte und vor allem für das Erinnern an die Ermordeten des NS-Regimes.

Zusammenfassung

Die Familien der drei Interviewpartner stammten aus der mittleren bis oberen Mittelschicht. Diese soziale Zugehörigkeit entspricht der der meisten Mischehen im »Altreich«. Ihre Väter (von den Müttern erfahren wir nichts) waren politisch liberal, konservativ oder nationalsozialistisch eingestellt, damit wichen sie nicht gravierend von der Mehrheit der Deutschen ab. Von den jüdischen Ursprüngen, die bei allen Familien in der Großelterngeneration noch präsent waren, hatten sie sich entfernt: Die Kinder in der Familie Cahn lernten noch eine abgewandte Tradition der Schabbatfeiern kennen, doch kamen weder Margrit Metzmacher noch Gert Wildenhahn mit religiösen Aspekten des Judentums in Berührung. Sie sahen allenfalls den engen familiären Zusammenhalt jüdischer Familien. Wenn »Mischlinge« in den dreißiger Jahren getauft wurden, so bewerteten sie diesen Akt sehr richtig nicht als Angebot, fortan in christlicher Tradition zu leben, sondern wussten, dass die Eltern sich davon Schutz vor Verfolgungsmaßnahmen versprachen. Schließlich hatte die Taufe als demonstrative Abkehr vom Judentum bis zur nationalsozialistischen Machtübernahme als Eintrittsbillett in die nichtjüdische Gesellschaft gegolten. Diese Hoffnung teilten die Großeltern Margrit Metzmachers und die Eltern Peter Cahns mit etlichen Mischehen, die nach 1933 einen Geistlichen fanden, der ihre Kinder – entgegen den Anordnungen seiner Kirche – taufte und konfirmierte.

Von dem neuen »rassischen Status« als »Mischling ersten Grades« erfuhren viele Betroffene erst in der Schule. Dort, auf der Straße oder in Jugendgruppen sammelten sie die ersten Erfahrungen mit dem alltäglichen Antisemitismus, der keinen der drei Zeitzeugen und niemanden unter meinen sonstigen Interviewpartnern unberührt ließ. Der damals junge Erwachsene Gert Wildenhahn wie auch die zu diesem Zeitpunkt erst neunjährige Margrit Metzmacher bringen in den Interviews explizit und implizit zum Ausdruck, wie sehr ihnen die Zuschreibung des Minderwertigen, des Mensch-Seins »zweiter Klasse« psychisch, aber auch konkret in ihrer jeweiligen Umgebung zu schaffen machte. Bei Peter Cahn kommt dieser Aspekt etwas verhaltener zum Tragen, mischt sich aber bezeichnenderweise in genau die Interviewpassagen, mit denen er das Gegenteil betonen will. Dennoch konnten Gert Wildenhahn, dessen Kindheit in die Weimarer Zeit fiel, und Peter Cahn, der während der NS-Zeit im Schutzraum der Familie lebte, den Diskriminierungen der Außenwelt mehr entgegensetzen als Margrit Metzmacher, die weder Informationen erhielt noch in einen familiären Schutzraum flüchten oder Umgangsstrategien mit Ausgrenzung und Diskriminierung einüben konnte.

Viele »Mischlinge ersten Grades« fungierten als »Schutzschilde« für den jüdischen Teil der Familie, denn sie garantierten den Status der »privilegierten Mischehe« für die Eltern. Dieser Aspekt fiel dort weg, wo die Eltern bzw. die Mutter emigrierten. Die Trennung bedeutete eine Härte für die Zurückbleibenden, doch immerhin wussten sie den jüdischen Elternteil nun in Sicherheit. Die Auswanderung der jüdischen Familienmitglieder zerriss die Familien dauerhaft: Insbesondere die jüngeren Emigranten ließen sich in den Aufnahmeländern einbürgern, und nur wenige der älteren kehrten – wie Gert Wildenhahns Eltern – nach Deutschland zurück. Bei den in Deutschland verbliebenen Familien galt die Sorge der »Mischlinge« – wie bei Peter Cahn und seinen Brüdern – während ihrer auswärtigen Zwangsarbeit vor allem dem jüdischen Elternteil.

Die Beziehungen zur nichtjüdischen Umwelt waren bei allen drei Interviewten reduziert, jedoch nicht abgeschnitten: Zum einen erfuhren Peter Cahn und – im eingeschränkten Sinn – auch Margrit Metzmacher die Unterstützung der »deutschblütigen« Verwandten; sie lebten bis in die vierziger Jahre in nichtjüdischer Nachbarschaft und beide besuchten bis 1942 beziehungsweise 1943 nichtjüdische Schulen. Dass die Interviewten nicht der HJ angehören konnten, thematisieren sie – im Unterschied zu den anderen Betroffenen – an keiner Stelle der Interviews. Statt des Gemeinschaftsgefühls mit äußeren Zugehörigkeitssymbolen wie der Uniform suchten sie (gezwungenermaßen) Nischen, in denen sie mit wenigen Freunden, Familienmitgliedern oder allein der oft bedrückenden Realität entfliehen konnten: sei es der »Paulus-Bund« bei Gert Wildenhahn, die Musik bei Peter Cahn oder die Lektüre zahlloser Bücher bei Margrit Metzmacher. In den Interviews der beiden Jüngeren ist nicht von Zukunftsvisionen, sondern nur von verstellten Möglichkeiten die Rede. Einzig bei Gert Wildenhahn findet sich die Hoffnung auf die Einberufung zur Wehrmacht, wo in seiner Vorstellung die »rassischen Unterschiede« aufgehoben sein würden. Diese Aussicht zerschlug sich.

Wenn sich die Interviewpartner isoliert fühlten, dann inmitten der Mehrheitsgesellschaft, aus der sie in den vierziger Jahren herausgerissen wurden. Bei Gert Wildenhahns Generation wird deutlich, dass nicht nur die beruflichen Möglichkeiten begrenzt waren, sondern dass auch privates Glück in einer Liebesbeziehung oder einer Eheschließung Einschränkungen unterlag: Ohne negative Folgen konnte ein »Mischling« nur einen anderen »Mischling« heiraten. Beziehungen zu »Deutschblütigen« waren zwar formal nach Genehmigung bis 1942 möglich, wurden in der Praxis jedoch von der Gestapo unterbunden. Eine Beziehung zu einem jüdischen Partner bedeutete, in deren Verfolgung einbezogen zu werden. Wenn Gert Wildenhahn also die Jugendgruppe im »Paulus-Bund« leitete, bot er sich und anderen die Chance einer erlaubten Annäherung an das andere Geschlecht, die ansonsten nur heimlich und unter Strafandrohung möglich war – und immer wieder Denunzianten auf den Plan rief.

Wie die meisten »Mischlinge« versuchten auch die hier interviewten, unauffällig, hilfsbereit, leistungsstark und dabei angepasst aufzutreten, ohne Neid oder Zorn anderer zu erregen. Sie entwickelten Sensibilität für mögliche Konflikte und entsprechende Vermeidungsstrategien. Die meisten waren strikt auf Legalität fixiert. Bei Gesetzesübertretungen wirkte sich die »Mischlingseigenschaft« oft strafverschärfend aus. Ab November 1942 regelte ein Erlass, jüdische »Schutzhäftlinge« – »Mischlinge« explizit eingeschlossen – müssten aus Konzentrationslagern im Reichsgebiet nach Auschwitz oder Lublin-Majdanek überstellt werden, ein Todesurteil also.[36] Statt die Legalität zu verlassen, versuchten viele Betroffene – anders als die hier Beschriebenen – ihre Abstammung zu verbergen: Sie füllten Fragebögen ungenau oder gar nicht aus, legten unverfängliche »Identitätsnachweise« vom Taufschein bis zum Postausweis vor oder argumentierten mit ihrer Mitgliedschaft in der Deutschen Arbeitsfront, der sie als Lohnabhängige angehören mussten. Bei neuen Verordnungen versuchten sie, Ausnahmegenehmigungen zu erhalten, und wer sich auf Verwandtschaftsbeziehungen berufen konnte oder von einem hochrangigen Nationalsozialisten protegiert wurde, berief sich – wie Peter Cahns Mutter – auf diesen. Ausnahmegenehmigungen oder Protektion halfen in der Endphase der NS-Herrschaft meist nicht mehr. Die Zwangsarbeit bei der OT intensivierte die Ängste um das eigene Schicksal und um das des jüdischen Elternteils. Dieser war ohne die alltägliche Unterstützung den antijüdischen Maßnahmen viel unmittelbarer ausgesetzt. Schließlich erhielten die jüdischen Mischehepartner zwischen Januar und März 1945 – je nach Region – den Deportationsbefehl nach Theresienstadt. Eher untypisch sind im Zusammenhang mit der Zwangsarbeit

---

36 Bundesarchiv Berlin, R 58, RSHA, 276, Fernschreiben RSHA an alle Staatspolizei(leit)stellen vom 5.11.1942.

Peter Cahns schmerzhafte Erfahrungen mit der Demoralisierung der Verfolgten. Viele Zwangsarbeiter entwickelten im Gegenteil in den Gruppen (erstmalig) ein Gruppenbewusstsein, diskutierten ihre Erlebnisse, den Kriegsverlauf und die Zukunftsaussichten miteinander. Das führte unter anderem zur Gründung von Verfolgtenverbänden unmittelbar nach dem Kriege. So war das Kriegsende für viele Befreiung und Neubeginn zugleich. Margrit Metzmacher, völlig orientierungslos, wagte dagegen noch Monate später nicht, ihre Identität zu enthüllen. Wieder in Berlin, gab ihr die wöchentliche, autoritär geführte Gruppe des Pastors Grüber einen ersten Halt – doch wieder fehlte liebevolle Zuwendung. Die Jugendliche übernahm die Sorge für die Großmutter und suchte sich selbst einen Vormund, der sie mit 18 Jahren für mündig erklären ließ. Es verwundert nicht, dass Margrit Metzmacher Jahre später therapeutische Hilfe zur Bewältigung ihres Schicksals suchte. Andere jüngere »Mischlinge« holten Schul- und Studienabschlüsse nach, die älteren gründeten eine Familie oder legalisierten diese. Ein Teil emigrierte, die meisten integrierten sich lautlos in die bundesdeutsche Gesellschaft der Nachkriegszeit – bestrebt, (wieder) einen Platz in deren Mitte einzunehmen. Wenn sie auch bis heute möglichst unauffällig leben, so engagieren sich doch viele dafür, die Erinnerung an die NS-Verfolgung zu bewahren und sie in Publikationen, bei Besuchen in Schulen, über Gedenkstätten, Forschungsinstitute oder in künstlerischer Form an jüngere Generationen weiterzugeben.

Claudia Schoppmann

Flucht in den Untergrund.
Juden in Deutschland 1941–1945

Am 23. Oktober 1941 verfügten die Nationalsozialisten ein
Auswanderungsverbot für die jüdische Bevölkerung im Deutschen Reich. Der Zeitpunkt war bewusst gewählt: Wenige Tage zuvor, am 18. Oktober, hatten sie mit der reichsweiten Deportation der jüdischen Minderheit an zunächst unbekannte
Orte »im Osten« begonnen. Damit war Deutschland für alle,
die ihre Heimat nicht rechtzeitig hatten verlassen können, zur
tödlichen Falle geworden, aus der es kaum noch ein Entrin-
nen gab. Betroffen waren alle Menschen jüdischer Herkunft,
die – unabhängig von ihrem Selbstverständnis oder Glau-
bensbekenntnis – aufgrund der »Nürnberger Gesetze« zu
Juden erklärt und im Laufe der Jahre mithilfe von über
1 900 Verordnungen und Rechtsbestimmungen Schritt für
Schritt ausgegrenzt, entrechtet und verfolgt worden waren.[1]
Der Höhepunkt ihrer Stigmatisierung war mit der Polizeiver-
ordnung vom 19. September 1941 erreicht. Sie wies die öffentliche Kennzeichnung aller Juden mit einem gelben Stern an:
Nun war es nicht mehr möglich, antijüdische Maßnahmen zu
umgehen, indem man etwa in einen anderen Stadtteil ging,
wo einen niemand kannte. Gleichzeitig war es seitdem verboten, den Wohnort ohne Genehmigung zu verlassen.

---

[1] Walk, Joseph (Hrsg.), Das Sonderrecht für Juden im NS-Staat, Karlsruhe
1981.

Bis zum Ende der Naziherrschaft 1945 gab es lediglich zwei Möglichkeiten, sich der Deportation zu entziehen: durch Flucht in den Untergrund oder ins Ausland. Letzteres glückte nach Oktober 1941 in nur wenigen Fällen.[2] Fast alle Länder, die Deutschland umgaben, waren entweder besetzt oder verbündet und kamen daher als Fluchtziel nicht in Frage. Die Schweiz, als einziges angrenzendes neutrales Land, hatte aufgrund ihrer judenfeindlichen Flüchtlingspolitik schon seit August 1938 Personen ohne Visum zurückgewiesen. Und vier Jahre später, ab August 1942, verwehrte man den Verfolgten – schätzungsweise mehreren Tausend Juden – generell die Einreise. Um auf illegalem Weg in die Schweiz zu gelangen, benötigte man Geld, gefälschte Papiere, die einer Kontrolle standhalten konnten, und vor allem Kontakte zu Ortskundigen in den Grenzregionen, die bereit und in der Lage waren, einen über die Grenze zu schleusen.[3] Doch auch nach geglücktem Grenzübertritt wurden etliche Flüchtlinge wieder des Landes verwiesen – mit oftmals tödlichen Folgen, wie das Beispiel von Kurt und Irmgard Wohlmuth aus Berlin zeigt. Im Sommer 1942 wurden sie von Gottfried Salomon, einem Freund aus der Jüdischen Gemeinde, vor ihrer bevorstehenden Deportation gewarnt. Mithilfe von Salomons nichtjüdischer Freundin, Marta Mierendorff, gelangten Wohlmuths bei

---

2 Siehe Schilde, Kurt, Grenzüberschreitende Flucht und Fluchthilfe (1941–1945). Ereignisse, Interessen, Motive. In: Kosmala, Beate und Claudia Schoppmann (Hrsg.), Überleben im Untergrund. Hilfe für Juden in Deutschland 1941–1945, Berlin 2002, S. 151–165.

3 Siehe Schoppmann, Claudia, Fluchtziel Schweiz. Das Hilfsnetz um Luise Meier und Josef Höfler. In: Benz, Wolfgang (Hrsg.), Überleben im Dritten Reich. Juden im Untergrund und ihre Helfer, München 2003, S. 203–217; Battel, Franco, »Wo es hell ist, dort ist die Schweiz«. Flüchtlinge und Fluchthilfe an der Schaffhauser Grenze zur Zeit des Nationalsozialismus, Zürich 2001.

Vorarlberg in Österreich über die Schweizer Grenze, wurden jedoch von Grenzbeamten an die Deutschen ausgeliefert und später in Berlin erschossen.[4]

Lebensbedingungen der jüdischen Bevölkerung bis 1941

Zu Beginn des Jahres 1933 lebten etwa eine halbe Million Juden in Deutschland – knapp ein Prozent der Gesamtbevölkerung.[5] Über die Hälfte von ihnen wohnte in sechs der zehn größten deutschen Städte. Neben Berlin, wo etwa ein Drittel aller Juden und damit die größte jüdische Gemeinde lebte, waren dies Frankfurt am Main, Breslau, Hamburg, Köln und Leipzig. Aufgrund der zunehmenden Repressionen versuchten zahlreiche Menschen, ihre Heimat zu verlassen. Es gehört zu den doppeldeutigen Strategien der Nationalsozialisten, dass sie einerseits bis zum Kriegsbeginn 1939 immer stärkeren Druck auf die jüdische Bevölkerung ausübten, um sie zur Auswanderung zu veranlassen. Andererseits legten sie den Juden zahlreiche bürokratische Hindernisse in den Weg. Die »Reichsfluchtsteuer«, teure Einreisevisa und die wenigen Fluchtmöglichkeiten hinderten viele daran, ihre Heimat zu verlassen.

---

4 Mierendorff, Marta, Von der Schweiz ausgeliefert, in Deutschland erschossen. Fam. Wohlmuth und Salomon, Deutschmeisterstr. 1. In: Koberstein, Thea, und Norbert Stein, Juden in Lichtenberg mit den früheren Ortsteilen in Friedrichshain, Hellersdorf und Marzahn, Berlin 1995, S. 166–168.

5 Demographische Angaben finden sich etwa bei Arndt, Ino, und Heinz Boberach, Deutsches Reich. In: Benz, Wolfgang (Hrsg.), Dimension des Völkermords. Die Zahl der jüdischen Opfer des Nationalsozialismus, München 1991, S. 23–65.

Darüber hinaus beschränkten die meisten europäischen Länder, aber auch die USA oder das unter britischem Mandat stehende Palästina, die Einreise für deutsche Juden massiv. Je dramatischer die Lage für die Verfolgten, besonders nach dem Novemberpogrom von 1938, wurde, desto strenger handhabten viele Staaten ihre Einwanderungsbestimmungen. Insbesondere ältere Menschen hatten keine Chance zu emigrieren, da sie am wenigsten den restriktiven Einwanderungsgesetzen entsprachen. Nach Kriegsbeginn war eine Auswanderung immer seltener möglich. Die Ausweitung des Krieges auf die Sowjetunion, die deutsche Kriegserklärung an die USA und der politische Wille der NS-Führung setzten dieser Form der Rettung dann im Oktober 1941 ein Ende. Bis dahin hatte sich mehr als die Hälfte der jüdischen Bevölkerung – zwischen 270 000 und 300 000 Personen – ins Ausland retten können. Vor allem Kinder und Jugendliche waren von ihren Eltern in Sicherheit gebracht worden (so etwa mithilfe der »Kindertransporte« 1938/39 nach England oder mit der »Jugend-Alija« nach Palästina), so dass achtzig Prozent von ihnen dem Naziterror entkamen.[6]

Die 164 000 Juden, die sich vor Beginn der Deportationen im Herbst 1941 noch in Deutschland befanden, waren durch Emigration und nationalsozialistische Maßnahmen eine isolierte, verarmte und überalterte Gruppe. Dabei überwog die Anzahl der Frauen die der Männer um 32 000.[7] Neben den Restriktionen seitens der Exilländer hatte dieser Umstand verschiedene Ursachen: Frauen wollten häufig ihre Eltern nicht allein zurücklassen. Und nicht selten fuhr der Ehemann oder Partner vor, wenn eine gemeinsame Ausreise nicht geglückt

---

6 Kaplan, Marion, Der Mut zum Überleben, Jüdische Frauen und ihre Familien in Nazideutschland, Berlin 2001, S. 173. Im Juli 1941 lebten noch etwa 25 000 Kinder und Jugendliche im »Altreich«.

7 Ebenda, S. 269.

war, um seine Partnerin dann nachzuholen. Dies betraf viele
der nach dem Pogrom 1938 in Konzentrationslager (KZ) verschleppten Männer, die nur unter der Bedingung einer sofortigen Auswanderung entlassen worden waren. Aber auch diese
Möglichkeit bestand nach Kriegsbeginn allerdings kaum mehr.

Die Nationalsozialisten unterschieden bei »Nichtariern«
zwischen »Volljuden« und »Mischlingen«.[8] Diese wiederum
unterteilten sie in »Halb-« und »Vierteljuden«. Jedoch galt etwa ein »Mischling«, der mit einem »Volljuden« verheiratet
war, als »Geltungsjude« und war denselben Repressionen ausgesetzt wie dieser. Die Intensität der Verfolgung hing also unter anderem davon ab, wer mit wem verheiratet war und ob
die gemeinsamen Kinder jüdisch oder christlich erzogen wurden. Solange der nichtjüdische Partner dem Druck der Behörden widerstand und sich nicht scheiden ließ oder aber starb,
waren Jüdinnen und Juden in einer »Mischehe« zunächst vor
einer Deportation geschützt. Doch selbst für diese Menschen,
deren Leben von Zwangsarbeit und anderen Repressionen geprägt war, gab es keine Sicherheit: Die für Anfang 1945 geplante Deportation aller in »Mischehe« lebenden Juden sowie
ihrer als »Geltungsjuden« eingestuften Kinder nach Theresienstadt konnte lediglich aufgrund eingeschränkter Transport-
kapazitäten nicht mehr vollständig umgesetzt werden.[9]

Angst und ständige Unsicherheit hatte einige der Betroffenen in den Untergrund getrieben oder in den Suizid. So hatte
der bekannte Schauspieler Joachim Gottschalk seit Kriegsbeginn kaum noch Beschäftigung finden können, da er mit einer
Jüdin verheiratet war. Standhaft verweigerte er die Scheidung.
Als Propagandaminister Goebbels, der sich durch Meta Gott-

8 Siehe hierzu den Beitrag von Beate Meyer im vorliegenden Band, S. 15–48.
9 Gruner, Wolf, Judenverfolgung in Berlin 1933–1945. Eine Chronologie der
   Behördenmaßnahmen in der Reichshauptstadt, Berlin 1996, S. 91.

schalks Anwesenheit bei einer Filmpremiere brüskiert fühlte, deren sofortige Deportation anordnete, begingen Gottschalk und seine Frau mit ihrem Sohn im November 1941 Selbstmord. Dies war ein letzter Akt der Selbstbehauptung. Als die Deportationsbefehle eintrafen, entschieden sich allein in Berlin 7 000 – überwiegend alte – Menschen dafür, in dieser für sie ausweglos scheinenden Situation zu Hause und von eigener Hand, oft gemeinsam mit Angehörigen, zu sterben.[10] Suizid wurde zum Massenphänomen, weshalb der Schwarzmarktpreis für das Schlafmittel »Veronal« stark anstieg.

Untertauchen oder nicht?

Der Entschluss, sich zu verstecken beziehungsweise eine »arische« Identität anzunehmen, wurde meist nicht von langer Hand vorbereitet. Viele Jüdinnen und Juden tauchten erst unter, als Angehörige bereits deportiert worden waren oder ihre eigene Verschleppung unmittelbar bevorstand. Wurde diese in den ersten Monaten noch schriftlich mitgeteilt, erfolgten die Verhaftungen ab Ende 1942 unangekündigt und zum Teil auf der Straße. Zunächst waren die tödlichen Folgen der Deportation jedoch nicht bekannt – und auch kaum vorstellbar. Erst im Laufe des Jahres 1942 verbreiteten sich in Deutschland Gerüchte über die Massenerschießungen, Konzentrations- und Vernichtungslager.[11] Eine gezielte Informationsbe-

---

10 Meyer, Beate, Deportation. In: Meyer, Beate, und Hermann Simon (Hrsg.), Juden in Berlin 1938–1945, Berlin 2000, S. 171–173, hier S. 173.

11 Zur Kenntnis der (jüdischen und nichtjüdischen) Deutschen über die Vernichtungspolitik der Nazis siehe etwa Bankier, David, Was wußten die Deutschen vom Holocaust? In: Kosmala/Schoppmann, Überleben im Untergrund, S. 63–87.

schaffung war für die jüdische Bevölkerung, die seit September 1939 keine Radios mehr besitzen durfte, unmöglich. Offiziell war ohnehin verschleiernd von »Umsiedlung«, »Abwanderung« oder »Evakuierung« die Rede.

Trotzdem ahnten wohl die meisten, dass die Verschleppung Schlimmes bedeuten würde. Sie müsse froh sein, noch in Berlin zu sein »und nicht dort, wo man meine Schicksalsgenossen hingebracht hat, von denen man seit zwei Jahren nicht ein Sterbenswörtchen hört«,[12] schrieb die 60-jährige Pianistin Cäcilie Lewissohn am 17. November 1943 in ihr Tagebuch, wobei das »Sterbenswörtchen« womöglich doppeldeutig gemeint war. Die Vorstellung einer systematischen Ermordung erschien so ungeheuerlich, dass selbst diejenigen, die durch Soldaten oder das Abhören von »Feindsendern« von den wahren Vorgängen erfahren hatten, sich sträubten, dies zu glauben.

Abgesehen davon, was die jüdische Bevölkerung zu jener Zeit ahnte oder wissen konnte, bedeutete der Entschluss unterzutauchen, die letzten Reste einer geregelten Existenz, wie eingeschränkt diese bereits auch war, zu verlieren. Zugleich widersetzten sich die Betroffenen mit ihrer Entscheidung der zentralen jüdischen (Zwangs-)Organisation, der »Reichsvereinigung der Juden in Deutschland«, deren sich die Verfolgungsbehörden perfiderweise zur Umsetzung ihrer Politik bedienten.[13] Deshalb zögerten viele diesen Schritt so lange wie möglich hi-

---

12 Martin, Angela, und Claudia Schoppmann (Hrsg.), »Ich fürchte die Menschen mehr als die Bomben«. Aus den Tagebüchern von drei Berliner Frauen 1938–1946, Berlin 1996, S. 65–96, hier S. 82.

13 Die Haltung der jüdischen Repräsentanten gegenüber den Untergetauchten und ihren Anteil am Deportationsgeschehen untersucht Meyer, Beate, Das unausweichliche Dilemma. Die Reichsvereinigung der Juden in Deutschland, die Deportationen und die untergetauchten Juden. In: Kosmala/Schoppmann, Überleben im Untergrund, S. 273–296.

naus. Erst Anfang 1943, als sich die Niederlage der Wehrmacht bei Stalingrad abzeichnete, war ein Sieg der Alliierten und damit ein Ende der Naziherrschaft überhaupt vorstellbar.

Ein letztes Signal zum Untertauchen war in vielen Fällen die Großrazzia im Februar 1943, die so genannte Fabrikaktion. Damals sollten alle noch im Reichsgebiet lebenden Juden deportiert werden. So wurden am 27. Februar 1943 Tausende von Zwangsarbeitern und -arbeiterinnen in Rüstungsbetrieben, die bis dahin wegen ihrer Kriegswichtigkeit ihren Beschäftigten noch einen gewissen Schutz geboten hatten, aus den Fabriken heraus, von zu Hause oder auf der Straße verhaftet und wenige Tage später deportiert. Allein in Berlin sollen bei dieser Razzia mehr als 4 000 Verfolgte untergetaucht sein.[14]

Entgegen der Anordnung zur »Fabrikaktion« wurden in Berlin auch etwa 1 500 in »Mischehen« lebende Juden und »Mischlinge« in zwei Gebäuden der Jüdischen Gemeinde in der Großen Hamburger und der Rosenstraße inhaftiert. Gegen die befürchtete Deportation ihrer Angehörigen protestierten dort tagelang Hunderte von Menschen, vor allem nichtjüdische Frauen. Die Freilassung der Verhafteten nach einigen Tagen war jedoch vermutlich nicht – wie häufig behauptet wird[15] – das Ergebnis dieses während des Dritten Reiches beispiellosen öffentlichen Protestes; vielmehr sollten aus dem Kreis der Internierten die letzten »volljüdischen« Mitarbeiter jüdischer Institutionen ersetzt werden. Nichtsdestotrotz irri-

---

14 Gruner, Wolf, Die Fabrik-Aktion und die Ereignisse in der Berliner Rosenstraße. Fakten und Fiktionen um den 27. Februar 1943. In: Jahrbuch für Antisemitismusforschung 11 (2002), S. 137–177, hier S. 156. Das heißt, dass damals etwa jeder Dritte der in Berlin für die Deportation Bestimmten (= 11 000 Personen) sich dem Zugriff der Verfolger entzog.

15 Vor allem Stoltzfus, Nathan, Widerstand des Herzens. Der Aufstand der Berliner Frauen in der Rosenstraße 1943, München 1999.

tierte der Protest die Machthaber, wovon Goebbels' Tagebuch-
eintragungen zeugen.[16]

Die genaue Zahl derjenigen, die als »U-Boote«, wie sich die
in der Illegalität Lebenden oft selbst nannten, dem Zugriff der
Gestapo zu entkommen versuchten, lässt sich nicht mehr
exakt ermitteln. Zwischen 1941 und Kriegsende tauchten
schätzungsweise 10 000 bis 15 000 Menschen in Deutschland
unter, davon mehr als 5 000[17] in Berlin. Obgleich inzwischen
einige Veröffentlichungen vorliegen, die das Überleben im
Untergrund zum Gegenstand haben,[18] fehlt es bislang an einer
systematischen überregionalen und nicht vorwiegend auf biografischen Quellen beruhenden Darstellung des Überlebenskampfes der Verfolgten. In einem mehrjährigen, am Zentrum

---

16 Fröhlich, Elke (Hrsg.), Die Tagebücher von Joseph Goebbels, Teil II, Bd. 7,
    München 1993, S. 487 (Eintrag vom 6. 3. 1943).

17 Reitlinger, Gerald, Die Endlösung. Hitlers Versuch der Ausrottung der Juden
    Europas 1939–1945, Berlin 1956, S. 180, nannte für Mitte 1943 gar 9 000 Un-
    tergetauchte für Berlin. Siegmund Weltlinger ging 1954 von »etwa 5 000« aus
    (zitiert nach Grossmann, Kurt R., Die unbesungenen Helden. Menschen aus
    Deutschlands dunklen Tagen, Berlin 1957, S.104–106, hier S. 104). Bei den
    Recherchen zum Gedenkbuch Berlins der jüdischen Opfer des Nationalsozia-
    lismus, hrsg. von der FU Berlin, Berlin 1995, ließen sich in 3 500 Fällen in den
    Quellen Hinweise auf zeitweise Illegalität finden (S. 1 407).

18 Einen Überblick geben (neben Kaplan, Der Mut, S. 285–300): Kwiet, Konrad,
    und Helmut Eschwege, Selbstbehauptung und Widerstand. Deutsche Juden
    im Kampf um Existenz und Menschenwürde, Hamburg 1986, S. 150–159;
    Benz, Wolfgang, Juden im Untergrund und ihre Helfer. In: ders. (Hrsg.)
    Überleben im Dritten Reich, S. 11–48. Vgl. die Bibliographie von Borgstedt,
    Angela, Jüdischer Widerstand – »Judenhelfer«. Ein Literaturbericht. In:
    Kißener, Michael (Hrsg.), Widerstand gegen die Judenverfolgung, Konstanz
    1996, S. 228–341. Kürzlich erschienen sind unter anderem Lovenheim, Bar-
    bara, Überleben im Verborgenen. Sieben Juden in Berlin, Berlin 2002;
    Schmalz-Jacobsen, Cornelia, Zwei Bäume in Jerusalem, Hamburg 2002;
    Behar, Isaak, »Versprich mir, daß du am Leben bleibst«. Ein jüdisches Schick-
    sal, Berlin 2002.

für Antisemitismusforschung der Technischen Universität Berlin angesiedelten Forschungsprojekt »Rettung von Juden im nationalsozialistischen Deutschland« konnten mittlerweile die Namen und Daten von 2 300 Verfolgten, die zeitweise illegal lebten, ermittelt und in einer Datenbank dokumentiert werden.[19] Es liegt jedoch auf der Hand, dass sich etliche Fälle nicht mehr rekonstruieren lassen, weil die Beteiligten den Krieg nicht überlebten oder inzwischen verstorben und mit ihren Erfahrungen nie an die Öffentlichkeit getreten sind.

Nach 1933 waren viele Juden aus anderen Städten und besonders vom Lande in die Reichshauptstadt gezogen, weil sie hofften, von hier aus ihre Auswanderung besser betreiben zu können, durch Institutionen der jüdischen Selbsthilfe unterstützt zu werden bzw. in der Anonymität der Großstadt stärker vor Repressionen geschützt zu sein. 1941 lebten 44 Prozent aller im Reich verbliebenen Juden (73 000 Menschen) in Berlin, wo sie in Rüstungsbetrieben Zwangsarbeit leisten mussten. Als sich schließlich Gerüchte über die Vorgänge »im Osten« zu verbreiten begannen und die Verfolgten versuchten, sich der Deportation durch »Untertauchen« zu entziehen, taten sie das meist an ihrem Wohnort oder in der Nähe – nicht zuletzt aufgrund beschränkter Reisemöglichkeiten.

Dass sich die Situation in Berlin[20] von der in anderen Großstädten deutlich unterscheidet, zeigt das Beispiel Frank-

---

19 Siehe Kosmala, Beate, und Claudia Schoppmann, Überleben im Untergrund. Eine Zwischenbilanz. In: Kosmala/Schoppmann, Überleben im Untergrund, S. 17–31.

20 Darüber hinaus konnten wegen eines umfangreichen Aktenbestands besonders viele Berliner Fälle rekonstruiert werden. Zu dieser 1 525 bearbeitete Anträge umfassenden Ehrungsinitiative des West-Berliner Senats (»Unbesungene Helden«) von 1958–1966 siehe Riffel, Dennis, »Unbesungene Helden«. Der Umgang mit »Rettung« im Nachkriegsdeutschland. In: Kosmala/Schoppmann, Überleben im Untergrund, S. 317–334.

furt am Main, wo 1933 mit 26 000 Menschen die zweitgrößte jüdische Gemeinde in Deutschland ansässig war. Im September 1941, kurz vor Beginn der Deportationen, lebten noch 11 000 Jüdinnen und Juden in der Mainmetropole, von denen sehr viel weniger als in Berlin untertauchten. Den Frankfurter Juden blieb dafür keine Zeit: Bereits im September 1942 – also nur elf Monate nach Beginn der reichsweiten Transporte in den Osten – war ihre Deportation schon abgeschlossen.[21] Ähnlich in Hamburg: Dort waren bereits Ende 1941 3 100 von 7 500 Juden deportiert worden. Erst nach den Luftangriffen im Sommer 1943 nutzten etwa zweihundert jüdische Hamburger die chaotischen Zustände und tauchten unter – ein Großteil davon Frauen, die in »Mischehe« lebten.[22]

Weitere Regionalstudien[23] zu dieser Thematik sind notwendig, da sich erst auf diese Weise der Verfolgungsprozess in seiner gesamten Komplexität und Dynamik erschließt.

Anhand von einigen Schicksalen soll nun veranschaulicht werden, was es bedeutete, über Monate und Jahre hinweg ein äußerst riskantes Dasein als »U-Boot« zu führen.

---

21 Siehe Kingreen, Monica, Verfolgung und Rettung in Frankfurt am Main und der Rhein-Main-Region. In: Kosmala/Schoppmann, Überleben im Untergrund, S. 167–190.

22 Meyer, Das unausweichliche Dilemma (darin zu Hamburg: S. 287–291).

23 Siehe auch Ginzel, Günther B., Hans-Joachim Henke, Stefan Kerschgens und Winfried Kranz (Hrsg.), »... das durfte keiner wissen!« Hilfe für Verfolgte im Rheinland von 1933 bis 1945. Gespräche, Dokumente, Texte, Köln 1995; Borgstedt, Angela, »Bruderring« und »Lucknerkreis«. Rettung im deutschen Südwesten. In: Kosmala/Schoppmann, Überleben im Untergrund, S. 191–203.

Ilse Stillmann
Die 32-Jährige hatte früher als Verlagsangestellte gearbeitet. Ende Februar 1943 wurde sie in letzter Minute von einer befreundeten Ärztin, Grete Schellwort, vor der bevorstehenden »Fabrikaktion« gewarnt. Die Freundin verfügte aufgrund ihrer Tätigkeit in einem Polizeikrankenhaus über entsprechende Informationen.[24] Ilse Stillmanns Geschwister und ihr Lebensgefährte waren rechtzeitig emigriert. Sie selbst hatte auf die Möglichkeit, nach England zu entkommen, verzichtet, weil sie ihre Mutter, die nicht mehr ausreisen konnte, nicht im Stich lassen wollte. Im Herbst 1942 war ihre Mutter jedoch nach Theresienstadt deportiert worden. Deshalb nahm sie die Warnung der Polizeiärztin nun ernst. Sie ging nicht mehr zu Siemens, wo sie seit 1941 in einer Abteilung mit 900 jüdischen Männern und Frauen – unter ihnen auch Herbert und Marianne Baum und andere Mitglieder dieser jüdisch-kommunistischen Widerstandsgruppe – Zwangsarbeit geleistet hatte. Sie verließ ihr Quartier, nachdem sie Verdächtiges verbrannt und den Stern an ihrer Kleidung, der sie weithin als Ausgestoßene sichtbar machte, entfernt hatte.

Kurzfristig kam sie bei alten Bekannten unter, musste dann aber bis Mitte 1944 ihren Unterschlupf ständig wechseln. Das erhöhte nicht zuletzt die Gefahr von Denunziationen. Wie viele Illegale versuchte sie, ein nach außen hin »normales« Leben zu führen. Unabdingbar hierfür waren jedoch falsche Papiere; die Gefahr, sich ausweisen zu müssen, war allgegenwärtig. Von einer »arischen« Bekannten erhielt sie einen Postausweis. Dieses Papier war bei Illegalen sehr begehrt, weil es

---

24 Herzberg, Wolfgang, Überleben heißt Erinnern. Lebensgeschichten deutscher Juden, Berlin, Weimar 1990, S. 142–205; Dossier Stillmann, Zentrum für Antisemitismusforschung (ZfA).

leichter als eine Kennkarte zu beschaffen und als Ausweis-
ersatz weit verbreitet war. Ihre Kennkarte mit dem aufgestem-
pelten »J« konnte sie nicht mehr benutzen – mit der Folge,
dass sie auch keine Lebensmittelkarten bekam. Die Polizeiärztin gab ihr allerdings regelmäßig von ihren Marken ab und
versorgte sie notfalls medizinisch. Auch dies war ein Problem,
das alle Untergetauchten kannten: Aufgrund der Ausweis-
pflicht war es zu gefährlich, einen Arzt oder gar ein Krankenhaus aufzusuchen. Mit dem Geld, das Ilse Stillmann etwa als
Aufwartefrau verdiente, konnte sie sich zwar Lebensmittel
kaufen, musste dafür aber hohe Schwarzmarktpreise bezah-
len. Nichtsdestotrotz schickte sie ihrer Mutter regelmäßig
Päckchen und tröstende Nachrichten unter fingiertem Namen
nach Theresienstadt. Dadurch konnte diese überleben. Nachdem Ilse Stillmann, die seit früher Jugend Kommunistin war,
mithilfe einer Genossin ab Mai 1944 ein festes Quartier hatte,
konnte sie sich wieder illegal politisch betätigen und ihrerseits
Verfolgten helfen. »Es war eine große Befriedigung für mich,
dass ich nicht nur einfach mein Leben retten wollte«,[25] bekannte Ilse Stillmann, die nach dem Krieg in Ost-Berlin lebte,
wo sie zunächst für den Hauptausschuss »Opfer des Faschismus« und später in einem Verlag tätig war.

Cäcilie Lewissohn
Ein nach außen hin »normales« Leben führte auch Cäcilie Lewissohn, die mit ihren sechzig Jahren erheblich älter als Ilse
Stillmann und die meisten »U-Boote« war. Ihren beiden Kindern war noch rechtzeitig die Emigration geglückt, ebenso ihrem Mann Ludwig. Der Einmarsch der Wehrmacht in Frank-

25 Herzberg, Überleben heißt erinnern, S. 191.

reich 1940 hatte den Plan, Cäcilie Lewissohn nachzuholen, vereitelt. »Wenn meine Stimmung nur besser werden würde, ich könnte immerzu heulen über die Ausweglosigkeit, hier je wegzukommen. Aber genug davon, eine Trefferbombe, und es ist alles vorbei!«,[26] notierte sie am 9. November 1943 resigniert in ihr Tagebuch, das sie am 7. Oktober 1943, ihrem 60. Geburtstag, begonnen hatte, »um für spätere Zeiten mein jetziges problematisches und immerhin sehr merkwürdiges Leben festzuhalten«.[27]

Im Januar 1943 kaufte sie von einem Polizisten einen gefälschten Anmeldeschein und verließ die »Judenwohnung« in Berlin-Schöneberg, in der sie nach der Aufhebung des Mietschutzes für jüdische Mieter seit 1940 leben musste. Zunächst fand sie Unterschlupf bei ihrer Schwägerin, die später ebenfalls untertauchte. Dann lebte und arbeitete Cäcilie Lewissohn bei verschiedenen Personen – unter anderem bei einem Oberstleutnant in Potsdam –, die höchstwahrscheinlich alle über ihre wahre Identität informiert waren. In dem halben Jahr, aus dem ihre Aufzeichnungen überliefert sind, wechselte sie zwischen zwei Quartieren in Schöneberg und Schmargendorf. »Dieses Herumwandern von einem zum andern ist das, was am schwersten zu ertragen ist. Wenn man sechzig Jahre alt ist, hat man eine Vorliebe zur Sesshaftigkeit, aber so, wie die Dinge liegen, werde ich vorläufig nicht dazu kommen«, klagte sie am 8. Oktober 1943, um sich gleich darauf selbst Mut zuzusprechen: »Aber jammern gilt nicht, Zähne zusammenbeißen und weiterleben!«[28]

---

26 Martin/Schoppmann, »Ich fürchte die Menschen ...«, S. 80.
27 Ebenda, S. 67.
28 Ebenda, S. 68.

Cäcilie Lewissohn schlug sich mit Putzarbeiten durch und fertigte Buchhüllen an, die sie zum Teil selbst in Geschäften verkaufte. Und einmal monatlich bekam sie über Dritte Geld von einer Frau, deren Namen sie entweder nicht kannte oder aus Vorsicht im Tagebuch nicht nannte, die aber offenbar für Illegale spendete. Mit bewundernswertem Mut versuchte sie, gelegentlich am kulturellen Leben teilzunehmen, von dem die Juden seit langem ausgeschlossen waren. Die Pianistin und Klavierlehrerin, die seit Mitte der dreißiger Jahre ihren Beruf nur noch im Jüdischen Kulturbund hatte ausüben können, bis mit der Auflösung der Organisation 1941 auch diese Möglichkeit ausgeschlossen war, besuchte die Oper oder ging ins Kino. So versuchte sie, an ihr früheres, ganz der Musik und der Kunst gewidmetes Leben anzuknüpfen und sich einen Rest menschlicher Würde und Selbstbestimmung zu bewahren. Zunehmend machten ihr die immer häufiger werdenden Bombenangriffe zu schaffen. Im Februar 1944 verlor sie nicht nur ein Quartier und ihre wenigen Habseligkeiten, sondern auch die Möglichkeit, für ihre Wirtin zu arbeiten und Geld zu verdienen, das sie für Einkäufe auf dem Schwarzmarkt dringend benötigte. Ihre Gesundheit litt unter der nervlichen Belastung. Ideenreich versuchte sie immer wieder, einen Ausweg zu finden. Sie verfolge einen Plan, der ihre Lage »erheblich verbessern könnte. Bin auf der Suche nach Geld, was augenblicklich nicht ganz einfach ist«, heißt es im letzten Eintrag vom 3. März 1944.

Doch aus ihren Plänen wurde nichts mehr: Offenbar hatte die Gestapo den Polizisten, von dem sie ihre gefälschten Papiere hatte, durchsucht und war dabei auf ihre Spur gestoßen. Cäcilie Lewissohn wurde verhaftet und in das Sammellager in der Weddinger Schulstraße gebracht. Am 13. April 1944 wurde ihr – wie allen Verhafteten vor und nach ihr – von der Gestapo mitgeteilt, dass ihr Vermögen eingezogen werden solle. Allerdings gab es bei der einst wohlhabenden Frau längst nichts mehr einzuziehen, wie aus ihrer Vermögenserklärung hervorgeht. Die Hilfeversuche ihres Neffen, der ebenfalls in Berlin lebte, scheiterten. Cäcilie Lewissohn wurde am 18. April nach Auschwitz deportiert und vermutlich sofort nach der Ankunft umgebracht, da sie in ihrem Alter als nicht mehr »arbeitsfähig« galt. Wenige Wochen später wurde auch ihr Mann von Frankreich aus nach Auschwitz-Birkenau deportiert. Er gehörte zu den etwa 30 000 Menschen, denen zwar die Emigration aus Deutschland geglückt war, die aber nach dem Einmarsch der Wehrmacht in Frankreich verhaftet worden waren und später deportiert wurden. Das Ehepaar Lewissohn gilt als in Auschwitz »verschollen«; ihr genaues Todesdatum ist nicht mehr feststellbar.

Cäcilie Lewissohn steht für viele gescheiterte Versuche.[29] Nur selten erfuhr die Nachwelt von solchen Fällen, denn die »Illegalen« mussten zwangsläufig ihre Spuren verwischen, um sich so gut wie möglich dem Zugriff der Verfolgungsbehörden zu entziehen. Nur wenige Menschen haben es wie Cäcilie Lewissohn, die Zeugnis ablegen wollte, gewagt, Aufzeichnungen zu machen; wie sie überliefert wurden, ist bis heute nicht bekannt. Das Schreiben war außerdem ein wichtiger Kommunikationsersatz für sie: Ihrem Tagebuch – aus Angst vor Entdeckung verschlüsselte sie viele Namen – konnte sie die Sehnsucht nach einem Wiedersehen mit ihren Angehörigen anvertrauen.

---

29 Einen gescheiterten Versuch, bei dem auch der Helfer im KZ umkam, schildert Hamann, Christoph, »Er besaß den Eifer eines wahren Gläubigen«. August Sapandowski (1882–1945), ein Retter von Juden in Berlin. In: Kosmala/Schoppmann, Überleben im Untergrund, S. 223–240.

Wie die einstige Pianistin hatten viele »U-Boote« unter den zunehmenden Bombenangriffen der Alliierten zu leiden. Nicht nur wurden dabei immer mehr (potentielle) Verstecke zerstört. Auch konnten Juden ohne entsprechende Papiere keine privaten Luftschutzkeller aufsuchen. Blieben sie jedoch bei einem Angriff in einer Wohnung, so liefen sie entweder Gefahr, bei einem Treffer umzukommen, oder vom Luftschutzwart, der Zugang zu allen Räumen hatte, entdeckt zu werden. Andererseits eröffneten die Luftangriffe auch neue Möglichkeiten: Wenn zum Beispiel Meldeämter und andere Behörden getroffen wurden, versuchten etliche »Illegale«, sich im Durcheinander als vermeintliche Ausgebombte zu legalisieren. So gelangte etwa Inge Deutschkron, deren Erinnerungen »Ich trug den gelben Stern«[30] zu den bekanntesten gehören, zu falschen Papieren und dadurch zu Lebensmittelmarken.

In der Hoffnung, dass eine Überprüfung ihrer Identität nun nicht mehr möglich war, flüchteten einige der Untergetauchten vor allem in der zweiten Hälfte des Krieges von Berlin oder aus anderen Städten aufs Land. Darüber hinaus war dort die Ernährungslage besser. Allerdings liefen die »Illegalen« Gefahr, als Fremde aufzufallen, weil hier die soziale Kontrolle weit größer als in der Stadt war. Ein längeres Verstecken war daher selten möglich. Ohne Kontakte zu Einheimischen, von denen man sich Hilfe erhoffte, war eine Flucht aufs Land[31] oder in die »Provinz« jedoch kaum zu bewerkstelligen.

---

30 Deutschkron, Inge, Ich trug den gelben Stern, Köln 1978.

31 Die Flucht auf einen Bauernhof in Württemberg schildert Marski, Ulrike, Eine Zuflucht für Verfolgte der Nationalsozialisten. Auf dem Unteren Käshof lebten Menschen mit eigenen Grundsätzen. In: dies. (Hrsg.), Der Käshof aus Weipertshofen. Leben und Überleben in einem abgelegenen Gehöft, Schwäbisch Hall 2001, S. 106–145.

Das folgende Beispiel aus Baden soll dies verdeutlichen. Dass nur relativ wenige Rettungsaktionen in dieser Region stattfanden, liegt unter anderem daran, dass auf Initiative des besonders radikalen badischen Gauleiters Robert Wagner und dem Saar-Pfälzer »Provinzführer« Josef Bürckel bereits im Oktober 1940 – also ein Jahr vor Beginn der reichsweiten Deportationen – fast die gesamte jüdische Bevölkerung aus Baden, der Pfalz und einigen Orten Württembergs, rund 7500 Menschen, in das südfranzösische Lager Gurs deportiert worden war. Nach weiteren Deportationen 1941/42 galten Baden und Württemberg seit August 1942 als »judenrein«. Die bisher bekannten Hilfeleistungen wurden deshalb weniger einheimischen, sondern dorthin geflohenen Juden zuteil.[32]

Lotte Paepcke
Die ehemalige Juristin Lotte Paepcke fand in einem Kloster in der Nähe ihrer Heimatstadt Freiburg Zuflucht.[33] Sie gehörte zu den etwa 21000 Juden, die 1939 mit einem »arischen« Partner verheiratet waren. Da ihr Sohn Peter getauft war, lebte

---

32 Exemplarisch seien die Ehepaare Max und Ines Krakauer aus Leipzig sowie Hermann und Herta Pineas aus Berlin genannt, deren Odyssee mit Hilfe der Bekennenden Kirche durch zahlreiche schwäbische Pfarrhäuser führte. Siehe Krakauer, Max, Lichter im Dunkel. Flucht und Rettung eines jüdischen Ehepaares im Dritten Reich, Stuttgart 1978. Der Bericht von H. Pineas ist abgedruckt in: Richarz, Monika (Hrsg.), Jüdisches Leben in Deutschland, Bd. 3. Selbstzeugnisse zur Sozialgeschichte 1918–1945, Stuttgart 1982, S. 429–442. Häufig mussten sie in kürzeren Abständen ihr Quartier wechseln, spätestens jedoch alle vier Wochen, um so die Pflicht zu umgehen, sich bei einem Aufenthalt von mehr als einem Monat anzumelden.
33 Paepcke, Lotte, Unter einem fremden Stern, Frankfurt/Main 1952 (das Buch gehört zu den frühesten autobiographischen Veröffentlichungen zu dieser Thematik).

sie in einer »privilegierten Mischehe«[34] und musste deshalb keinen Stern tragen. Im Gegensatz zu Ilse Stillmann und Cäcilie Lewissohn, die von einzelnen Nichtjuden unterstützt wurden, erhielt Lotte Paepcke »organisierte« Hilfe von einem Helferkreis im katholischen Milieu – darunter Pater Heinrich Middendorf (1898–1972), seit 1938 Rektor des Klosters Stegen bei Freiburg. Abgesehen von einer Hand voll mutiger Priester, Pfarrer und Pfarrersfrauen der Bekenntnisgemeinden,[35] die lebensrettende Hilfe unter dem schützenden Dach der Kirche leisteten, schwiegen die großen Kirchen in beschämender Weise zur Judenverfolgung. Dabei hatte der öffentliche Protest beider Konfessionen gegen den Mord an Geisteskranken gezeigt, dass Hitler vor entschiedenem Widerstand durchaus zurückwich. Umso bemerkenswerter sind daher jene Menschen, die sich für verfolgte Juden einsetzten und die Spielräume, die die Kirchen als legale Institutionen boten, ausnutzten.[36]

1943 war Lotte Paepcke, die damals in Leipzig lebte, zum Schuttschleppen zwangsverpflichtet worden. Dabei wurde sie schwer herzkrank. Aus Angst vor weiteren Repressionen entschloss sie sich 1944, in ihre Geburtsstadt zu fliehen, wo sie und ihr neunjähriger – nach Nazikriterien – »halbjüdischer« Sohn zunächst Aufnahme bei Freunden fanden. Als das Gerücht umging, dass nun auch die jüdischen Mischehepartner deportiert werden sollten, »war es mit der scheinbaren Unangefochtenheit dieses Lebens außerhalb des Geset-

---

34 War jedoch die Frau »arisch«, galt eine (kinderlose) Ehe im Allgemeinen nicht als privilegiert.

35 Vgl. Borgstedt, »Bruderring« und »Lucknerkreis«.

36 Siehe etwa Büttner, Ursula, Die anderen Christen. Ihr Einsatz für verfolgte Juden und »Nichtarier« im nationalsozialistischen Deutschland. In: Kosmala/Schoppmann, Überleben im Untergrund, S. 127–150.

zes zu Ende. Es wurden mit den Freunden alle jene Pläne durchdacht, wie sie damals in allen Mischehen in ähnlicher Weise und in derselben Verzweiflung vorbereitet wurden: des fingierten Abschiedsbriefes an den Ehepartner, des Verschwindens in einer großen, von Bomben heimgesuchten Stadt, wo man nach einem Terrorangriff, falls man ihn überlebt hatte, bei den Behörden auftauchen konnte, den Verlust sämtlicher Papiere anzeigend und unter neuem, angenommenem Namen ein neues, ›arisches‹ Leben beginnend. Es wurde mir auch die Möglichkeit angeboten, mit dem Auto bis zu einer bestimmten Stelle am Rhein gebracht zu werden, wo ich zur Zeit der Wachablösung ans andere Ufer schwimmen sollte. Ach, im stillen wusste ich, dass ich mit dem kranken Herzen all diesen Plänen nicht gewachsen war.«[37]

Für die weiteren Ereignisse war ihre Verbindung zu Irmgard Gießler, einer ebenfalls in »Mischehe« lebenden Freundin, und deren Kontakt zu Grete und Karl Borgmann von entscheidender Bedeutung. Sie alle gehörten einem Freiburger Helferkreis der Caritas an, der sich unter Leitung von Dr. Gertrud Luckner[38] seit Beginn der Deportationen auch mit illegalen Methoden für verfolgte Juden – meist »nichtarische« Katholiken – einsetzte und versuchte, ihnen das Untertauchen zu ermöglichen und sie dann am Leben zu erhalten. Wichtige Voraussetzung für diese Hilfe war das Konkordat zwischen Heiligem Stuhl und Deutschem Reich von 1933, das die Tätigkeit des Caritas-Verbandes vertraglich schützte. Die Caritas war als einer der Spitzenverbände der freien Wohlfahrtspflege

---

37 Paepcke, Unter einem fremden Stern, S. 86.
38 Zu ihren Hilfsaktivitäten siehe Wollasch, Hans-Josef, »Betrifft: Nachrichtenzentrale des Erzbischofs Gröber in Freiburg«. Die Ermittlungsakten der Geheimen Staatspolizei gegen Gertrud Luckner 1942–1944, Konstanz 1999.

neben der Nationalsozialistischen Volkswohlfahrt anerkannt und operierte somit legal.

Auch nachdem Gertrud Luckner infolge ihrer Rettungsbemühungen 1943 verhaftet und ins KZ Ravensbrück verschleppt worden war, setzte der Helferkreis seine Arbeit fort. Karl Borgmann, ein Mitarbeiter der Caritas, nahm Verbindung zu Pater Middendorf in Stegen auf. Während die Gestapo in Leipzig noch nach Lotte Paepcke suchte, versteckte der Pater sie und ihren Sohn im November 1944 in einer Mönchszelle und ließ sie – zwecks Tarnung als Klosterpersonal – Gartenarbeit verrichten. Die Vorsicht war begründet, denn unter den zahlreichen Bombenflüchtlingen, die im Kloster Aufnahme gefunden hatten, befanden sich auch etliche Nazianhänger. Peter Paepcke wurde dagegen in eine Gruppe von Waisenkindern eingereiht. Zur Tarnung musste er als Ministrant auftreten, was ihm nach einer gründlichen Unterweisung durch den Pater auch überzeugend gelang. Der Gestapo gegenüber behauptete der Pater, er habe im Kloster lediglich evakuierte Personen untergebracht. Dank der Unterstützung durch verschiedene Priester und weil das Kloster über eine eigene Landwirtschaft verfügte, erlebten in Stegen sieben »rassisch« Verfolgte im April 1945 die Befreiung durch die französische Armee.[39]

Berthold Böttigheimer
Beim folgenden Beispiel aus Speyer handelt es sich um einen ortsansässigen »Nichtarier« – einer von 269 Juden, die 1933

---

39 Pater Middendorf wurde 1996 auf Initiative von Peter Paepcke posthum durch Yad Vashem als »Gerechter unter den Völkern« geehrt. Yad Vashem, Department »Righteous Among the Nations«, ger 5837.

in der pfälzischen Kleinstadt lebten.[40] Im November 1938 wurde der einstige Autohändler und begeisterte Rennfahrer – wie viele jüdische Männer – nach Dachau verschleppt, zwei Monate später aber wieder entlassen. Danach schlug er sich – wie schon in den Jahren seit 1933 – mehr schlecht als recht mit verschiedenen Jobs durch, unterstützt von seiner nichtjüdischen Frau. Nur aufgrund dieser »Mischehe« wurde er 1940 nicht wie die 150 damals noch in Speyer lebenden Jüdinnen und Juden, darunter seine Schwester und Eltern, nach Gurs deportiert. Im November 1943 tauchte er unter, nachdem bereits fast alle »Nichtarier« deportiert worden waren. Insgesamt acht Speyrer Familien versteckten den stadtbekannten und dadurch besonders gefährdeten Mann in den folgenden anderthalb Jahren bis zum März 1945, als die Amerikaner die Stadt befreiten. Doch nicht nur Böttigheimer, der im *Reichsanzeiger* zur Fahndung ausgeschrieben war, riskierte jedes Mal sein Leben, wenn er das Versteck wechseln musste. Auch die Familien, die ihn aufnahmen, waren in Gefahr. Selbst seine Ehefrau, der die Gestapo zusetzte, durfte nicht erfahren, wo er sich aufhielt beziehungsweise dass er überhaupt noch lebte. Zunächst wurde Böttigheimer von der Fotografin Berta Treib aufgenommen, später von einer Frau Merl, deren Mann mit Böttigheimer befreundet war. Artur Merl hatte seinem Freund versprochen, ihm zu helfen. Doch da er als Soldat eingezogen war, bat er seine Frau, sich um den Verfolgten zu kümmern. In einem Zimmer, hinter Gerümpel verborgen, wurde Böttigheimer versteckt. Frau Merl musste aufpassen, dass ihr achtjähriger Sohn den Mann nicht entdeckte, denn er hätte sich Fremden gegenüber zu leicht verplappern können.

---

40 Dossier Böttigheimer, ZfA.

So unterschiedlich im Detail die genannten Episoden sein mögen, sie zeigen den ebenso verzweifelten wie mutigen Versuch jüdischer Menschen, ihr Leben zu retten. Sie ließen sich nicht, wie häufig behauptet wird, willen- und widerstandslos »wie die Schafe zur Schlachtbank führen«. Doch isoliert und ihrer Ressourcen weitgehend beraubt, war die jüdische Minderheit nicht in der Lage, die Verfolgungsmaschinerie aufzuhalten oder gar das Regime zu stürzen. Ihre Strategien zielten auf Abwehr und Selbstbehauptung. Dennoch gab es verschiedene Formen von Opposition und Widerstand,[41] auch wenn die Möglichkeiten hierfür begrenzt waren – nicht zuletzt durch die Androhung der Machthaber, Widerstandsaktionen mit Vergeltungsmaßnahmen (Ermordung von Geiseln) strengstens zu ahnden. Neben der kommunistisch orientierten Baum-Gruppe gab es beispielsweise eine aus bis zu vierzig Jugendlichen bestehende zionistische Gruppe »Chug Chaluzi«, die nach der »Fabrikaktion« Ende Februar 1943 in den Untergrund ging und sich gegenseitig unterstützte.[42] Und eine ungewöhnliche Allianz von jüdischen und nichtjüdischen Regimegegnern stellte die »Gemeinschaft für Frieden und Aufbau« dar, die 1943/44 versuchte, untergetauchten Juden zu helfen und die Bevölkerung mit Flugblättern aufzurütteln.[43]

---

41 Siehe etwa Kwiet/Eschwege, Selbstbehauptung und Widerstand; Tuchel, Johannes, Widerstand von Juden im nationalsozialistischen Deutschland. Rahmenbedingungen und weiterführende Fragen. In: Kosmala/Schoppmann, Überleben im Untergrund, S. 257–272.

42 Christine Zahn, »Nicht mitgehen, sondern weggehen!« Chug Chaluzi – eine jüdische Jugendgruppe im Untergrund. In: Löhken, Wilfried, und Werner Vathke (Hrsg.), Juden im Widerstand. Drei Gruppen zwischen Überlebenskampf und politischer Aktion Berlin 1939–1945, Berlin 1993, S. 159–205; Schwersenz, Jizchak, Die versteckte Gruppe. Ein jüdischer Lehrer erinnert sich an Deutschland, Berlin 2000 (vierte Auflage).

Überlebenschancen

Es gleicht einem Wunder, dass es trotz allem schätzungsweise
3 000 bis 5 000 Jüdinnen und Juden in Deutschland (im
»Altreich«) gelang, zu überleben. In Berlin, wo mehr als
5 000 Menschen untergetaucht waren, gaben im August 1945
1 314 Verfolgte an, im Untergrund überlebt zu haben.[44] Da
hierbei jedoch nur Personen, die der jüdischen Religion angehörten, nicht aber die von den Nazis gleichermaßen verfolgten (getauften oder religionslosen) »Rassejuden« registriert
wurden, dürfte die Zahl der illegal Überlebenden bei schätzungsweise 1 500 oder mehr liegen.

Für Berlin stellt sich die Situation folgendermaßen dar: Als
die Deportationen im Herbst 1941 begannen, lebten 72 972 Juden in der Reichshauptstadt. Am 1. März 1943 waren es
32 999, sechs Monate später nur noch 6 790. Stellt man diese gesicherten Daten einem geschätzten »Mittelwert« von
5 000 untergetauchten Juden im Jahr 1943 gegenüber, ergibt
sich folgendes Bild: Insgesamt gingen sieben Prozent der Berliner Juden in die Illegalität, Anfang 1943 waren es 13 Prozent
und Anfang Juli 1943 42 Prozent. Von den 1941 in Berlin registrierten Juden überlebten zwei Prozent im Untergrund. Von
den Untergetauchten selbst blieben 28 Prozent am Leben,
oder anders ausgedrückt: Von zehn in der Reichshauptstadt
untergetauchten Juden überlebten drei; sieben wurden durch
Bombenangriffe, Denunziationen oder Razzien getötet.[45]

Für andere Städte oder Regionen fehlen vergleichbare Zahlen bislang fast völlig.[46] Einer nicht überprüfbaren Angabe

---

43 Schieb-Samizadeh, Barbara, Die Gemeinschaft für Frieden und Aufbau. In:
    Löhken/Vathke, Juden im Widerstand, S. 73–81.
44 Liste der Alliierten über in Berlin registrierte Juden, August 1945 (Kopie im
    ZfA).

des Berliner Magistrats von 1947 zufolge sollen 5 000 deutsche Juden während des Dritten Reiches »erfolgreich von ihren deutschen Landsleuten verborgen gehalten«[47] worden sein. Stimmt diese Zahl, so hätten knapp ein Prozent der jüdischen Bevölkerung von 1933 bzw. drei Prozent von 1941 im Untergrund überlebt.[48]

Das Überleben hing zum einen vom Geschlecht, dem Alter, der körperlichen Konstitution und den materiellen Ressourcen ab, ferner vom »Charakterprofil« der Untergetauchten, wie Raul Hilberg es nennt: Geistesgegenwart, Entschlossenheit und Lebenswille.[49] Doch vor allem äußere Umstände waren bestimmend: die Effizienz des Verfolgungsapparates im Reichssicherheitshauptamt, die Dauer des Untertauchens, Luftangriffe, Razzien und Denunziationen.

Im Berliner Untergrund waren besonders jüdische Spitzel gefürchtet, die seit Februar 1943 von der Gestapo eingesetzt wurden. So wurde im Mai 1944 dem 36-jährigen ehemaligen Schauspieler Martin Rosen, der schon mehr als ein Jahr bei verschiedenen Freunden untergetaucht war, der Denunziant Feodor Friedländer zum Verhängnis. Die Gestapo verhaf-

---

45 Kwiet/Eschwege, Selbstbehauptung und Widerstand, S. 151.

46 Beate Meyer gibt an, dass in Hamburg etwas mehr als 50 Verfolgte mit falscher Identität überlebt haben: Meyer, Beate, »A conto Zukunft«. Hilfe und Rettung für untergetauchte Hamburger Juden. In: Zeitschrift des Vereins für Hamburgische Geschichte, Hamburg 2000, S. 205–233.

47 Wolfson, Manfred, Der Widerstand gegen Hitler. Soziologische Skizze über Retter (Rescuers) von Juden in Deutschland. In: Aus Politik und Zeitgeschichte 15 (1971) (= Beilage zur Wochenzeitung *Das Parlament*), S. 32–39, hier S. 33.

48 Kwiet/Eschwege, Selbstbehauptung und Widerstand, S. 150 f. Ohne Beleg behaupten die Autoren, dass die Zahl der illegal Überlebenden in keiner Großstadt (außer Berlin) fünfzig überstieg.

49 Hilberg, Raul, Täter, Opfer, Zuschauer, Frankfurt/Main 1997, S. 209.

tete Rosen in der Wohnung seiner Helferin; diese blieb jedoch offenbar unbehelligt. Nach qualvollen Verhören wurde Rosen zehn Tage später nach Auschwitz deportiert. Er überlebte.[50]

Friedländer zählte zu einer Gruppe von etwa zwanzig bis dreißig »Greifern«, die polizeiamtlich »Jüdischer Fahndungsdienst« hießen, Dienstausweise der Gestapo besaßen und ab Herbst 1944 sogar eine Waffe trugen. Was sie so gefährlich machte: Sie hatten selbst als »U-Boote« im Untergrund gelebt, bevor sie verhaftet und von der Gestapo mit Drohungen gefügig gemacht worden waren, und kannten viele ihrer einstigen Leidensgenossen und deren Treffpunkte. Sie durchkämmten Straßen und Lokale, kontrollierten Straßenbahnen und Kartenstellen, beobachteten Besucher von Opern und Kinos. Doch manche »Greifer« arbeiteten nicht nur für die Gestapo, sondern auch gegen sie: So versuchte etwa Stella Kübler,[51] die als besonders skrupellos galt und mindestens hundert Personen ausgeliefert haben soll, ihren früheren Kinderarzt und dessen Frau zu retten. Und ihr »Kollege« Günther Abrahamson verhalf einer Jüdin mit falschen Papieren zur Flucht in den Harz und warnte andere vor ihrer bevorstehenden Verhaftung.[52]

Am ehesten war es einzelnen Verfolgten möglich, einen Unterschlupf zu finden – um den Preis, dass viele Ehen, Partnerschaften oder Familien auseinander gerissen wurden, wenn dies nicht schon durch Emigration und Deportation ge-

---

50 Kosmala, Beate, Mißglückte Hilfe und ihre Folgen. Die Ahndung der »Judenbegünstigung« durch NS-Verfolgungsbehörden. In: Kosmala/Schoppmann, Überleben im Untergrund, S. 205–221, hier S. 215.

51 Wyden, Peter, Stella, Göttingen 1993.

52 Dirks, Christian, »Greifer«. Der Fahndungsdienst der Berliner Gestapo. In: Meyer/Simon, Juden in Berlin 1938–1945, S. 233–257; Tausendfreund, Doris, »Jüdische Fahnder«. Verfolgte, Verfolger und Retter in einer Person. In: Benz, Überleben im Dritten Reich, S. 237–254.

schehen war. Insgesamt hatten Frauen wohl eine etwas größere Chance, im Untergrund zu überleben als Männer[53] – vorausgesetzt, sie waren kinderlos bzw. hatten keine Kinder bei
sich. Jüdische Frauen konnten sich zumindest in der Öffentlichkeit unauffälliger bewegen und leichter eine Arbeit (auf
privater Basis) finden als Männer, etwa als Haushaltshilfe, wie
es bei Ilse Stillmann und Cäcilie Lewissohn der Fall war. Sie
waren dadurch nicht nur finanziell unabhängiger, sondern
durch die Arbeit auch besser getarnt. Männer waren dagegen
stärker von Kontrollen bedroht, da jeder Mann im wehrfähi-
gen Alter verdächtigt wurde, ein Deserteur zu sein. Im Zuge
des »Volkssturms« bei Kriegsende, der alle »waffenfähigen«
Männer von 16 bis sechzig betraf, verschlimmerte sich die Situation nochmals. Jüdische Männer mussten deshalb versuchen, sich so wenig wie möglich in der Öffentlichkeit zu zeigen, und über Papiere verfügen, die einer eingehenden Inspektion standhielten. Wenn sie allerdings bei einer Kontrolle
Verdacht erregten, waren sie durch ihre Beschneidung leicht
zu überführen.

Nur mit der Hilfe nichtjüdischer Deutscher

Bei dem Versuch, versteckt oder mit einer »arischen« Identität
(sei es mit oder ohne falsche Papiere) zu überleben, waren alle
Betroffenen auf nichtjüdische Deutsche angewiesen, die unter hohem persönlichem Risiko bereit waren, Verfolgte bei

---

53 Diese Vermutung bestätigt das Mitgliederverzeichnis der Jüdischen Gemeinde zu Berlin vom Juli 1947 (Kopie im ZfA). Demzufolge hatten
1 379 Gemeindemitglieder – davon 550 männliche und 829 weibliche – illegal überlebt.

sich zu verstecken oder Unterschlupf zu organisieren, falsche Papiere zu beschaffen, Lebensmittel beziehungsweise -marken abzugeben oder Fluchthilfe zu leisten. Schätzungsweise waren es über zehntausend. Es zeichnet sich ab, dass für jede untergetauchte Person bis zu zehn, bisweilen auch erheblich mehr, Nichtjuden aktiv wurden, um das Überleben im Untergrund zu ermöglichen. (Hinzu kamen oft zahlreiche Mitwisser.)

Die Angaben variieren stark: So hatte etwa Konrad Latte, dessen abenteuerliche Überlebensgeschichte Peter Schneider veröffentlichte,[54] während seiner Illegalität gar etwa fünfzig Helferinnen und Helfer, darunter den Berliner Gefängnispfarrer Harald Poelchau, den Komponisten Gottfried von Einem und Lattes spätere Ehefrau, die Sopranistin Ellen Brockmann. Der junge Musiker, der später das Berliner Barockorchester gründete, machte in der Illegalität sogar so etwas wie Karriere: Unter falschem Namen und ohne Papiere wurde er ein begehrter Organist in allen großen evangelischen Kirchen in Berlin, um schließlich als Kapellmeister gar auf Wehrmachtstournee zu gehen! Dass andererseits eine ganze Familie in nur einem Versteck überlebte, wie dies bei der Berliner Familie Foß der Fall war, ist eine seltene Ausnahme. Im November 1942 nahm die kaufmännische Angestellte Helene von Schell die unmittelbar von der Deportation bedrohte Familie bei sich auf – nicht zuletzt deshalb, weil sie einst in den Vater, Hans Foß, verliebt gewesen war. Dieser Umstand und das Lauern auf jede Gefahr machte das Leben für beide Seiten zur spannungsreichen Belastungs- und Bewährungsprobe. Dennoch bot die allein stehende Frau dem Ehepaar Foß und

---

54 Schneider, Peter, »Und wenn wir nur eine Stunde gewinnen ...«. Wie ein jüdischer Musiker die Nazi-Jahre überlebte, Berlin 2001.

ihren zwei Söhnen in ihrer kleinen Wohnung in Berlin-Moabit – Tür an Tür mit dem Blockwart – bis Kriegsende einen Platz zum Überleben.[55]

Angesichts von Millionen Deutschen, die gleichgültig wegschauten oder den Völkermord guthießen und ihn aktiv unterstützten, etwa indem sie denunzierten, ist die geschätzte Zahl der Helferinnen und Helfer erschreckend gering; doch ist sie größer als bisher vermutet. Von den bislang in der Datenbank des Zentrums für Antisemitismusforschung namentlich erfassten über 2 800 »Rettern« waren zwei Drittel Frauen. Angesichts der Tatsache, dass ein großer Teil der männlichen Bevölkerung seit Kriegsbeginn zur Wehrmacht eingezogen war, ist das nicht allzu erstaunlich. Andererseits musste die Abwesenheit von Männern ja nicht zwangsläufig dazu führen, dass Frauen verfolgten Juden beistanden. Sie waren an diesem »humanitären« Widerstand in hohem Maß beteiligt, weil sie sich unter anderem das vorherrschende Frauenbild, das ihnen Widerstand nicht zutraute, zunutze machten und ihre spezifischen Handlungsspielräume (also zum Beispiel ihre größere Unauffälligkeit) für Verfolgte nutzten. Trotz der besonderen Verantwortung für ihre Familien übernahmen sie das Risiko und widerlegten die nachträgliche Schutzbehauptung vieler, dass ein Zuwiderhandeln gegen die mörderische Politik des Regimes nicht möglich gewesen sei.[56]

Alle, die in der NS-Zeit jüdischen Verfolgten halfen, gingen ein Risiko ein, das im Laufe der Jahre merklich größer wurde. Kontakte zwischen Juden und Nichtjuden waren seit langem

---

55 Schilde, Kurt, Versteckt in Tiergarten. Auf der Flucht vor den Nachbarn, Berlin 1995, S. 34–59.
56 Siehe hierzu Schoppmann, Claudia, Rettung von Juden. Ein kaum beachteter Widerstand von Frauen. In: Kosmala/Schoppmann, Überleben im Untergrund, S. 109–126.

verpönt. Dennoch setzte sich eine Minderheit von »Ariern« –
zum Ärger der Machthaber und trotz allgegenwärtiger antise-
mitischer Propaganda – gelegentlich darüber hinweg. Zwar
existierte zu keinem Zeitpunkt ein Gesetz, das Hilfeleistungen ausdrücklich verbot, jedoch wurden viele angeklagte Helfer aufgrund vorgeschobener Delikte, wie etwa »Rundfunkverbrechen«[57], zu mehrjährigen Strafen verurteilt. Spätestens
mit dem Erlass des Reichssicherheitshauptamtes vom Oktober 1941,[58] der Kontakte von »Deutschblütigen« mit Juden
kriminalisierte, wurde »Judenbegünstigung« mit Einweisung
in ein KZ für mindestens drei Monate bedroht. Diese konnte
tödlich enden. Auffallend ist jedoch, dass im Deutschen
Reich die Todesstrafe nicht, wie etwa im okkupierten Polen,
propagiert beziehungsweise verhängt wurde, um vor der Unterstützung für Juden abzuschrecken. Insgesamt scheint es
dem Kalkül der Verfolgungsbehörden entsprochen zu haben,
Hilfeleistungen für Juden als schändliches und »abnormes«
Verhalten zu brandmarken und hart, aber nicht allzu spektakulär, zu bestrafen. Die Härte der Ahndung scheint willkürlich und von Zufällen abhängig gewesen zu sein, und die Hilfe Leistenden, deren Angst vor der Gestapo begründet war,
konnten ihr Risiko kaum abschätzen.[59] Für die Jüdinnen und
Juden, die seit Juli 1943 ausschließlich der Polizeigewalt unterstanden, bedeutete die Entdeckung dagegen stets die Verschleppung ins KZ.

---

57 Vgl. den Beitrag von Michael Hensle in diesem Band, S. 81–120.
58 Walk, Das Sonderrecht für Juden, S. 353.
59 Zur bisher kaum erforschten Frage der Ahndung siehe Kosmala, Mißglück-
    te Hilfe und ihre Folgen.

Ganz »gewöhnliche« Deutsche

Die Helfer waren meist ganz »gewöhnliche« Frauen und Männer, die sich in einer konkreten Situation, wenn sie beispielsweise die Misshandlung von Juden beobachtet hatten, zu helfen entschlossen. Sie waren weder »makellose« Helden, noch entsprachen sie von vornherein dem Idealtypus einer selbstlosen Persönlichkeit. Sie kamen aus allen sozialen Schichten und Milieus und halfen aus den unterschiedlichsten Gründen: sei es aus religiöser Überzeugung oder politischen Motiven, vor allem aber aus Mitmenschlichkeit. Nicht alle handelten uneigennützig; manche waren auf finanzielle Unterstützung angewiesen, weil sie die Kosten allein nicht aufbringen konnten. Und gelegentlich gibt es Hinweise darauf, dass die Notlage und die Abhängigkeit der Verfolgten ausgenutzt wurde. Mitunter wurden auch sexuelle Gegenleistungen gefordert, wie Ilse Stillmann erwähnt: »Ich hatte ja Erfahrungen gemacht: Frauen wollten billige Dienstmädchen, und Männer wollten mit einem schlafen.«[60]
Viele der Helferinnen und Helfer empfanden ihr Handeln als selbstverständlich, als ihre menschliche Pflicht. Sie betrachteten es – der herrschenden Auffassung folgend – nicht als Widerstand, das heißt als unmittelbaren Beitrag zum Sturz des Regimes. Angesichts der Judenvernichtung wurde die Rettung von Menschen aber zur dringlichsten und bedeutendsten Widerstandtätigkeit. Deshalb sollte man aus heutiger Sicht den mutigen Einsatz dieser Frauen und Männer durchaus als widerständiges Verhalten begreifen. Diese Einschätzung trägt auch einem seit den siebziger Jahren veränderten

---

60 Zit. nach Herzberg, Überleben heißt erinnern, S. 193. Hinweise auch bei Kaplan, Der Mut, S. 295.

Widerstandsbegriff Rechnung, der nicht mehr, wie lange in der Bundesrepublik üblich, nur militärische Aktionen gelten lässt, die auf die Beseitigung des Regimes gerichtet waren. Oder wie es Leo Baeck, der letzte Präsident der »Reichsvereinigung der Juden in Deutschland«, formulierte: »Den Juden zu helfen, war manchmal die einzige Art, auf die ein Deutscher den Nazis gegenüber seine Opposition auszudrücken vermochte.«[61]

---

61 Zit. nach Wetzel, Juliane, Hilfe und Solidarität. In: Benz, Wolfgang, und Walter Pehle (Hrsg.), Lexikon des deutschen Widerstandes, Frankfurt/Main 1994, S. 228–231, hier S. 228.

Michael P. Hensle

Nichts hören und nichts reden – Die Verfolgung von »Rundfunkverbrechern« und »Heimtücke-Rednern« durch NS-Justiz und Geheime Staatspolizei

I. Grundlagen der Verfolgung

Eine offene Gesellschaft braucht die freie Information, den Austausch von Gedanken, Meinungen und Ideen wie das Individuum die Luft zum Atmen. Nicht so die Diktatur. Die Diktatur, gleich welcher Couleur, fürchtet den freien Informationsfluss. Zensur, Informationsbeschränkungen und Diskursverbote sind neben dem Verwehren von Grundrechten Wesensmerkmale diktatorischer Regime. So auch des Nationalsozialismus. Einer der ersten Schritte auf dem Weg der »Machtergreifung«, wie die Nationalsozialisten die Errichtung ihrer Diktatur nannten, stellte die Abschaffung von in der Weimarer Reichsverfassung verbrieften Grundrechten dar. Den Brand des Reichstags in Berlin am 27. Februar 1933 nutzte Hitlers Kabinett aus Nationalsozialisten und Deutschnationalen, um beispielsweise das Recht auf persönliche Freiheit, die Meinungs-, Presse-, Vereins- und Versammlungsfreiheit, das Brief-, Post- und Fernmeldegeheimnis sowie die Unverletzlichkeit der Wohnung mittels der so genannten Reichstagsbrandverordnung außer Kraft zu setzen. Mit dieser Verordnung »Zum Schutz von Volk und Staat«[1] vom 28. Feb-

---

1 Verordnung des Reichspräsidenten; Reichsgesetzblatt (RGBl.) 1933 I, S. 83.

ruar 1933 wurden nicht nur diese Grundrechte suspendiert, de facto verhalf sie den Nationalsozialisten zur Schaffung des permanenten Ausnahmezustands, wie die unter dem beschönigenden Begriff »Schutzhaft« einsetzende Verhaftungswelle gegen Oppositionelle zeigte. Die Reichstagsbrandverordnung wurde schon bald treffend als eigentliche »Verfassungsurkunde« des Dritten Reiches bezeichnet.[2] Sie beinhaltete noch vor dem Ermächtigungsgesetz vom 24. März 1933 den entscheidenden Schritt zur Errichtung der NS-Diktatur.

Das »Heimtücke-Gesetz«

Obgleich mit der Reichstagsbrandverordnung nicht nur das Recht auf freie Meinungsäußerung beschnitten, sondern auch die juristische Grundlage für Inhaftierungen sowie Parteien- und Organisationsverbote geschaffen worden war, schien den Nationalsozialisten dieses Rechtsinstrument zur Niederhaltung der Opposition nicht zu genügen. Vielmehr war beabsichtigt, regimekritische Äußerungen generell und im Ansatz mittels Strafandrohung zu unterbinden. Hierzu wurde am 21. März 1933 die »Heimtücke-Verordnung« erlassen, im Entwurf noch »Verordnung gegen die Diskreditierung der nationalen Regierung« genannt.[3] Mit ihr wurden Behauptungen unter Strafe gestellt, die geeignet seien, »das Wohl des Reichs oder eines Landes oder das Ansehen der Reichsregierung oder einer Landesregierung oder der hinter diesen Re-

---

2 Vgl. Fraenkel, Ernst, Der Doppelstaat. Recht und Justiz im »Dritten Reich«, Frankfurt/Main 1984, S. 26; die amerikanische Originalausgabe »The Dual State« erschien 1941.

3 Vgl. Gruchmann, Lothar, Justiz im Dritten Reich 1933–1940. Anpassung und Unterwerfung in der Ära Gürtner, München 1988, S. 946.

gierungen stehenden Parteien oder Verbände schwer zu schädigen«.[4] Ziel der Verordnung war, jegliche Oppositionsäußerung zu kriminalisieren und damit erst justitiabel zu machen.[5] Die »Heimtücke-Verordnung« wurde anderthalb Jahre später, am 20. Dezember 1934, unter Verschärfung der Strafandrohung in Gesetzesform umgegossen und trug nun den bezeichnenden Titel »Gesetz gegen heimtückische Angriffe auf Staat und Partei und zum Schutz der Parteiuniformen«.[6] Bestraft werden sollte, »wer öffentlich gehässige, hetzerische oder von niedriger Gesinnung zeugende Äußerungen über leitende Persönlichkeiten des Staates oder der NSDAP, über ihre Anordnungen oder die von ihnen geschaffenen Einrichtungen macht, die geeignet sind, das Vertrauen des Volkes zur politischen Führung zu untergraben«.[7] Dem Verordnungstext zufolge mussten die Äußerungen öffentlich sein. Um jedoch selbst Gespräche am Familientisch oder im Freundkreis inkriminieren zu können, wurde der juristische Begriff »Ersatzöffentlichkeit« eingeführt. Demnach bestand die Möglichkeit, auch »nichtöffentliche« Äußerungen zu bestrafen, »wenn der Täter damit rechnet oder damit rechnen muss, dass die Äußerung in die Öffentlichkeit dringen werde«.[8] Die Strafverfolgung sollte grundsätzlich nur auf Anordnung des Justizministeriums erfolgen. Waren Belange der NSDAP betroffen, musste das Einverständnis der Partei-Kanzlei eingeholt wer-

---

4 Verordnung zur Abwehr heimtückischer Angriffe gegen die Regierung der nationalen Erhebung; RGBl. 1933 I, S. 135.

5 Vgl. Dörner, Bernward, »Heimtücke«. Das Gesetz als Waffe. Kontrolle, Abschreckung und Verfolgung in Deutschland 1933–1945, Paderborn/München/Wien/Zürich 1998.

6 RGBl. 1934 I, S. 1 269.

7 Ebenda, § 2 Abs. 1.

8 Ebenda.

den. Die Strafverfolgung sollte also dann einsetzen, wenn es der Justiz- und Parteiführung opportun erschien, »um die neue Waffe nicht abzustumpfen«, wie es in einer einschlägigen Kommentierung hieß.[9]

Die NS-Sondergerichte

Am 21. März 1933, als die »Heimtücke-Verordnung« beschlossen wurde, verabschiedete Hitlers Kabinett noch eine weitere Gesetzesbestimmung: die Verordnung über die Bildung von Sondergerichten.[10] An diesem Tag, dem »Tag von Potsdam«, zeigte sich einmal mehr die Janusköpfigkeit der Koalitionsverbindung aus NSDAP und Deutschnationaler Volkspartei. Während mit einer groß angelegten Inszenierung in der Potsdamer Garnisonkirche der Öffentlichkeit suggeriert werden sollte, das Regime stehe in der legitimen Nachfolge Preußens, wurden Zug um Zug weitere Rechtsstaatsgrundsätze beseitigt. Die Sondergerichte, die reichsweit in allen Oberlandesgerichtsbezirken installiert werden sollten, waren als Instrumente der justiziellen Verfolgung der Opposition gedacht. Man wollte dies künftig nicht mehr allein der ordentlichen Justiz überlassen. Die Zusammenhänge werden im Verordnungstext deutlich: In die Zuständigkeit der neu zu errichtenden Sondergerichte fielen explizit Delikte nach der Reichstagsbrandverordnung und der »Heimtücke-Verordnung«. Schwere politische Straftaten wie Landes- und Hochverrat sollten weiterhin vor dem Reichsgericht beziehungsweise vor bestimmten Oberlandesgerichten verhandelt werden, bis

---

9 Vgl. Deutsche Justiz (1935), S. 42.
10 RGBl. 1933 I, S. 136.

schließlich mit Gesetz vom 24. April 1934 der Volksgerichtshof zuständig wurde, der anfänglich selbst noch als Sondergericht fungierte.[11]

Auch in strafprozessualer Hinsicht fielen die Schranken: Die Strafprozessordnung (StPO) galt für die Sondergerichte nur eingeschränkt.[12] So waren weder eine gerichtliche Voruntersuchung noch ein förmlicher Beschluss über die Eröffnung des Verfahrens vorgesehen. Ebenso wie es keine richterliche Voruntersuchung gab, entfiel auch die mündliche Verhandlung über einen Haftbefehl. Der Vorsitzende entschied ohne Anhörung nach Aktenlage. Eine Beschwerde gegen den Haftbefehl des Sondergerichts war nicht zulässig. Nach Eingang der Anklageschrift prüfte der Sondergerichtsvorsitzende lediglich, ob die formale Zuständigkeit bestehe, und legte den Verhandlungstermin fest. Die Ladungsfrist betrug drei Tage, konnte jedoch auf 24 Stunden herabgesetzt werden. In der Regel korrespondierten die Ladungsfristen aber mit dem Zeitraum von der Anklageerhebung bis zum Prozesstermin, der nach Weisung des Reichsjustizministeriums allerdings nicht mehr als 14 Tage betragen sollte.[13]

Die Beweiserhebung lag ganz im Ermessen des Gerichts. Gegen Entscheidungen der Sondergerichte waren keine Rechtsmittel zulässig. Das Sondergericht urteilte in erster und letzter Instanz. Das Urteil war somit sofort rechtskräftig und

---

11 Vgl. das Gesetz zur Änderung von Vorschriften des Strafrechts und des Strafverfahrens (RGBl. 1934 I, S. 341) vom 24.4.1934. Mit dem Gesetz vom 18.4.1936 (RGBl. 1936 I, S. 369) wurde der Volksgerichtshof als ordentliches Gericht im Sinne des Gerichtsverfassungsgesetzes etabliert.

12 Vgl. nachfolgend die Bestimmungen der Sondergerichtsverordnung vom 21.3.1933; RGBl. 1933 I, S. 136.

13 Vgl. Freislers Schreiben vom 20.11.1940; Generallandesarchiv Karlsruhe 240/1987/53, Nr. 427, Bl. 201.

vollstreckbar. Das einzige Mittel der Urteilskorrektur bestand in der »Nichtigkeitsbeschwerde« des Oberreichsanwalts, die jedoch erst 1940 eingeführt wurde.[14] Nur der Oberreichsanwalt konnte beim Reichsgericht in Leipzig Beschwerde gegen ein Urteil einlegen. Das Reichsgericht entschied in der Sache selbst oder verfügte eine Zurückverweisung zum Zwecke der Neuverhandlung. Das Instrument der »Nichtigkeitsbeschwerde« erwies sich in der Kriegszeit als wirkungsvoller Hebel der Justizlenkung, um bereits rechtskräftige, jedoch zu »milde« ausgefallene Urteile aufzuheben und im Nachhinein zu verschärfen.[15]

In der Anfangsphase ihrer Tätigkeit befassten sich die NS-Sondergerichte hauptsächlich mit politischen Strafverfahren gegen Oppositionelle nach der Reichstagsbrandverordnung. In der weiteren Vorkriegszeit dominierten dann die »Heimtücke-Verfahren«. Mit Kriegsbeginn erfolgte schließlich über ein ganzes Bündel von Kriegssonderstrafrechtsbestimmungen eine nahezu unbegrenzte Ausweitung der Sondergerichtsbarkeit. Die Sondergerichte sollten, so der Staatssekretär im Reichsjustizministerium und spätere Präsident des Volksgerichtshofs, Roland Freisler, zur »Panzertruppe der Rechtspflege« werden.[16] Das Verordnungspaket umfasste die »Kriegssonderstrafrechtsverordnung« (KSSVO)[17], nach der »Wehrkraftzersetzung«, Wehrdienstentziehung und Selbst-

---

14 Vgl. RGBl. 1940 I, S. 405.
15 Zur Strafverschärfung über die Nichtigkeitsbeschwerde vgl. Gruchmann, Ära Gürtner, S. 1081 f., insbes. S. 1087; ebenso Kaul, Friedrich Karl, Geschichte des Reichsgerichts, Bd. IV, 1933–1945, Glashütten 1971, S. 218 f.
16 Roland Freisler auf der Tagung der Sondergerichtsvorsitzenden und Sonderdezernenten für Sondergerichtssachen am 24. Oktober 1939 im Reichsjustizministerium; vgl. das Tagungsprotokoll, Bundesarchiv, R 22/4158, Bl. 99.
17 RGBl. 1939 I, S. 1455.

verstümmelungen zu ahnden waren, sowie die »Kriegswirtschaftsverordnung«[18] zur Bestrafung von Schwarzschlachtungen, Lebensmittelkarten- und Bezugsscheinbetrügereien und ähnlichen Delikten. Hinzu kamen die Verordnungen gegen »Volksschädlinge«[19], »jugendliche Schwerverbrecher«[20] und »Gewaltverbrecher«[21], die sämtlich die Verhängung von Todesstrafen vorsahen. Dieses Kriegssonderstrafrecht, das auch als »Täterstrafrecht« postuliert wurde und dessen Verkörperung der Typ des »Volksschädlings« darstellte, den es »auszumerzen« galt, leitete einen grundlegenden Wechsel der NS-Sondergerichtsbarkeit ein: Stand in der Vorkriegszeit das Gesinnungsstrafrecht gegen Oppositionelle im Zentrum der Urteilspraxis, so schufen die seit Kriegsbeginn erlassenen Strafverordnungen gegen unpolitische Kriminelle ein Täterstrafrecht für den »totalen Krieg«. Die Sondergerichte sollten zu »Standgerichten der inneren Front« werden.

Die »Verordnung über außerordentliche Rundfunkmaßnahmen«

Als politische Bestimmungen des Kriegssonderstrafrechts im engeren Sinne können lediglich zwei Verordnungen mit Sondergerichtszuständigkeit gelten. Neben der bereits erwähnten KSSVO wäre die »Verordnung über außerordentliche Rundfunkmaßnahmen« des Reichspropagandaministers Goebbels vom 1. September 1939 zu nennen.[22] Nachdem Goebbels noch

---

18 Ebenda, S. 1609.
19 Ebenda, S. 1679.
20 Ebenda, S. 2000.
21 Ebenda, S. 2378.
22 Ebenda, S. 1683.

1937 am Desinteresse Hitlers gescheitert war, ein gesetzliches Abhörverbot kommunistischer oder sowjetischer Sender im Kabinett verabschieden zu lassen, gelang es dem Propagandaminister mit Kriegsbeginn, ein allgemeines Hörverbot ausländischer Radiosender durchzusetzen. Diese Rundfunkverordnung unterschied nach zwei Tatbeständen: Abhören (Paragraph 1) und Weiterverbreiten (Paragraph 2). Das Abhörverbot bezog sich dabei nicht nur auf »Feindsender«, sondern auch auf Sender neutraler Staaten, wie der Schweiz, und galt nicht nur für Nachrichtensendungen. Selbst das Hören von Stationen des mit Deutschland verbündeten faschistischen Italien war untersagt. Zuwiderhandlungen wurden als »Rundfunkverbrechen« inkriminiert, die mit Zuchthaus als Regelstrafe zu ahnden waren. [23] In leichteren Fällen konnte auch auf Gefängnis erkannt werden. Die benutzten Rundfunkgeräte waren grundsätzlich einzuziehen. Bei Weiterverbreitung von Nachrichten sah Paragraph 2 eine Strafverschärfung vor: »Wer Nachrichten ausländischer Sender, die geeignet sind, die Widerstandskraft des deutschen Volkes zu gefährden, vorsätzlich verbreitet, wird mit Zuchthaus, in besonders schweren Fällen mit dem Tode bestraft.«

In der Rundfunkverordnung war nach Paragraph 3 eine Ausnahmegenehmigung zum Abhören ausländischer Sender für dienstliche Belange vorgesehen. Hier setzte Goebbels den Hebel an: Ihm ging es nicht nur darum, sein Informations- und Propagandamonopol weiter auszubauen. Vielmehr wollte Goebbels die Rundfunkverordnung als Mittel im Machtkampf der NS-Oberen nutzen. Nach Goebbels' Vorstellungen sollten selbst Reichsminister bei ihm eine Ausnahmegenehmigung

---

23 Vgl. Hensle, Michael P., Rundfunkverbrechen. Das Hören von »Feindsendern« im Nationalsozialismus, Berlin 2003.

zum Abhören einholen. Goebbels' Absichten stießen erwartungsgemäß auf Widerspruch, insbesondere beim Auswärtigen Amt, das über einen eigenen Abhördienst verfügte. Erst im Januar 1942 kam es über die Vermittlung der Reichskanzlei zu einer Kompromisslösung, der zufolge auch Minister beim Chef der Reichskanzlei um eine Abhörberechtigung des »Führers« nachzusuchen hatten. Zuvor war jedoch das Einverständnis von Goebbels einzuholen. Ausgenommen davon waren Reichsmarschall Göring, Reichsaußenminister Ribbentrop, Reichsinnenminister Frick, Reichskanzleichef Lammers, der Reichspostminister sowie die Oberbefehlshaber der Wehrmachtteile. Alle anderen hatten Anträge zu stellen. Zufrieden notierte Goebbels in sein Tagebuch: »Es ist ulkig, wie nun alle Minister an den Führer herantreten, um eine Erlaubnis zum Abhören ausländischer Sender zu erhalten.«[24] Etlichen Reichsministern – etwa dem Justizminister – wurde eine Ausnahmegenehmigung verweigert. Die Vorgänge um die Hörerlaubnis werfen ein beredtes Schlaglicht auf die oft benannte Polykratie im Dritten Reich.

Die Geheime Staatspolizei als vorrangige Verfolgungsinstitution

Wie auch bei Vergehen gegen das »Heimtücke-Gesetz« sollte die Strafverfolgung von »Rundfunkverbrechen« nur auf Antrag stattfinden. Lag das Antragsrecht bei »Heimtücke-Vergehen« beim Reichsjustizministerium, so stand nach Para-

---

24 Zitiert nach Fröhlich, Elke (Hrsg.), Die Tagebücher von Joseph Goebbels, Teil II: Diktate 1941–1945, 15 Bde., München/New York/London/Paris 1993–1996, Bd. 3, S. 346 (20.2.1942).

graph 5 der Rundfunkverordnung der Geheimen Staatspolizei (Gestapo) das alleinige Recht zu, einen Strafantrag zu stellen: »Die Strafverfolgung auf Grund der Paragraphen 1 und 2 findet nur auf Antrag der Staatspolizeistellen statt.« Reichsinnenminister Frick hatte diese Einschränkung erwirkt, um auszuschließen, dass die Staatsanwaltschaft »jeder Denunziation« nachgehen müsse.[25] In einem entsprechenden Erlass des Geheimen Staatspolizeiamtes von Reinhard Heydrich wurden die Staatspolizei(leit)stellen angewiesen, nur solche Verfahren vor die Sondergerichte zu bringen, die »auch für die Allgemeinheit eine abschreckende Wirkung haben und daher zu möglichst exemplarischen Strafen – möglichst nicht zu geringen Strafen und erst recht nicht zu Freisprechungen – führen«. Dies gelte vor allem in Fällen der Weiterverbreitung von abgehörten Nachrichten.[26] Das Antragsrecht belegt den politischen Opportunitätscharakter der Rundfunkverordnung: Eine Strafverfolgung durch die Justiz sollte nur eintreten, wenn es die Gestapo für angebracht hielt. Ähnlich verhielt es sich im Grunde auch bei »Heimtücke-Vergehen«, obgleich dort das Antragsrecht formal beim Reichsjustizminister lag. Denn ob und inwieweit die Gestapo ihre Ermittlungen und Untersuchungsergebnisse an die Justiz weitergab, war von dieser weder kontrollierbar noch diese Kontrolle von den NS-Machthabern politisch gewollt.

So wie sich das Regime über die Suspendierung der Verfassungsrechte der Rechtsstaatsprinzipien entledigt hatte, so entzog sich die Exekutive sukzessive auch der Kontrolle durch die Judikative. SA und SS hatten schon mit Beginn der national-

---

25 Vgl. Bundesarchiv, R 43 II/639, Bl. 120/121.
26 Vgl. den Erlass Heydrichs zur Rundfunkverordnung vom 7.9.1939; Bundesarchiv, R 58/626, Bl. 4.

sozialistischen »Machtergreifung« für sich faktisch rechts-
freie Räume geschaffen. Dasselbe Vorhaben setzte die Gestapo um, indem sie sich aus der Inneren Verwaltung herauslös-
te und sich einer verwaltungsgerichtlichten Kontrolle ihrer
Entscheidungen und Maßnahmen entzog. Mit der Übernah-
me der politischen Polizeien der Länder und der reichsweiten
Formierung einer Geheimen Staatspolizei durch Heinrich
Himmler in den Jahren 1933/34 waren diese Ziele de facto erreicht. Mit dem dritten Gestapo-Gesetz von 1936 wurde
schließlich explizit erklärt, dass Verfügungen sowie Angelegenheiten der Geheimen Staatspolizei grundsätzlich keiner
Überprüfung durch die Verwaltungsgerichte unterliegen.[27]
Für die Betroffenen bedeutete dies, dass es gegen Entscheidungen der Gestapo keinerlei gesetzlich verbürgte Ein-
spruchsmöglichkeiten mehr gab. In der staatspolizeilichen
Praxis wandelte sich die Gestapo von einem Hilfsorgan der
Staatsanwaltschaft, was sie laut Strafprozessordnung eigentlich war, zur tatsächlichen Herrin des Verfahrens. Die Gestapo
und nicht die Staatsanwaltschaft entschied letztlich darüber,
ob es überhaupt zu einem Verfahren kam. Vielmehr noch: Die
Gestapo entwickelte sich zusehends zu einer Ergänzungs-
und Korrekturinstanz der Justiz, die in eigener Regie entschied, ob sie rechtskräftig ergangene Freisprüche oder Urteile zu akzeptieren oder mit »staatspolizeilichen Maßnahmen«
zu »korrigieren« gedachte. Hinter dem Sammelbegriff
»staatspolizeiliche Maßnahmen« verbarg sich ein ganzes
Bündel an Sanktionsmitteln: von der »Belehrung«, »Verwarnung«, Erteilung eines »Sicherungsgeldes« über die Verhän-

---

27 Vgl. Feldmann, Peter v., »Angelegenheiten der Gestapo sind der Nachprü-
fung durch die Verwaltungsgerichte entzogen ...«. In: Kritische Justiz
(1983), S. 57–64.

gung von »Schutzhaft« als zeitlich befristete Polizeihaft oder auch unbefristete Überstellung in ein Konzentrationslager (KZ) bis hin zur »Sonderbehandlung«. Diese bedeutete im Klartext die Exekution des Delinquenten.[28] Gab es anfänglich spektakuläre Festnahmen von Freigesprochenen noch im Gerichtssaal, so kam die Gestapo später der Justiz entgegen und vermied es, die Gerichte offen zu kompromittieren, indem den Ermittlungsakten – bürokratisch korrekt – ein »Rücküberstellungsantrag« für den »Wegfall des derzeitigen Haftgrundes« beigelegt wurde. Die Justiz ihrerseits zeigte sich willens, den Vorgaben des Regimes nach der erwarteten Urteilshärte zu entsprechen. Dies geschah nicht nur aus vorauseilendem Gehorsam, Opportunismus und Gefügigkeit, sondern in weiten Teilen aus ideologischer Übereinstimmung, wie allein die rund 11 000 von den Sondergerichten verhängten Todesurteile belegen.[29]

II. Die Verfolgungspraxis von Justiz und Polizei

Spottreden, politische Witze und Attentatsbegrüßung
Nachdem im Laufe des Jahres 1933 die politische Opposition weitgehend zerschlagen war, politische Gegner zum Schweigen gebracht, in die Emigration getrieben oder in KZ ver-

---

28 Vgl. den Heydrich-Erlass »Grundsätze der inneren Staatssicherung während des Krieges« vom 3.9.1939; Bundesarchiv, R 58/243, Bl. 202–204.

29 Vgl. hierzu exemplarisch Hensle, Michael P., Die Todesurteile des Sondergerichts Freiburg 1940–1945. Eine Untersuchung unter dem Gesichtspunkt von Verfolgung und Widerstand, München 1996, und Roeser, Frank, Die Praxis der Todesstrafe an Hand der Darstellung des Sondergerichts Essen, jur. Diss., Salzburg 1996, sowie Schmidt, Herbert, »Beabsichtige ich die Todesstrafe zu beantragen«. Die nationalsozialistische Sondergerichtsbarkeit im Oberlandesgerichtsbezirk Düsseldorf, Essen 1998.

schleppt worden waren, wandten sich die Machthaber anderen oppositionellen Erscheinungen zu. So startete die NSDAP im Frühjahr 1934 den »Muckerer-Feldzug« gegen »Miesmacher«, »Nörgler« und »Kritikaster«. Wie der Name schon besagt, ging es dabei nicht in erster Linie um erklärte Gegner der Nationalsozialisten, sondern um kritische Stimmen aus der Bevölkerung allgemein. Die Aktion zielte auf eine präventive Unterdrückung von Unmutsäußerungen, Beschwerden und sogar Witzen.[30] Hierzu bediente man sich, wie in den folgenden Jahren auch, der »Heimtücke-Bestimmungen«. Einige Sondergerichte betonten explizit die Gefährlichkeit von politischen Witzen. So stellte das Sondergericht Braunschweig 1933 fest: »Die Form des Witzes oder der Satire ist als viel verderblicher zu erachten als die bloße Widergabe in Form der Prosa, da jene Form viel leichter im Gedächtnis bleibt.«[31]

Meist richteten sich entsprechende Spott- oder Unmutsäußerungen gegen den »Führer« Adolf Hitler oder andere NS-Größen. Dabei machten die »Heimtücke-Redner« auch nicht Halt vor deren Sexualleben. So fand eine Beschuldigte in einem »Heimtücke-Verfahren« nichts dabei, Goebbels im Hinblick auf seine Affären mit Schauspielerinnen als »Bock von Babelsberg« zu bezeichnen.[32] Auch Hitlers vermutete Homosexualität war vielfach Gegenstand entsprechender Spekulationen, die gerichtlich geahndet wurden. Für die Bemerkung:

---

30 Zu politischen Witzen im Nationalsozialismus vgl. Danimann, Franz, Flüsterwitze und Spottgedichte unterm Hakenkreuz, Wien/Köln/Graz 1983, und Gamm, Hans-Jochen, Der Flüsterwitz im Dritten Reich, München/Leipzig 1990.

31 Urteil des Sondergerichts Braunschweig 1933, zitiert nach Ludewig, Hans-Ulrich, und Dietrich Kuessner, »Es sei also jeder gewarnt.« Das Sondergericht Braunschweig 1933–1945, Braunschweig 2000, S. 113.

32 Vgl. Staatsarchiv Berlin, Rep. 58, Verfahren 2 Sond KMs 10/43. Das Verfahren wurde bis Kriegsende verschleppt; es kam zu keinem Urteil.

»Der Führer raucht nicht und trinkt nicht. Er sitzt immer mit den Händen vorm Körper, er ist warm«, verurteilte das Düsseldorfer Sondergericht einen Krefelder Maurer zu fünf Monaten Gefängnis.[33]

Es gab Spottreden, die sich über Jahre hielten und auch in unterschiedlichen Regionen auftauchten, wie etwa jene über den »Führer« als den größten Erbhofbauern: »Er habe 75 Millionen Schafe, einen lahmen Gaul (Goebbels) und einen fetten Hammel (Göring).«[34] Während wegen dieser Bemerkung das Verfahren gegen einen Arbeiter 1933 vom Braunschweiger Sondergericht aufgrund eines Straffreiheitsgesetzes noch eingestellt wurde, verurteilte das Sondergericht Hannover 1943 wegen der gleich lautenden Anschuldigung einen Angeklagten zu einer sechsmonatigen Gefängnisstrafe.[35] Viele Schmähreden galten auch den nationalsozialistischen Versuchen, Qualitätsrohstoffe durch billige Ersatzstoffe zu ersetzen. So hieß es über einen neuen Faserstoff, er sei hergestellt »aus Adolfs Hirngespinst, Goebbels' Lügen, Lumpen der SA und dem Geduldsfaden des deutschen Volkes«.[36] Der Gestapo Düsseldorf schien dieser Witz nicht geeignet für ein sondergerichtliches Verfahren.[37] Dagegen verurteilte das Braunschweiger Sondergericht einen angetrunkenen Maler zu einer sechsmonatigen Gefängnisstrafe.[38] In einem gleichartigen

---

33   Vgl. Dörner, Heimtücke, S. 191.
34   Vgl. Ludewig/Kuessner, Sondergericht Braunschweig, S. 105.
35   Vgl. Mechler, Wolf-Dieter, Kriegsalltag an der »Heimatfront«. Das Sondergericht Hannover im Einsatz gegen »Rundfunkverbrecher«, »Schwarzschlachter«, »Volksschädlinge« und andere »Straftäter« 1939 bis 1945, Hannover 1997, S. 85.
36   Vgl. Ludewig/Kuessner, Sondergericht Braunschweig, S. 111.
37   Vgl. Dörner, Heimtücke, S. 206.
38   Vgl. Ludewig/Kuessner, Sondergericht Braunschweig, S. 111.

Fall verhängte das Sondergericht Hannover gar eine Gefängnisstrafe von drei Jahren gegen einen Anstaltspfarrer in Bethel. Dieser gehörte allerdings der Bekennenden Kirche an und das Gericht bescheinigte dem Verurteilten ausdrücklich, er lehne den nationalsozialistischen Staat ab. Die Gestapoleitstelle Hannover legte den Akten vorsorglich ein Rücküberstellungsantrag für die Zeit nach der Strafverbüßung bei.[39]

Meist wurden solche Spott- und Schmähreden in Gasthäusern, auf der Straße, beim Kaufmann oder in geselliger Runde, oft auch unter Alkoholgenuss, geführt. Hierbei spielten Denunziationen eine große Rolle, vor denen niemand sicher sein konnte. Im nachfolgenden Fall denunzierte ein vierzehnjähriges »Landhilfe-Mädel« eine Schwarzwaldbäuerin, bei der sie ihr freiwilliges Landjahr ableistete, wegen Hörens eines Schweizer Senders und wegen entsprechender Schmähreden. Im Urteil des Sondergerichts Freiburg vom Juli 1944 heißt es: »Der Gretel W. war das Abhören des Senders Beromünster und diese Schmähreden so zuwider, dass sie davon dem Bürgermeister ihres Heimatortes Brombach, Schmidberger, Mitteilung machte, der fühlte sich veranlasst, der Sache wegen ihrer Gefährlichkeit nachzugehen und suchte die Angeklagte am 8.8.1943 in Ehrsberg-Waldmatt mit 2 Bekannten, dem Elektriker K. und dem Kreisorganisationsleiter F., auf, angeblich um eine Kuh zu kaufen. Schmidberger traf die Angeklagte im Stall. Er sah über dem Stand einer Kuh ein Hakenkreuz angebracht und frug, was das zu bedeuten habe. Darauf erwiderte die Angeklagte, das sei eine ›Hitler-Kuh‹, und fing dann ohne im Geringsten durch Schmidberger dazu bestimmt worden zu sein, mit größtem Vergnügen und vorwitzig frech zu reden an: ›Wissen Sie wie eine arische Kuh aussieht? Braun

---

39 Vgl. Mechler, Sondergericht Hannover, S. 87.

wie Hitler, fett wie Göring, eine Schnurre wie Goebbels und ein Euter so groß, dass die ganze NSV[40] daran melken kann. Hitlerbrot? Braun wie Hitler, speckig wie Göring, klein wie Goebbels, so schnell verschwunden wie Heß.‹«

Die resolute Bäuerin führte weiter aus, der Papst habe Rommel in Afrika die »Letzte Ölung« gegeben, Göring sei erschossen oder geflohen, Goebbels festgenommen und Hitler müsse sich entscheiden, ob er Frieden wolle, sonst werde er ebenfalls beseitigt.

Das Sondergericht verurteilte die Bäuerin zu einer Gesamtzuchthausstrafe von zwei Jahren. In der Urteilsbegründung bescheinigte das Gericht der Bauersfrau zwar, sie sei »ungemein fleißig, eine ordentliche Haushälterin und Mutter, dazu ihrem Mann eine tatkräftige Hilfe in dessen Holzabfuhrbetrieb«. Andererseits habe sie »offensichtlich als Erbgut ihrer Eltern, eine Sucht zum Schmähen und Herabsetzen« sowie »eine durch nichts begründete Abneigung und Vorgenommenheit gegen die führenden Persönlichkeiten des Großdeutschen Reichs und der NSDAP«. Daher schien dem Gericht neben der Strafe wegen Abhörens, was die Angeklagte bestritt, zusätzlich »wegen der Verfehlung gegen das Heimtückegesetz eine Gefängnisstrafe von einem Jahr und sechs Monaten angemessen«.[41]

Nicht nur Witze, sondern auch karikierende Darstellungen hielten die Sondergerichte für strafwürdig. Auch im nachfolgenden Fall entsprang das Verfahren einer Denunziation. Kurz nach Kriegsbeginn, im Dezember 1939, wandte sich der Betriebsobmann der Spinnstofffabrik Berlin-Zehlendorf an die Gestapo mit der Bitte, »gegen den Arbeitskameraden Gus-

---

40 NSV = NS-Volkswohlfahrt.
41 Vgl. Staatsarchiv Freiburg A 47/1-1 725.

tav J., welcher bei uns als Bummelant und Nörgler bekannt ist, strengstens vorzugehen«.[42] Der Fabrikarbeiter J. war unter anderem dadurch aufgefallen, dass er Hitlers Buch »Mein Kampf«, das er anlässlich seiner 15-jährigen Betriebszugehörigkeit geschenkt bekommen hatte, in den Pausen zu karikieren pflegte, wie dem Gestapo-Protokoll zu entnehmen war:

»Während der in der Nachtschicht eingelegten Frühstückspause, insbesondere in der ersten Pause gegen 12.30 Uhr, hat J. etwa Ende Oktober 1939 mehrere Male das Buch ›Mein Kampf‹ mit in den Betrieb gebracht, dieses im Gemeinschaftsraum geschlossen und hochkant vor sich auf den Tisch gestellt, so dass das Führerbild auf diesem Buch den anderen Arbeitskameraden zugekehrt war. Er stand dann auf und sagte im ironischen Ton, wobei er die Mundwinkel verstellte, etwa Folgendes: ›Ich habe gekämpft und habe gerungen seit der Machtübernahme und habe Länder im Süden und Osten erobert und damit das deutsche Volk zufrieden gestellt.‹ Dies löste unter den anwesenden Gefolgschaftsmitgliedern ständig großes Gelächter aus. Zum Schluss beendete er seine Ansprache mit einem lächerlichen ›Heil Hitler‹ und setzte sich auf seinen Platz.«

Bei der weiteren Vernehmung stellte sich schließlich heraus, dass der Fabrikarbeiter J. außerdem nicht nur ausländische Sender abgehört, sondern auch das Attentat auf Hitler vom November 1939 begrüßt hatte. Der Fabrikarbeiter hatte sich dahingehend geäußert, dass »der Führer ein Schuft sei«, der angefangen hätte, »den Krieg zu machen«, und »wenn der Führer erschossen worden wäre, würde es besser sein, und es würde mehr Lebensmittel geben«. Bekanntlich hatte der Schreiner Georg Elser anlässlich Hitlers Münchner Bürger-

---

42 Vgl. nachfolgend Landesarchiv Berlin, Rep. 58, Nr. 16 866.

bräu-Ansprache am Abend des 8. November 1939 erfolglos
versucht, den Diktatur mittels einer Zeitbombe zu töten. Das
Sondergericht Berlin verhängte schließlich am 18. Mai 1940
eine Gesamtzuchthausstrafe von drei Jahren gegen den beschuldigten Fabrikarbeiter. Dabei hatte dieser noch Glück gehabt, dass der Oberstaatsanwalt von einer Vorlage der Akten
beim Volksgerichtshof abgesehen hatte, »da der Beschuldigte
zwar in den Jahren 1919–21 der KPD angehört hat, dann aber
aus dieser ausgeschieden ist und seine Äußerung: ›Wenn wir
erst ran kommen, dann wird es anders werden‹ wohl nicht als
Mundpropaganda für die verbotene KPD anzusehen ist«. Weiterhin kam es dem Verurteilten zugute, dass die Sonderrichter
sich eine Anweisung des Reichsjustizministeriums an die
Staatsanwaltschaften bezüglich des Attentats nicht zu Eigen
gemacht hatten. In einem entsprechenden Rundschreiben
des Justizministers an die Generalstaatsanwälte vom Februar
1940 hieß es: »Aus einzelnen Lageberichten habe ich ent-
nommen, dass hier und da heimtückische Äußerungen vorge-
kommen sind, in denen das Missglücken des Münchener Attentats bedauert wird. Ich bitte dafür Vorsorge zu tragen, dass
in derartigen Fällen die gesetzlich zulässige Höchststrafe beantragt wird.«[43] Solche Äußerungen sollten mit Gefängnis
nicht unter fünf Jahren geahndet werden. Letztlich konnte
sich der spätere Strafgefangene J. auch insofern glücklich
schätzen, dass der Bitte der Gestapo, »J. nach seiner Entlassung dem hiesigen Polizeigefängnis zu überstellen«, aus welchen Gründen auch immer, nicht nachgekommen worden
war.

---

43 Rundschreiben vom 2.2.1940, zitiert nach Mechler, Sondergericht Hanno-
    ver, S. 81. Das Sondergericht Hannover verurteilte dem Rundschreiben fol-
    gend im April und Mai 1940 zwei Angeklagte zu je fünf Jahren Gefängnis.

»Defätistische« Äußerungen und Zweifel am »Endsieg«

Die Spott- und Schmähreden bis hin zur Begrüßung des Attentats auf Hitler im November 1939 umreißen in etwa die Bandbreite der »Heimtücke-Reden« bis Kriegsbeginn. Zumeist ging es um entsprechende Äußerungen über NS-Größen oder um die Lebensbedingungen im nationalsozialistischen Deutschland. Die »Muckerer«-Kampagne hatte insoweit Früchte getragen, als 1936 mit rund 8 000 Sondergerichts-Anklagen und 1937 mit mehr als 17 000 Gestapo-Anzeigen ein Höchststand an »Heimtücke-Sachen« zu verzeichnen war.[44] Dieses Ausmaß schien der NS-Führung nicht genehm, so hatte selbst Hitler beim Reichsjustizminister »ernste Bedenken wegen des großen Umfangs der Strafverfolgung« geäußert. Daraufhin ergingen bei Justiz und Gestapo Richtlinien, wonach bei erstmaligen »Heimtücke-Vergehen« zu prüfen sei, ob nicht eine Verwarnung genüge. Dabei seien »einmal die Persönlichkeit des Täters und ferner die Begleitumstände« zu berücksichtigen, »insbesondere bei der Anordnung der Schutzhaft wegen staatsfeindlicher Äußerungen«.[45] In den Jahren nach 1937 ging die Anzahl der »Heimtücke-Verfahren« zurück. Mit Beginn und insbesondere mit Fortschreiten des Krieges änderten sich die »Heimtücke-Verfahren«: zunächst dem Inhalt nach, dann im Hinblick auf Strafverschärfung und Abgabe der Verfahren an den Volksgerichtshof. Bezogen sich die Unmutsäußerungen in der Vorkriegszeit hauptsächlich auf

---

44 Vgl. die Statistik bei Dörner, Heimtücke, S. 324.

45 Vgl. die »Richtlinien für die Strafverfolgung nach dem Heimtückegesetz« vom 28.12.1936, zitiert nach Schmitz, Gunther, Wider die »Miesmacher«, »Nörgler« und »Kritikaster«. Zur strafrechtlichen Verfolgung politischer Äußerungen in Hamburg 1933 bis 1939. Mit einem Ausblick auf die Kriegszeit. In: Justizbehörde Hamburg (Hrsg.), »Für Führer, Volk und Vaterland ...«. Hamburger Justiz im Nationalsozialismus, Hamburg 1992, Bd. 1, S. 321.

den nationalsozialistischen Alltag, so standen nun der Krieg
und die damit verbundenen Bedingungen der »Heimatfront«
im Vordergrund »heimtückischer« Bekundungen. Bereits in
den Jahren 1937/38 hatten sich die Ängste und Befürchtungen
vor einem kommenden Krieg in entsprechenden »Heimtücke-
Äußerungen« niedergeschlagen. So wurde beispielsweise die
Aussage eines Betriebsleiters: »Jede deutsche Mutter, die heute
wieder ein Kind zur Welt bringt, ist wahnsinnig, denn das
Kind wird, genau wie 1914, letzten Endes doch wieder zum Kanonenfutter«, vom Sondergericht Braunschweig mit einem
Jahr Gefängnis geahndet.[46] Nachdem der Krieg in vollem Gan-
ge war und ein Ende nicht absehbar, wurden Zweifel am deutschen Sieg zunehmend Gegenstand von »Heimtücke-Verfahren«. Solche Verfahren bargen für die Betroffen sowohl die
Gefahr einer Strafverschärfung als auch der Abgabe an den
Volksgerichtshof. Zwar blieb die Höchststrafe nach dem
»Heimtückegesetz« bei fünf Jahren Gefängnis bestehen, jedoch konnte unter Zuhilfenahme der »Volksschädlingsverordnung« dieser Strafrahmen jederzeit ausgebaut werden.[47] Hinzu kam, dass seit Kriegsbeginn eine »Heimtücke-Äußerung«
auch als »defätistisch« und »wehrkraftzersetzend« im Sinne
der »Kriegssonderstrafrechtsverordnung« (KSSVO) bewertet
werden konnte. Dem »Zersetzungs«-Paragraphen der KSSVO
zufolge war derjenige mit dem Tode, in minder schweren Fällen mit Zuchthaus oder Gefängnis, zu bestrafen, der »öffentlich den Willen des deutschen oder verbündeten Volkes zur
wehrhaften Selbstbehauptung zu lähmen oder zu zersetzen
sucht«.[48] Hatten bis zum Jahre 1943 die Sondergerichte ent-

---

46 Vgl. Ludewig/Kuessner, Sondergericht Braunschweig, S. 108.
47 Zu der Verhängung von Zuchthaus- und Todesstrafen bei »Heimtücke« vgl.
     Dörner, Heimtücke, S. 170 f.
48 RGBl. 1939 I, S. 1455.

sprechende Äußerungsdelikte abgeurteilt, ging nach Stalingrad mit der Verordnung vom 29. Januar 1943 die Zuständigkeit für »Wehrkraftzersetzung« an den Volksgerichtshof
über.[49] Dieser pflegte, insbesondere unter dem berüchtigten
Präsidenten Roland Freisler, »defätistische« Äußerungen dra-
konisch zu sanktionieren. So verurteilte der 1. Senat des Volksgerichtshofs unter Vorsitz von Freisler im November 1944 eine
Diakonieschwester zum Tode, die über das Misslingen des Attentats vom 20. Juli 1944 gegen Hitler geäußert hatte: »Es ist
ein Jammer, dass es nicht geglückt ist.«[50] An diesem Beispiel
wird deutlich: Begnügten sich die Sondergerichte bei der Begrüßung des Attentatsversuchs im Bürgerbräukellner vom November 1939 noch mit fünfjährigen Gefängnisstrafen, so verhängte der Volksgerichtshof für die Befürwortung des Attentats vom 20. Juli 1944 die Todesstrafe. Auch bei anderen,
vergleichbaren Äußerungsdelikten war der Unterschied im
Strafmaß beträchtlich. Für die Äußerung: »Der Führer und die
gesamte Regierung, die für den Krieg verantwortlich seien,
müssten an die Wand gestellt werden«, verhängte der Volksgerichtshof wiederum die Todesstrafe.[51] Dagegen ahndete das
Sondergericht Freiburg die Bemerkung über Hitler: »So einen
betet das Volk an, so einer gehört gelyncht, der so viele Menschen bei Stalingrad in den Tod geschickt hat«, nach dem
»Heimtückegesetz« mit einem Jahr und sechs Monaten Gefängnis.[52]

   Die beiden letztgenannten Beispiele verdeutlichen, welchen
Abgrenzungsproblemen sich insbesondere die Staatsanwälte
bei Äußerungstatbeständen gegenübersahen, aber auch wel-

---

49 RGBl. 1943 I, S. 76.
50 Vgl. Dörner, Heimtücke, S. 202.
51 Vgl. Schmitz, Verfolgung politischer Äußerungen in Hamburg, S. 327 f.
52 Vgl. Urteil vom 2.12.1943, Staatsarchiv Freiburg A 47/1–1 709–1 711.

che beträchtlichen Ermessensspielräume etwa die Sondergerichte besaßen. Als Lösung schlug der Karlsruher Generalstaatsanwalt vor, eine Strafverfolgung von »Wehrkraftzersetzung« ähnlich wie bei »Heimtücke« nur auf Anordnung des
Reichsjustizministeriums erfolgen zu lassen.[53] Die vom Generalstaatsanwalt gewünschte »Anordnungsbefugnis« wurde in
der Form umgesetzt, dass die Zuständigkeit für »Wehrkraftzersetzung« nach Stalingrad an den Volksgerichtshof überging. Dieser konnte jedoch »minderschwere Fälle« an die
Oberlandesgerichte abgeben oder an die Sondergerichte zu-
rückverweisen.

Klare Abgrenzungskriterien zwischen »Zersetzungs- und
Heimtückesachen« unterblieben weiterhin. Das Schicksal
der Betroffenen hing weitgehend davon ab, nach welcher Vor-
schrift und vor welchem Gericht sie angeklagt wurden. Ausschlaggebend waren dabei – neben Zufälligkeiten, persönlichen Interpretationen, der Einordnung der Beschuldigten
nach politischen, sozialen und rassistischen Kriterien – auch
die Gut- oder Böswilligkeit der jeweiligen Staatsanwälte oder
Richter. An dieser Stelle sei jedoch nochmals angemerkt, dass
es zu einem justiziellen Verfahren überhaupt erst kam, wenn
die Gestapo die Vorgänge an die Justiz abgab. Was passierte,
wenn dies nicht geschah, zeigt der Fall eines Hamburger Leh-
rers, der 1944 geäußert hatte, »wer heute noch nicht glaube,
dass wir den Krieg verlieren, müsse ein Idiot sein«. Die Gestapo verhängte gegen den Lehrer eine dreimonatige Polizeihaft, die im KZ Neuengamme zu verbüßen war, wo der
»Schutzhäftling« wenig später umkam.[54] In einem ähnlichen

---

53 Vgl. Lagebericht vom Generalstaatsanwalt und Oberlandesgerichtspräsi-
   denten in Karlsruhe an das Reichsjustizministerium vom 6.1.1941; Bundesarchiv, R 22/3 370, Bl. 18/19.
54 Vgl. Schmitz, Verfolgung politischer Äußerungen in Hamburg, S. 328.

Fall ging es um einen Gasableser der Krefelder Stadtwerke, der sich über den Abschuss eines britischen Fliegers »zersetzend« geäußert hatte. Nachdem die Staatsanwaltschaft das Verfahren eingestellt hatte, begründete die örtliche Staatspolizeistelle die Überführung des Angestellten in ein KZ mit den Worten, »da er auf freiem Fuß zweifellos während des Krieges die Zersetzung der Volksgemeinschaft und eine den Wehrwillen des deutschen Volkes lähmende Propaganda betreiben wird«. Auch dieser Beschuldigte überlebte die »Schutzhaft« nicht.[55]

Es war jedoch keineswegs so, dass die Scharfmacher nur in den Reihen der Gestapo saßen. Als einem Gerichtsassessor, zuständig als Sonderstaatsanwalt beim Sondergericht Freiburg, eine Anklage wegen »Heimtücke-Vergehens« Schwierigkeiten bereitete und er einen »unerwünschten Freispruch« befürchtete oder »eine geringfügige Gefängnisstrafe«, die jedoch in keinem Verhältnis zur »staatsfeindlichen Gesinnung« der Beschuldigten stünde, wandte er sich direkt an die Gestapo-Leitstelle in Karlsruhe: Er würde es für notwendig erachten, so der Staatsanwalt, »die Beschuldigte, die sich durch ihr Verhalten außerhalb der deutschen Volksgemeinschaft gestellt hat, für dauernd aus dieser zu entfernen und sie in ein Konzentrationslager überstellen«.[56] Die Gestapo lehnte ab und verwies den Ankläger auf seine juristischen Möglichkeiten. Das Sondergericht Freiburg verurteilte die Beschuldigte sechs Wochen später dann zu einer Gesamtgefängnisstrafe von einem Jahr und sechs Monaten.

---

55 Vgl. die Vorgänge bei Dörner, Heimtücke, S. 258 f.
56 Schreiben vom 24.4.1942 an die Stapo-Leitstelle Karlsruhe, vgl. auch im Folgenden Staatsarchiv Freiburg A 47/1–913–917.

»Nachrichtenhunger« im gleichgeschalteten Deutschland

Oft ergaben die Ermittlungen in »Heimtücke-Verfahren«, dass die »staatsabträglichen Bekundungen« im Zusammenhang mit dem verbotenen Abhören ausländischer Sender standen. Bereits wenn jemand mehr wusste, als in deutschen Zeitungen stand oder im Reichsrundfunk bekannt gegeben wurde, machte er sich verdächtig. So heißt es in der Strafanzeige eines Gendarmeriepostens: »Später wurde dann gemunkelt, dass K. wohl ausländische Sender abhöre, da er täglich Neuigkeiten erzählte, die die Allgemeinheit im Rundfunk nicht gehört hatte.«[57] Die Gleichschaltung von Presse und Rundfunk sowie die Übersättigung mit politischen Parolen, zu der die Pflichtübertragungen bestimmter Sendungen in Betrieben und Lokalen ihren Teil beitrugen, hatten einen weitverbreiteten »Nachrichtenhunger«[58] erzeugt, der immer mehr Radiohörer veranlasste, die deutschsprachigen Programme ausländischer Sender einzuschalten. So meinte ein Fabrikarbeiter zu seinem Kollegen, wer mehr wissen wolle, müsse »London« hören.[59] Ein Beschuldigter bekannte gegenüber der Gestapo, es sei »doch besser, wenn man sich selbst nach Anhörung anderer Sender ein eigenes Urteil bilden kann«, und gestand, er habe »die ausländischen Sender nur deshalb gehört, um einen Vergleich zwischen den deutschen Nachrichten und den ausländischen zu haben«.[60] Der Vergleich von

---

57 Strafanzeige vom 7.8.1944, vgl. Landesarchiv Berlin, Rep. 58, Nr. 148 918.

58 Eine Bezeichnung, die der SD in seinen »Meldungen aus dem Reich« mehrfach verwandte; vgl. Boberach, Heinz (Hrsg.), Meldungen aus dem Reich. Auswahl aus den geheimen Lageberichten des Sicherheitsdienstes der SS 1933–1945, Neuwied/Berlin 1965, S. 60 (15.4.1940) und S. 372 (März 1943).

59 Vgl. das Verfahren Landesarchiv Berlin, Rep. 58, Nr. 16 847.

60 Verhandlungsprotokoll Gestapo Berlin vom 24.4.1940; Landesarchiv Berlin, Rep. 58, Nr. 16 917.

Nachrichten ist ein häufig genanntes Motiv für das Abhören ausländischer Sender. Und in der Tat saßen insbesondere während des Krieges Hörer mit der Landkarte vor dem Radioapparat, um sich anhand der deutschen und der alliierten Heeresberichte, ein eigenes Bild vom tatsächlichen Frontverlauf zu machen.

Beim Einschalten ausländischer Sender entwickelten sich klare Hörpräferenzen, in denen sich zugleich die Empfangsbedingungen widerspiegelten. So stellten im Raum Berlin gut zwei Drittel der von der Polizei gefassten Hörer die britischen Stationen der BBC London ein, die seit 1938 ein deutschsprachiges Programm ausstrahlte. Weit weniger Bedeutung erlangten während des Krieges die alliierten Tarn- oder Schwarzsender mit einer Hörerschaft um die 15 Prozent. Radio Moskau kam immerhin auf eine Einschaltquote von rund zehn Prozent. In Süddeutschland, insbesondere im Südwesten, gab es bereits vor dem Krieg die Tradition, deutschsprachige Sender aus der Schweiz und aus dem Elsass zu hören. Nachdem im Sommer 1940 Radio Straßburg aufgrund des deutschen Einmarsches als Informationsquelle ausfiel, schalteten viele Hörer auf den starken Schweizer Landessender Beromünster um. Der – im Gegensatz zur BBC – nicht gestörte Sender Beromünster erreichte eine Einschaltquote von über sechzig Prozent aller abgehörten ausländischen Sender. Während der britische Rundfunk von gut einem weiteren Viertel der Hörer eingestellt wurde, spielten die Tarn- und Schwarzsender ebenso wie Radio Moskau im Südwesten eine marginale Rolle.

Wie sich aus den erhaltenen Verfahrensakten weiterhin rekonstruieren lässt, ging es bei den abgehörten Sendungen überwiegend um Nachrichten und Tagesmeldungen vom Kriegsgeschehen. Besondere politische und militärische Geschehnisse führten zum verstärkten Einschalten ausländi-

scher Stationen, so der denkwürdige Englandflug von Rudolf
Heß oder der Untergang der 6. Armee in Stalingrad. Bekanntlich war Rudolf Heß, »Stellvertreter des Führers«, am
10. Mai 1941 mit dem Fallschirm über Großbritannien abge-
sprungen, um mit der britischen Regierung »Verhandlungen« zu führen. Die Tatsache, dass Hitler und sein Propagandaminister drei Tage brauchten, um die Unternehmung von
Heß als dessen persönliche Wahnidee zu erklären, verschaffte insbesondere den britischen Stationen entsprechende Ein-
schaltquoten. So musste etwa der Stuttgarter Oberlandesge-
richtspräsident nach Berlin berichten, er »habe den Eindruck, als ob während des Krieges noch nie so viele
ausländische Sender abgehört worden sind als in diesen Tagen«.[61]

Kriegsgefangenengrüße aus Stalingrad
Wie bereits erwähnt, bildeten die Ereignisse um Stalingrad
einen der häufig genannten Beweggründe zum Abhören ausländischer Nachrichtendienste. Auch in einem Urteil des
Freiburger Sondergerichts über einen Verurteilten heißt es,
dessen »Abhören erfolgte seit Anfang 1943 unter dem Eindruck der Kämpfe in und um Stalingrad öfters«.[62] Die hohe
Einschaltquote wurde durch eine Befragung einer For-
schungsabteilung des US-Heeres im Frühsommer 1945 dahingehend bestätigt, dass 23 Prozent der Befragten angaben,
die Geschehnisse um Stalingrad seien der Auslöser zum Ab-

61 Bericht an das Reichsjustizministerium vom 3.7.1941; Bundesarchiv,
   R 22/3 387, Bl. 29.
62 Urteil des Sondergerichts Freiburg vom 23.9.1943, Staatsarchiv Freiburg
   A 47/1–1 673.
63 Vgl. Ralis, Max, Über einige Erfahrungen aus der Praxis der Sozialforschung, Diss. rer. pol., Köln 1953, S. 146.

hören ausländischer Sender gewesen.[63] Stalingrad stellte sich als deutsches Trauma in doppelter Hinsicht dar: Zum einen war nun unübersehbar, dass die Zeit der Blitzkriege und -siege endgültig zu Ende war und eine Kriegsniederlage sich drohend am Horizont abzeichnete. Zum anderen steht Stalingrad auch als Metapher für die Menschenverluste, die ungeheuere Zahl an Gefallenen, Vermissten und Kriegsgefangenen in dem so verharmlosend bezeichneten Russlandfeldzug.

Diese Sachverhalte sind in den Verfahren gegen gefasste »Feindhörer« anzutreffen. So heißt es in einer Anzeige der NSDAP-Ortgruppe Straußberg (bei Berlin) gegen einen Lagerhalter, es bestünde der dringende Verdacht, dass dieser »Feindsender« abhöre, denn er habe im Betrieb die Nachricht verbreitet, »die Russen hätten bei Stalingrad 91 000 Gefangene gemacht und außerdem 24 Generäle gefangen genommen«. Das Sondergericht Berlin verurteilte den Beschuldigten im Juli 1943 zur Mindeststrafe von einem Jahr Zuchthaus wegen »widerstandskraftgefährdender« Verbreitung mit der Begründung: »Der deutsche Nachrichtendienst hat die Bekanntgabe von Zahlen der in Stalingrad eingetretenen Verluste vermieden. Es bedarf auch keiner Ausführung, dass das Verbreiten hoher Gefangenenzahlen gerade in dem damaligen Zeitpunkt niederdrückend und beunruhigend wirken musste. Die von dem Angeklagten wiedergegebenen Zahlen waren also geeignet, die Widerstandskraft des deutschen Volkes zu gefährden.«[64]

Das Schicksal von Kriegsgefangen wurde schon früh zum Gegenstand von Information und Propaganda der alliierten Sender, die nach Deutschland ausstrahlten. Bald nach Kriegs-

---

64 Vgl. Urteil vom 20.7.1943; Landesarchiv Berlin, Rep. 58, Nr. 16 910.

beginn war die BBC in ihren deutschsprachigen Sendungen dazu übergegangen, Namen und Anschriften gefangen genommener deutscher Soldaten bekannt zu geben. Daraus entwickelten sich später regelmäßige Kriegsgefangenen-Sendungen, in denen auch gefangene Soldaten zu Wort kamen. Der sowjetische Rundfunk griff nach dem deutschen Überfall das britische Beispiel auf und richtete ähnliche Sendungen ein. Damit traf Radio Moskau den Nerv der NS-Propaganda, die doch stets behauptete, die Bolschewisten machten keine Gefangenen. Wie wirkungsvoll die Sendungen waren, geht aus einem internen Bericht des Sicherheitsdienstes der SS (SD) an den Leiter der Rundfunkabteilung des Propagandaministeriums vom April 1943 hervor:

»Aus vielen Beobachtungen sei zu schließen, dass Angehörige von vermissten Stalingradkämpfern, soweit es die Güte ihrer Geräte zulasse, den Versuch machten, sowjetische Sender abzuhören, um über das Schicksal der Soldaten Näheres zu erfahren. Von solchen Volksgenossen wird in einer schwer fassbaren Form z. T. offen geäußert, dass man eigentlich so lange Moskau hören sollte, bis die deutsche Regierung über den Verbleib der Vermissten Auskunft gebe. Bei solchen Versuchen, Namen von Vermissten oder gar die Stimme von Angehörigen zu hören, würden naturgemäß andere Nachrichten des Moskauer Senders mit empfangen. Gesprächsweise Erwähnungen könnten nur diese Quelle haben. Die sowjetische Methode, Namen deutscher Kriegsgefangener bekannt zu geben, müsse als sehr geschickt gelten.«[65]

---

65 SD-Bericht »Stimmen zum Rundfunk« vom 17.4.1943; zitiert nach Wulf, Joseph, Kultur im Dritten Reich. Presse und Funk, Frankfurt/Main/Berlin 1989, S. 396.

Dieser interne Bericht scheint keineswegs übertrieben. Im Falle der Kriegsgefangen-Sendungen lassen sich tatsächlich direkte Reaktionen auf die abgehörten ausländischen Sendungen nachweisen. Den Sendungen wurde nicht nur heimlich gelauscht, sondern die abgehörten Grüße kriegsgefangener deutscher Soldaten wurden, meist postalisch, an die Angehörigen weitergeleitet. Die Staatspolizei-Leitstelle Berlin etwa verfügte über eine ganze Sammlung solch anonym verschickter Grüße, die von der Postüberwachung abgefangen worden waren. Doch es gab auch Hörer, die, »um mal zu erleben, wie derartige Nachrichten sich auswirken, wie diese Menschen sich freuen«, selbst Bahnfahrten auf sich nahmen, um diese Mitteilung persönlich zu überbringen.[66] Das war nicht ungefährlich, zumal die Gestapo die Post- und sonstige Überwachung von Angehörigen bekannt gegebener Kriegsgefangener intensivierte, um der »evtl. anlaufenden Grußbesteller« habhaft zu werden, wie es in einem Berliner Fall hieß.[67] Der nachfolgende Vermerk eines Gestapo-Beamten vom April 1943 zeigt auch, inwieweit die Angehörigen unter Druck gesetzt wurden:

»Vertraulich wurde hier bekannt, dass der russische Rundfunk während des deutschsprachigen Nachrichtendienstes auch den Namen eines Soldaten R., Berlin, Drcysestr. 3 bei Eltern wohnhaft, durchgegeben, der seine Angehörigen grüßen lasse. Die Ehefrau R. war daraufhin von hier aus verständigt worden, dass sie evtl. mit so genannten Grußbestellern rechnen müsse, die sie in ihrer Wohnung aufsuchten und angebliche Grüße ihres in russischer Kriegsgefangenschaft befindlichen Sohnes überbrächten. Frau R. wurde ersucht, evtl. die Festnahme solcher Personen zu veranlassen.«[68]

---

66 Vgl. Landesarchiv Berlin, Rep. 58, Nr. 17 538.
67 Vgl. ebenda, Nr. 17 396.

Ein im selben Viertel wohnender Tischler, der die Kunde vom Überleben des Sohnes in Stalingrad persönlich überbringen wollte, wurde von Gestapo-Beamten festgenommen. Die Ehefrau R. war dem Grußbesteller gefolgt und hatte so den Zugriff der Gestapo ermöglicht. Bei den in Berlin dokumentierten Verfahren gegen Grußbesteller ging deren Festnahme etwa zu gleichen Teilen auf Überwachungsmaßnahmen der Gestapo wie auf Denunziationen der Benachrichtigten zurück, wobei in drei Fällen die Überbringer so naiv waren, ihren Namen anzugeben. Bei den Grußbestellern handelte es sich überwiegend um Männer unterschiedlichen Alters und unterschiedlicher Berufe. Aber auch zwei Frauen, eine Köchin und eine Kontoristin, waren darunter. Als Motiv für die Übermittlung wurde zumeist Mitgefühl für die Angehörigen genannt. Die gegen die Grußbesteller verhängten Strafen lagen zwischen sechs Monaten Gefängnis und zwei Jahren Zuchthaus.

»… so bange sind sie jetzt«

Die Motivation zum Abhören wie auch die Reaktion auf das Gehörte hingen weitgehend von den Lebensumständen der jeweiligen Hörer ab. Dies wird wiederum am Beispiel von Stalingrad deutlich. Während viele »Feindhörer« um ihre Angehörigen an der Ostfront bangten, begrüßten andere den Untergang der 6. Armee und erhofften sich dadurch einen schnelleren Zusammenbruch der NS-Herrschaft in Deutschland und dem besetzten Europa. Diese Intention spiegelt sich in einem durch die Postkontrolle beschlagnahmten Brief eines niederländischen Zivilarbeiters an seinen Bruder wider, in dem es heißt:

»Nachrichten bekommen wir ziemlich regelmäßig über den englischen Sender. Nachbarsjungen, 3 Zimmer weiter, haben

---

68 Ebenda, Nr. 16 899.

einen kleinen Apparat. Zuallererst, vielleicht weißt Du es schon, aber bei Stalingrad sitzen 1 oder 200 000 ›Moffen‹ (geringschätzige Bezeichnung für ›Deutsche‹) eingeschlossen, die sind rettungslos verloren, und bei Leningrad verschiedene Divisionen, auch die sind verloren, vermutlich. Alles geht nach Wunsch ... Es ist in der Fabrik verboten, Messer zu machen, so bange sind sie jetzt.«[69]

Aufgrund des abgefangenen Briefes gelang es der Gestapo, eine siebenköpfige Abhörgemeinschaft von Niederländern aufzuspüren, die in einem Lager der Opel-Werke Brandenburg/Havel mit rund 1 800 anderen Arbeitern, darunter weitere 200 Holländer, untergebracht waren. Die Niederländer hatten mit einem selbst gebastelten Empfänger BBC abgehört und wurden daraufhin dem Sondergericht Berlin überstellt, das Zuchthausstrafen zwischen zwei und vier Jahren verhängte. Bei der Verurteilung eines Franzosen aus den Ardelt-Flugzeugwerken Eberswalde zu einer dreijährigen Zuchthausstrafe betonte das Berliner Sondergericht ausdrücklich in seiner Urteilsbegründung, »dass das Abhören eines feindlichen Nachrichtendienstes durch Ausländer, die an wichtiger Stelle der deutschen Rüstungsindustrie eingesetzt sind, eine besondere Gefahr darstellt«.[70]

Unter denen wegen »Rundfunkverbrechen« Verurteilten war der Anteil von im »Reichseinsatz« stehenden ausländischen Arbeitern, wie die beschönigende Umschreibung der Zwangsarbeit lautete, hoch und dürfte reichsweit bei wenigstens zwanzig Prozent gelegen haben. Für den Sondergerichtsbereich Berlin-Brandenburg konnte eine Quote von zwan-

69 Brief vom 22.2.1943, übersetzt und kommentiert (in Klammern) durch die Briefkontrolle, Reichspostdirektion Stuttgart; vgl. auch im Folgenden Landesarchiv Berlin, Rep. 58, Nr. 17 423.
70 Urteil des Sondergerichts Berlin vom 2.5.1944; ebenda, Nr. 17 417.

zig Prozent, im südwestdeutschen Sondergerichtsbezirk Freiburg von 25 und beim Sondergericht Hannover sogar von dreißig Prozent ermittelt werden.[71] Der hohe Ausländeranteil erklärt sich allerdings auch dadurch, dass im Gegensatz zu deutschen »Feindhörern« meist in Gruppen in den Lagerunterkünften gehört wurde und somit das Entdeckungs- und Denunziationsrisiko relativ hoch war. So wurden beispielsweise vom Sondergericht Braunschweig im Sommer 1943 innerhalb weniger Monate dreißig Zwangsarbeiter zu über fünfzig Jahren Zuchthaus verurteilt.[72] Darüber hinaus vermitteln die Verfahrensakten, dass sich die Gestapo im Falle von Zivil- und Zwangsarbeitern mit Strafanträgen an die Sondergerichte nicht zurückhielt. Dies galt jedoch nur für westliche Zivil- und Zwangsarbeiter, nicht aber für »Ostarbeiter«. Einem geheimen Erlass des Reichssicherheitshauptamtes vom 30. Juni 1943 zufolge sollte gegen »Fremdvölkische« ein Gerichtsverfahren »nur dann stattfinden, wenn die Polizei die Durchführung eines derartigen Strafverfahrens wünscht«.[73] Diese Beschuldigtengruppe fiel der »Polizeijustiz« anheim. So verfügte bereits im Mai 1942 der Chef des Geheimen Staatspolizeiamtes, Heinrich Müller, »dass bei Abhören ausländischer Hetzsender und Verbreiten abgehörter Nachrichten durch polnische Zivilarbeiter grundsätzlich mit Einweisung in ein Konzentrationslager vorzugehen ist«.[74]

Ähnlich war die Verfahrensweise gegenüber Juden. Gerichtsverfahren gegen Juden deutscher Staatsbürgerschaft en-

---

71 Bezüglich Berlin und Freiburg eigene Ermittlungen; betreffs Hannover vgl. Mechler, Sondergericht Hannover, S. 96.

72 Vgl. Ludewig/Kuessner, Sondergericht Braunschweig, S. 145.

73 Befehlsblatt des Chefs der Sicherheitspolizei und des SD, 2 A III f, S. 131.

74 Rundschreiben an alle Stapo(leit)stellen vom 5.5.1942; Bundesarchiv, R 58/ 3 495, Bl. 19.

deten spätestens mit der Dreizehnten Verordnung zum
Reichsbürgergesetz vom 1. Juli 1943, worin es heißt: »Strafbare Handlungen von Juden werden durch die Polizei geahndet.«[75] Das letzte gerichtliche Strafverfahren wegen »Rund-
funkverbrechens« vor dem Sondergericht Berlin fand am
4. November 1941 statt. Die letzte Mitteilung über die jüdische
Beschuldigte, die zu einer Zuchthausstrafe von einem Jahr
und neun Monaten verurteilt worden war, stammt aus dem
Frauenzuchthaus Cottbus und lautete, die Verurteilte sei »an
den Herrn Reichsführer der SS abgegeben worden«.[76] Entsprechend der rassistischen Logik des NS-Regimes wurden jedoch gegen jüdische »Mischlinge« Justizstrafverfahren bis
Kriegsende durchgeführt.

III. Der »Maulkorberlass«, das Hörverbot
und die Dolchstoßlegende

Das »Heimtücke-Gesetz« und die Rundfunkverordnung mar-
kieren einen jeweils unterschiedlichen Abschnitt der justiziellen Sanktionierung von Oppositionsäußerungen oder -hand-
lungen zur Sicherung und Aufrechterhaltung des NS-Regimes.
Während das »Heimtücke-Gesetz« am Beginn der NS-Herrschaft stand, sozusagen Produkt der »Machtergreifung« war,
eröffnete die Rundfunkverordnung zusammen mit der
KSSVO ein ganzes Paket an Strafvorschriften für den kommenden »totalen Krieg«. Diese zeitliche wie inhaltliche Zäsur
schlug sich auch in unterschiedlichen Strafrahmen nieder.
Die Höchststrafe bei »Heimtücke-Vergehen« lag grundsätz-

---

75 § 1 der Verordnung; RGBl. 1943 I, S. 372.
76 Vgl. das Verfahren Landesarchiv Berlin, Rep. 58, Nr. 16 145.

lich bei fünf Jahren Gefängnis. Tatsächlich dominierten in der Justizpraxis mehrmonatige Gefängnisstrafen, das heißt, in der Mehrzahl der Fälle wurden Strafen bis zu einem Jahr Gefängnis verhängt. Dieser Sachverhalt sowie Inhalt und Form mancher »Heimtücke-Reden« mag dazu veranlasst haben, diese als »eine oberflächliche, naiv-klischeehafte, niemals substantiell vorgetragene Alltagskritik aus der Perspektive persönlichen Misserfolgs, gepaart mit spontaner Wut auf die Herrschenden, mit Respektlosigkeit, Kraftmeierei, Prahlsucht und dem wachen Instinkt der strukturell Übervorteilten« zu bezeichnen und als »Stuhlgang der Seele« abzuqualifizieren.[77] Abgesehen davon, dass der Begriff »Stuhlgang der Seele« ein Ausdruck war, den auch Propagandaminister Goebbels verwendete, wurde selbst dieser sanktioniert.[78] So erhielt ein Hallenser Chemiewerker für den Ausspruch: »Dr. Goebbels hat gesagt: Schimpfen ist der Stuhlgang der Seele. Aber schimpfen darfst Du auch nicht; denn dann wirst Du verhaftet und darfst Tüten kleben« eine zweieinhalbjährige Gefängnisstrafe. »Heimtücke-Redner« besaßen in der Regel »eine nur geringe politische Bildung«, wie eine Untersuchung zu »Heimtücke-Fällen« vor dem Münchner Sondergericht konstatierte.[79] Oder mit anderen Worten: Vox populi klingt eben nicht immer elaboriert. Die Bestimmungen des »Heimtücke-Gesetzes« wurden zu Recht als »die universell nutzbaren und

---

77 So die Bewertung bei Mallmann, Klaus-Michael, und Gerhard Paul, Resistenz oder loyale Widerwilligkeit. Anmerkungen zu einem umstrittenen Begriff. In: Zeitschrift für Geschichtswissenschaft (1993), S. 99–116, hier S. 106.

78 Vgl. auch nachfolgend Dörner, Heimtücke, S. 93.

79 Hüttenberger, Peter, Heimtückefälle vor dem Sondergericht München 1933–1939. In: Broszat, Martin, Elke Fröhlich und Anton Grossmann, Bayern in der NS-Zeit, Bd. IV, München 1981, S. 435–526, hier zitiert S. 508.

benutzten Maulkorb-Paragraphen« charakterisiert, die der
»Verbannung von Kritik in die Privatsphäre« dienen sollten.[80]
Dies gilt vor allem für die Vorkriegszeit, in der Zehntausende
wegen Unmutsäußerungen und – tatsächlichen oder vermeintlichen – Oppositionsmeinungen abgeurteilt worden waren. In der Kriegszeit behielt das »Heimtücke-Gesetz« diese
Funktion bei. Es wurde jedoch um den »Zersetzungs«-Para-
graphen der KSSVO ergänzt, dem zufolge gleich lautende
Bemerkungen unter Umständen, wie gezeigt, vom Volksgerichtshof auch als »defätistische Äußerungen« mit der Todesstrafe geahndet werden konnten.

Abschließend noch eine Bemerkung: Welchen Gefallen die
Nationalsozialisten am Begriff »Heimtücke« fanden, zeigt
sich auch an einem anderen Punkt. 1941 fügten sie dem Paragraphen 211 im Strafgesetzbuch als eine Voraussetzung für
Mord den Tatbestand »Heimtücke« hinzu. Diese Veränderung des Paragraphen 211 hatte über 1945 hinaus Bestand,
und so gilt bis zum heutigen Tag der von Nationalsozialisten
eingeführte Begriff »Heimtücke« als Tatbestandsmerkmal für
Mord.

Ging es den »Heimtücke-Rednern« darum, ihre Unzufrie-
denheit zu artikulieren oder ihrem Unmut Luft zu verschaffen, so erhofften sich die »Feindhörer« zusätzliche Informationen von den ausländischen Rundfunkstationen. Das
Hauptmotiv bestand im »Nachrichtenhunger«, aber auch Situationen von Verfolgung und Widerstand spielten eine Rolle.
Namentlich für die vom Regime Unterdrückten und Verfolgten konnten Informationen ausländischer Sender von existen-
ziellem Belang sein. So pflegte im Frühjahr 1945 ein Neunjäh-

---

80 Vgl. Mechler, Sondergericht Hannover, S. 89 f. mit Bezug auf Mallmann
   und Paul, Resistenz, denen er ein »Kritikverständnis des elaborierten Codes
   der Mittelschicht« vorwirft.

riger aus einer deutsch-jüdischen »Mischehe« ihm vertraute Mithörer mit den Worten zu begrüßen: »Guck mal, so weit sind schon die Russen«, und dabei auf eine Landkarte zu deuten, wobei er manchmal sagte: »Mutti hat heute den Auslandssender abgehört.«[81]

Das Abhören fand ebenso im Rahmen von Widerstandshandlungen politischer Abhörgemeinschaften statt. Eine solche, bestehend aus früheren Mitgliedern von SPD und KPD, traf sich regelmäßig am Düsseldorfer Bahnhof, um in kleinen Gruppen von zwei, drei Mann die politische Lage zu erörtern und dabei die abgehörten alliierten Nachrichten auszutauschen. Nachdem die Gruppe 1943 von der Gestapo zerschlagen worden war, wurden drei der Hauptbeteiligten vom Volksgerichtshof wegen Vorbereitung zum Hochverrat und Feindbegünstigung in Tateinheit mit Abhören und Verbreiten ausländischer Rundfunksendungen zum Tode verurteilt.[82] Anlässlich eines Verfahrens, das der 2. Senat des Volksgerichtshofs im Juli und August 1944 gegen Angeklagte in Bielefeld vor Ort führte, benannte der Vizepräsident des Volksgerichtshofs, Wilhelm Crohne, die Richtlinien seines Senats. Demnach seien gegen Hörer, die als »einwandfrei deutsch gesonnen«, »staatstreu« und »staatsbejahend« gelten und aus Neugier abhören, Verwarnungen oder kleine Gefängnisstrafen auszusprechen. Gegen »staatsbejahende, aber innerlich schon schwankende Hörer, die sich durch Feindsendungen negativ beeinflussen lassen« sollten hohe Gefängnisstrafen verhängt werden. Zuchthaus- und Todesstrafen hätten Hörer zu erwarten, deren Staatstreue »zweifelhaft« sei, sowie

---

81 Vgl. das Verfahren Landesarchiv Berlin, Rep. 58, Nr. 148 945.
82 Vgl. Mann, Reinhard, Protest und Kontrolle im Dritten Reich. Nationalsozialistische Herrschaft im Alltag einer rheinischen Großstadt, Frankfurt/Main 1987, S. 265 f.

»staatsfeindliche Hörer, die nur dem Feinde glauben und seine Berichte weiterverbreiten«. Für »notorische Staatsfeinde«, die Feindsender abhörten, »um Richtlinien für ihre Wühlarbeit entgegenzunehmen«, gäbe es nur eine Strafe: die Todesstrafe.[83]

In der Regel wurden Zuwiderhandlungen gegen die Rundfunkverordnung jedoch vor den Sondergerichten verhandelt. Allerdings blieb es dann nicht – wie bei »Heimtücke-Vergehen« – bei mehrmonatigen Gefängnisstrafen. Wie der Name schon besagt, wurden »Rundfunkverbrechen« eben nicht als Vergehen gewertet. Selbst in »leichten Fällen«, also bei bloßem Abhören nach Paragraph 1 der Rundfunkverordnung, lagen die durchschnittlichen Gefängnisstrafen bei knapp einem Jahr. In »schwereren Fällen«, meist im Zusammenhang mit Weiterverbreiten nach Paragraph 2 der Rundfunkverordnung, wurden Zuchthausstrafen von durchschnittlich zwei Jahren verhängt.

Die Verfolgungsintensität der Gestapo im Bezug auf »Rundfunkverbrechen« war unterschiedlich und korrespondierte mit der Stimmungslage und den politisch-militärischen Gegebenheiten. Während sich die Gestapo in der Zeit der deutschen Blitzkriege, insbesondere nach dem Sieg über Frankreich, bei der Stellung von Strafanträgen zurückhielt, wurde nach dem Überfall auf die Sowjetunion die Verfolgung intensiviert. Vor allem nach Stalingrad verschärfte sich die Tonlage

---

83 Crohne in den *Westfälischen Neusten Nachrichten* vom 5./6.8.1944, zitiert nach Niermann, Hans-Eckhard, Die Durchsetzung politischer und politisierter Strafjustiz im Dritten Reich. Ihre Entwicklung aufgezeigt am Beispiel des OLG-Bezirks Hamm (= Bd. 3, Strafjustiz im Dritten Reich, hrsg. vom Justizministerium des Landes Nordrhein-Westfalen), Düsseldorf 1995, S. 317. Tags zuvor hatte Crohne vier von fünf Angeklagten in Bielefeld zum Tode verurteilt.

im Reichssicherheitshauptamt. So erging im September 1943 an alle Staatspolizeistellen ein Erlass zur »Bekämpfung der Gerüchteverbreitung«:

»Seit einiger Zeit nimmt die Verbreitung von Gerüchten wieder erheblich zu, mögen sie noch so unsinnig sein. In vielen Fällen ist die Quelle der Gerüchte der feindliche Rundfunk. Es ist deshalb notwendig, gerade jetzt in verschärfter Form die Abhörer zu verfolgen und Exempel zu statuieren ... Wichtig ist vor allem auch, dass gerade aus den so genannten gebildeten Schichten, die in zersetzendem Intellektualismus und feiger Schwachheit wesentlich zur Gerüchteverbreitung und damit zur Stimmungsmache beitragen, Abhörer gefasst werden. Der Reichsführer SS erwartet, dass in dieser Frage nicht großzügig verfahren wird.«[84]

Bereits im Dezember 1942 auf dem Höhepunkt des Endkampfes um Stalingrad hatte SS-Führer Himmler sich in einem internen Vermerk »über die schlechte Stimmung in den höheren Offizierskreisen und das sichtbare Auftreten der Parolen der ausländischen Sender« beschwert und verlangt, es müsse auch einmal »ein höherer Offizier, der sich in dieser Richtung schuldig gemacht hat, vor das Kriegsgericht gestellt und zum Tode verurteilt werden, um damit das vergiftende Abhören ausländischer Sender für längere Zeit wieder zu unterbinden«.[85] Auch wenn Himmlers Vorstellungen zu diesem Zeitpunkt kaum der Realität entsprachen, so zeigen diese doch, wie tief – wenn auch letztlich unbegründet – die Furcht der Nationalsozialisten vor Ereignissen wie im November 1918 saß. Defätistische Stimmungen, Zersetzungserscheinungen an der »Heimatfront« oder gar Meutereien waren mit allen Mitteln zu unterdrücken. Auch in den

---

84 Erlass vom 14.9.1943; Bundesarchiv, R 58/3 195, Bl. 3

Urteilen der Sondergerichte wurde auf der Linie der Dolchstoßlegende der Abschreckung das Wort geredet. So heißt es
in einer Urteilsbegründung des Sondergerichts Freiburg, bei
der Strafzumessung habe berücksichtigt werden müssen,
»dass die Regierung in der jetzigen Kriegszeit das Abhören von Auslandsendern jeder Art untersagt hat, um die
Unterhöhlung der Heimatfront, die der Feind durch seine
Rundfunkpropaganda bezweckt, zu unterbinden, damit das
deutsche Volk nicht wieder ein solches Unglück wie 1918
trifft«.[86] Das Todesurteil gegen einen »Wehrkraftzersetzer«
desselben Gerichts wird ebenso mit Prävention gerechtfer-
tigt: »Um zu verhüten«, so die Begründung, dass »auch in
diesem Krieg die Heimatfront unterwühlt und wankend gemacht wird«, müsse gegen entsprechende Äußerungen »von
Anfang an mit der vollen Schärfe des Gesetzes vorgegangen
werden«.[87]

Mit der Rundfunkverordnung wollte das NS-Regime zwei
Dinge erreichen: Unter Strafandrohung sollte zum einen das
Abhören ausländischer Sender unterbunden, zum anderen
das Weiterverbreiten abgehörter Nachrichten verhindert werden. Natürlich waren sich selbst die hartnäckigsten Verfechter
des Abhörverbots wie Goebbels und Heß darüber bewusst,
dass auch mittels Androhung schwerster Strafen dies nicht zu
bewirken war. Dem gemäß betonte Rudof Heß, der als »Stellvertreter des Führers« maßgeblich am Zustandekommen der
Rundfunkverordnung beteiligt gewesen war, »dass durch das

---

85 .Aktennotiz Himmlers an SS-Obergruppenführer Wolff vom 10.12.1942,
   Feld-Kommandostelle; Bundesarchiv, NS 19/1 420, Bl. 2.
86 Urteil des Sondergerichts Freiburg vom 25.8.1943, Staatsarchiv Freiburg
   A 47/1–1630.
87 Urteil des Sondergerichts Freiburg vom 3.7.1942; Staatsarchiv Freiburg,
   Akt.Z. So KLs 67/42.

Verbot weniger verhindert werden soll, dass Einzelne ausländische Nachrichten empfangen, als dass die Empfänger solcher Nachrichten diese weitererzählen«. Und es könne »als sicher angenommen werden, dass im Hinblick auf die angedrohte Strafe und aus Angst, zur Anzeige gebracht werden zu können, diejenigen, die ausländische Nachrichten nach wie vor abhören, sich im Reden mehr im Zaum halten als ohne Verbot«.[88] Es ging also den Befürwortern des Abhörverbotes nicht in erster Linie darum, das »Feindhören« im Einzelnen zu unterbinden, sondern vor allem um die Verhinderung eines Diskurses über das Abgehörte. Dies hätte vorhandene Zweifel etwa an der Richtigkeit der Wehrmachtsberichte wie auch der gesamten NS-Propaganda bestärkt und das Informations- und Meinungsmonopol des Regimes in Frage gestellt. »Heimtücke-Verordnung« und Hörverbot, ergänzt um den »Zersetzungs«-Paragraphen der KSSVO, bildeten die justiziellen Werkzeuge im totalitären Unterfangen einer Diskursverhinderung. Hinzu kamen die Terrorinstrumente von Gestapo und SS wie »staatspolizeiliche Maßnahmen«, »Schutzhaft« oder »Sonderbehandlung«, die zeigen, dass das NS-Regime sich weder allein auf die Justiz verließ noch der Wirkung seiner Propaganda in den gleichgeschalteten Medien vertraute.

---

88 Rechtfertigungsschreiben von Heß an den Ministerrat für Reichsverteidigung vom 3.9.1939; Bundesarchiv, R 43 II/639, Bl. 132/133.

Günter Grau

Terror gegen Homosexuelle
Zu den Zielen der nationalsozialistischen Homosexuellenpolitik – ein Resümee

Unter den Opfern der nationalsozialistischen Diktatur nehmen die Homosexuellen einen besonderen Platz ein. Im Unterschied zu anderen von den Nationalsozialisten zu Haupt-
feinden erklärten Bevölkerungsgruppen wurden sie bereits
vor der Machtübernahme des NS-Regimes verfolgt. Und auch
nach der Kapitulation im Mai 1945 galten sie weiterhin als Kriminelle. Eine Anerkennung als Opfer des Faschismus wurde
ihnen verweigert. Erst im Jahr 1994 sollte der sie kriminalisie-
rende Paragraph im Strafgesetzbuch der Bundesrepublik
gestrichen, erst im Dezember 2000 durch den Deutschen
Bundestag ein Gesetz zu ihrer Rehabilitierung verabschiedet
werden.

Und noch weitere Unterschiede lassen sich ausmachen. Bis
hinein in die siebziger Jahre war so gut wie nichts über ihr
Schicksal im Dritten Reich bekannt. Länger als ein halbes
Jahrhundert bestimmte der Topos, ihnen sei kein typisch
nationalsozialistisches Unrecht geschehen, die Politik. Er
fand seinen Niederschlag in Gerichtsurteilen zu (verweigerten) Entschädigungen, in Stellungnahmen von Parteien und
Politikern zu (geplanten) Reformen des Sexualstrafrechts und
– was die letzten zwei Jahrzehnte des abgelaufenen Jahrhunderts betrifft – in Forderungen der homosexuellen Bürger-
rechtsbewegung nach Aufhebung der NS-Urteile und
Entschädigung der Opfer.

Damit trifft allerdings ein Merkmal nicht zu, das häufig zur Kennzeichnung der Unterschiede gegenüber anderen Opfergruppen gebraucht wird: die Charakterisierung als »vergessene« oder »totgeschwiegene« Opfer. Tatsächlich sind in Nachkriegsdeutschland die Homosexuellen weder totgeschwiegen noch vergessen worden. Sie wurden bewusst politisch ausgegrenzt und damit die von den Nazis gegen sie ergriffenen Terrormaßnahmen legitimiert.

Die Folgen dieser Politik waren vielfältig. Da es jahrzehntelang weder eine historische Aufarbeitung der Verfolgung noch eine politische Auseinandersetzung mit dem Schicksal der Homosexuellen in Nazi-Deutschland gab, kam es auch zu keiner befreienden Katharsis, zu keiner läuternden Wirkung. Vielmehr wurden überkommene Vorurteile und traditionelle Wertorientierungen konserviert. Nach wie vor galten homosexuelle Männer als Kriminelle, als Gefahr für die Jugend und die öffentliche Sittlichkeit. Derartige traditionelle Urteilsbildungen bestimmten – und zwar in beiden deutschen Nachkriegsstaaten – die öffentliche Wahrnehmung schwuler Männer, etikettierten sie weiterhin als Sittlichkeitsverbrecher. Ihr Schicksal während der Nazi-Diktatur erschien als singulär, sie selbst als zu Recht verurteilt.

Zugleich bewirkten die Verweigerung einer Auseinandersetzung auf gesellschaftlicher Ebene und der Mangel an historischer Aufarbeitung noch einen anderen Effekt. Sie beförderten das Entstehen von Spekulationen und Mythen. Hin und wieder sind sie auch heute noch zu hören. Die Nazis hätten – so gängige Behauptungen – über ein Konzept zur physischen Vernichtung der Homosexuellen verfügt, gewissermaßen über einen Plan zur Endlösung der Homosexuellenfrage. Er habe sich gleichermaßen gegen homosexuelle Männer wie gegen lesbische Frauen gerichtet. Zwischen 100 000 und

1,5 Millionen seien ihm zum Opfer gefallen, ermordet in einem »Homocaust«. Diese sprachliche Alliteration zum Holocaust setzte das Schicksal der Homosexuellen gleich mit dem der Verfolgung und Vernichtung der Juden.

Zwar gab es für diese Annahmen weder Dokumente noch entsprechende Untersuchungen, die sie hätten stützen können. Dennoch wurden sie über viele Jahre von politisch engagierten Lesben und Schwulen vertreten und verteidigt, waren sie doch eine Konstruktion aus den Erfahrungen der Überlebenden. Der Vergleich zum Schicksal der Juden, auch die Gleichsetzung der Situation von Lesben und Schwulen wurden wie selbstverständlich gezogen. Schließlich hielten sie – unabhängig von der historischen Richtigkeit – das Maß an Unrecht und gesellschaftlicher Kränkung fest, das mit der nach 1945 anhaltenden Strafverfolgung, mit der Unterdrückung der Verfolgungsgeschichte und der verweigerten Rehabilitierung von den Überlebenden bis in die jüngste Geschichte ertragen werden musste.

Die kritische Auseinandersetzung mit derartigen Behauptungen setzte relativ spät ein. Ende der siebziger/Anfang der achtziger Jahre erschienen die ersten Studien, die, gestützt auf die Auswertung von Archivalien, das Schicksal homosexueller Männer und Frauen im Dritten Reich nachzuzeichnen versuchten. Inzwischen liegen verschiedene, zum Teil recht umfangreiche Untersuchungen vor.[1] Aus unterschiedlicher Perspektive analysieren sie diverse Aspekte der nationalsozialistischen Antihomosexuellenpolitik. Sie gestatten nicht nur

---

[1] Einen Einblick in den Stand von Forschungsbemühungen zu Ende des abgelaufenen Jahrhunderts und ihre wichtigsten Ergebnisse gibt der Band von Jellonnek, Burkhard, und Rüdiger Lautmann (Hrsg.), Nationalsozialistischer Terror gegen Homosexuelle. Verdrängt und ungesühnt, Paderborn 2002.

die Rekonstruktion des makropolitischen Vorgehens in den zwölf Jahren der NS-Diktatur, sie erlauben auch eine differenzierte Bewertung der Ziele der nationalsozialistischen Homosexuellenpolitik.[2]

I.

Die Verfolgung setzte bereits wenige Monate nach der Machtübernahme der Nazis ein. Bereits vor 1933 hatte es in der nationalsozialistischen Bewegung Stimmen gegeben, die in der Homosexualität eine schwere Gefahr sahen. Allerdings wurde dazu in der NS-Führung keine einheitliche Meinung vertreten. Nach 1933 konnten sich jene Protagonisten durchsetzen, die für ein strenges Vorgehen plädierten. In der SS-Führung waren es Heinrich Himmler und Reinhard Heydrich. Zur Rechtfertigung herhalten mussten diffuse rassenbiologische Begründungen, wie: Homosexualität gefährde den Fortbestand des Volkes; sie bedeute Vergeudung der »Zeugungskraft« des männlichen Teils der Bevölkerung, insofern müsse der »Erbstrom« durch die Ausschaltung »erbbiologisch Minderwertiger« bereinigt werden. Diese Rhetorik – so irrational sie uns heute erscheint – reflektierte eine Entwicklung, die schon in der Weimarer Republik zu heftigen Diskussionen

---

2 Die Politik der Nazis richtete sich vornehmlich gegen homosexuelle Männer, sie strahlte jedoch auch auf die Situation lesbischer Frauen ab – auch wenn diese nicht mit den Kriterien einer strafrechtlichen Verfolgung zu charakterisieren ist. Im Gegensatz zur männlichen Homosexualität wurde gleichgeschlechtliches Verhalten von Frauen niemals kriminalisiert. Zur Situation von Lesben siehe Schoppmann, Claudia, Nationalsozialistische Sexualpolitik und weibliche Homosexualität, Pfaffenweiler 1997; auch dies., Verbotene Verhältnisse. Frauenliebe 1938–1945, Berlin 1999.

Anlass gegeben hatte, von NS-Funktionären und Bevölkerungspolitikern nunmehr jedoch als besonders bedrohlich für den Bestand von »Volk und Rasse« apostrophiert wurde: der Rückgang der Geburtenzahlen.

Als Hauptursache wurde eine (angebliche) Zunahme der homosexuellen Betätigung ausgemacht – eine Folge des aus der Sicht der Nazis laxen Umgangs mit dem Strafrecht in der Weimarer Republik. Von zwei bis vier Millionen homosexuellen Männern in Deutschland gingen Beamte in der Ministerialbürokratie aus. Himmler schätzte lediglich ein bis zwei Millionen, meinte jedoch, allein schon diese Zahl würde bedeuten, dass »ungefähr 7–8–10 Prozent der Männer in Deutschland homosexuell sind. Das bedeutet, wenn das so bleibt, dass unser Volk an dieser Seuche kaputt geht. Ein Volk wird es auf Dauer nicht aushalten, dass sein Geschlechtshaushalt und Gleichgewicht derartig gestört ist.«[3]

In der Tat assoziierten Funktionäre und Beamte, die in Parteiapparat und Ministerien mit Homosexuellenverfolgung befasst waren, das Phänomen der Homosexualität mit einer Seuche, die prinzipiell jeden deutschen Mann befallen könnte. Durch Verführung zu homosexuellen Handlungen würde sie sich gleichsam epidemisch ausbreiten (siehe Abbildung S. 126). »Will man die Gefahr, die die Homosexualität birgt, richtig erkennen, so kann man sie heute nicht mehr allein unter dem engen kriminellen Gesichtswinkel betrachten, wie das früher geschehen ist. Infolge ihrer heutigen ungeheuren Verbreitung hat sie sich vielmehr zu einer Erscheinung herausgebildet, die für den Bestand von Volk und Staat von weittragendster Bedeutung ist. Damit hat aber die Homosexualität

---

3 Smith, Bradley, und Agnes Peterson (Hrsg.), Heinrich Himmler. Geheimreden 1933–1945 und andere Ansprachen. Frankfurt/Main 1974, S. 93.

»Schematische Darstellung eines homosexuellen Seuchenherdes«

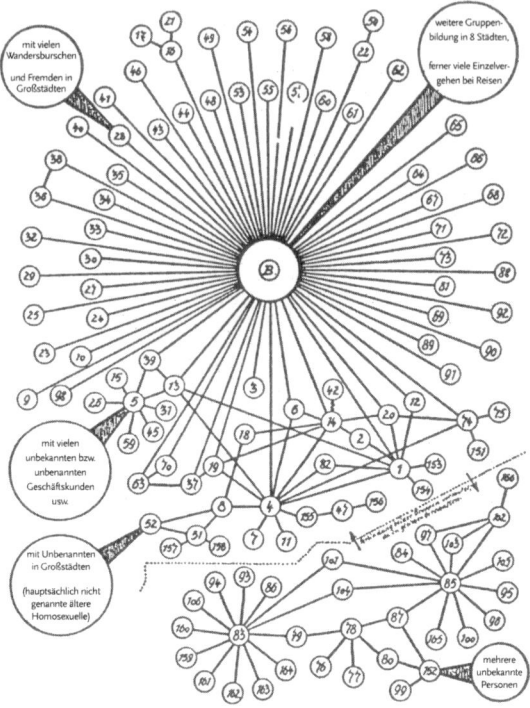

Der Kreis mit dem Buchstaben B symbolisiert einen homosexuellen Mann mit zahlreichen Sexualpartnern (numeriert von 1 bis x). Einige haben – so die Phantasie des Autors – ihrerseits wieder Männer »verführt«, also als neue Seuchenherde fungiert.

Beschriftungen von links oben nach rechts unten: (Sex, G.G.) mit vielen Wanderburschen und Fremden in Großstädten – weitere Gruppenbildung in acht Städten, ferner viele Einzelvergehen bei Reisen – mit vielen Unbekannten beziehungsweise unbenannten Geschäftskunden usw. – mit Unbekannten in Großstädten (hauptsächlich nicht genannte ältere Homosexuelle) – mehrere unbekannte Personen.

Quelle: Gauhl, K. W., Statistische Untersuchungen über Gruppenbildungen bei Jugendlichen mit gleichgeschlechtlicher Neigung unter besonderer Berücksichtigung der Struktur dieser Gruppen und der Ursache ihrer Entstehung. Phil. Diss. Universität, Marburg 1940.

die Grenzen einer rein kriminalistischen Betrachtungsweise überschritten und ist zu einem Problem von politischer Bedeutung geworden«, so ein führender SS-Offizier und Kriminalbeamter.[4]

Für den einzelnen Homosexuellen bedeutete das: Aus einem im zeitgenössischem Verständnis »gewöhnlichen Kriminellen« war ein innerer Staatsfeind, ein »Volksschädling« geworden. Es war diese Umbewertung der Homosexualität, die das Vorgehen des Regimes bestimmte und die Suche nach möglichst effizienten Methoden zu ihrer Bekämpfung motivierte. Von ihr »Befallene« brachte bereits ein Verdacht in Gefahr, in das Fadenkreuz der Ermittlungen durch Kripo oder Gestapo zu geraten.

Das Ziel der Bekämpfung der Homosexualität war unmissverständlich formuliert worden. Der diplomierte Landwirt und einstige Düngemittelverkäufer Heinrich Himmler hatte es mit einem aus der Züchtungsforschung entlehnten Begriff definiert. Es lautete: »Ausmerzung«. Um dieses Ziel zu erreichen, wurde ein umfangreiches Spektrum von Maßnahmen und Strafen zur repressiven Behandlung der Homosexuellen ersonnen und angewandt. Ihren Niederschlag fanden sie in knapp zwanzig Gesetzen, Erlassen, Anordnungen, Geheimbefehlen und Sonderrichtlinien (Tabelle 1). Der zeitliche Ablauf, in dem sie verabschiedet bzw. in Kraft gesetzt wurden, vermittelt – wenn auch nur grob – einen Eindruck über das

---

4 Josef Meisinger, Leiter des »Sonderdezernats Homosexualität« beim Geheimen Staatspolizeiamt (Gestapa) und von 1936 bis 1940 (in Personalunion) Leiter der »Reichszentrale zur Bekämpfung der Homosexualität und Abtreibung«, in einem Vortrag, gehalten auf der Dienstversammlung der Medizinaldezernenten und -referenten am 5./6. April 1937. Zitiert nach Grau, Günter (Hrsg.), Homosexualität in der NS-Zeit. Dokumente einer Diskriminierung und Verfolgung, Frankfurt/Main 2004 (2. Aufl.), S. 152.

Tabelle 1. Gesetze, Erlasse, Geheimbefehle und Sonderrichtlinien zur Verfolgung homosexueller Männer 1933 bis 1945

1933 bis 1935
Schließung von Gaststätten und Verbot anstößiger Schriften (Erlass PMdI v. 23. und 24. Februar 1933
Vorbeugende Polizeihaft gegen Berufsverbrecher (Erlass PMdI v. 10. Februar 1934)
Befehl zur listenmäßigen Erfassung sämtlicher Personen (vor allem der Mitglieder von NS-Organisationen), die sich homosexuell betätigt haben (Telegramm Geheimes Staatspolizeiamt v. 24. Oktober 1934)
Errichtung eines Sonderdezernats für homosexuelle Fälle beim Geheimen Staatspolizeiamt (Oktober 1934)
Verschärfung des § 175 RStGB (Strafgesetznovelle v. 28. Juni 1935)

1936 bis 1939
Errichtung der Reichszentrale zur Bekämpfung der Homosexualität und Abtreibung (Geheimerlass Himmlers v. 10. Oktober 1936)
Errichtung Kriminalbiologischer Untersuchungs- und Sammelstellen für Entmannungen an Haftanstalten (Verfügung RMdJ v. 10. Oktober 1936)
Verschärfte Bestimmungen für Vorbeugehaft und Überwachung von Berufsverbrechern (Erlass PMdI v. 14. Dezember 1937)
Freiwillige Entmannung von Vorbeugungshäftlingen (Erlass Himmlers v. 20. Mai 1939)

1940 bis 1945
Vorbeugungshaft für »mehrfach Verführer« (Erlass RSHA v. 12. Juli 1940)
Aufhebung der Vorbeugungshaft für kastrierte homosexuelle Männer (Erlass RKPA v. 23. September 1940)
Erfassung und Überwachung Entmannter (Erlass RMdI v. 13. November 1941)
Todesstrafe für Angehörige von SS und Polizei (Geheimerlass des Führers zur Reinhaltung von SS und Polizei v. 15. November 1941)
Unzucht zwischen Männern. §§ 175, 175 a (Erlass Oberbefehlshaber der Luftwaffe v. 17. Januar 1942)
Ermächtigung zur Kastration von KZ-Häftlingen (Geheimes Rundschreiben des SS-Wirtschafts- und Verwaltungshauptamtes v. 14. November 1942)
Richtlinien zur Behandlung von Strafsachen § 175, 175 a in der Wehrmacht (Erlass Chef OKW v. 19. Mai 1943)
Sonderrichtlinien zur Bekämpfung gleichgeschlechtlicher Verfehlungen im Rahmen der Jugenderziehung (Arbeitsrichtlinien der Reichsjugendführung v. 1. Juni 1943)
Anweisung für Truppenärzte zur Beurteilung gleichgeschlechtlicher Handlungen (Richtlinie Chef des Sanitätswesens der Luftwaffe v. 7. Juni 1944)

Vorgehen des Regimes. Bereits im Frühjahr 1933, wenige Wochen nach der Machtübernahme, wurden entsprechende Bücher und Zeitschriften indiziert. Restaurants, Kneipen und Bars, die als Szene-Treffpunkte bekannt waren, mussten schließen, oder Inhaber und Pächter gaben von selbst auf. In Berlin und in einigen anderen Großstädten veranstalteten SS- und SA-Kommandos erste Razzien. Hunderte Männer wurden verhaftet. Im Mai 1935 plünderte faschistischer Mob in Berlin das Institut für Sexualwissenschaft.

Zu einer Welle organisierter Aktionen gegen Homosexuelle kam es im Spätsommer/Herbst 1934 als Folge des so genannten Röhm-Putsches. In einer mit großem propagandistischen Aufwand inszenierten Kampagne hatten die Nazis den Mord an Röhm und Gefolgsleuten als Schlag gegen die (vermeintliche) Ausbreitung der Homosexualität in der SA umgedeutet. Tatsächlich waren die Morde die erste erfolgreiche Aktion, mit der es gelungen war, einen politischen Gegner auszuschalten. Sie hatte jedoch noch einen anderen, von den Nazis nicht erwarteten Effekt. Ausländische Presseorgane und Vertreter der ins Exil emigrierten politischen Linken verbreiteten lautstark Parolen, die behaupteten, die nationalsozialistische Bewegung sei bis hinein in ihre Führung homosexuell verseucht.[5] Diese Pauschalisierung war übertrieben. Wohl aber kann davon ausgegangen werden, dass vor 1933 die Nationalsozialisten mit ihrer Glorifizierung von Männlichkeit, Kameradschaft und Kraft durchaus eine gewisse Faszination auf homosexuelle Männer ausübten und sie veranlasste, NS-Organisationen beizutreten. Möglicherweise sind in diesem, der NS-Füh-

---

5 Vgl. Zinn, Alexander, Die soziale Konstruktion des homosexuellen Nationalsozialisten. Zu Genese und Etablierung eines Stereotyps. Frankfurt/Main 1997.

rungsspitze durchaus bekanntem Umstand sowie in den Reaktionen des Auslands auf die Ermordung Röhms die entscheidenden Ursachen zu sehen, die dazu führten, dass im Spätsommer 1934 im Geheimen Staatspolizeiamt Berlin ein Sonderreferat »Homosexualität« installiert wurde. Es sollte von nun an parallel zu den Sittlichkeitsdezernaten der Kriminalpolizei bei Vergehen nach Paragraph 175 Reichsstrafgesetzbuch (RStGB) ermitteln. Schwerpunkte seiner Tätigkeit, so kristallisierte sich bald heraus, waren die Ausschaltung politischer Gegner oder auch nur sonst missliebiger Personen sowie das Aufspüren von homosexuellen Männern in NS-Organisationen: NSDAP, SS, SA, Hitler-Jugend (HJ). Bereits im Oktober 1934 veranlasste das Sonderdezernat die Landeskriminalämter, einschlägig vorbestrafte oder als homosexuell verdächtigte Männer in Listen zu erfassen, unter Voranstellung ihrer Zugehörigkeit zu NS-Organisationen.

Eine zentrale Rolle im Kampf gegen die Homosexualität wurde dem Strafrecht zugewiesen. Die Verabschiedung der Strafrechtsnovelle vom 28. Juni 1935 verschärfte die im Paragraph 175 RStGB kodifizierte Strafnorm. Ausgeweitet wurde der Straftatbestand bei »einfacher« Homosexualität (bei einvernehmlichen sexuellen Handlungen von erwachsenen Männern) und erhöht wurde das Strafmaß bei »qualifizierter« Homosexualität (bei sexuellen Handlungen mit Jugendlichen, mit Abhängigen sowie bei homosexueller Prostitution). Im letzten Fall wurde als Regelstrafe nunmehr Zuchthaus bis zu zehn Jahren, statt – wie bisher – Gefängnis nicht unter sechs Monaten festgelegt. Konnten vor der Gesetzesänderung nur beischlafähnliche Handlungen (Oral-, Anal- und Schenkelverkehr) bestraft werden, wurde der Straftatbestand nunmehr ausgedehnt auf jede sexuelle bzw. als sexuell gewertete Handlung. Strafbar waren damit auch Masturbation, Küsse unter

Männern, Berührungen der Geschlechtsorgane wie auch Handlungen, die von den Ermittlungsbehörden als sexuell angesehen wurden, auch wenn es dabei zu keinem Körperkontakt gekommen war.[6]

Flankiert wurde die Verschärfung der Strafrechtssituation durch eine im Rahmen der generellen Umstrukturierung der Kriminalpolizei neu geschaffene Einrichtung: die »Reichszentrale zur Bekämpfung der Homosexualität und Abtreibung«. Initiiert im Oktober 1936 durch Geheimbefehl Himmlers, gehörte sie zum Reichskriminalpolizeiamt (RKPA) – einer Zentralbehörde, die im Ergebnis der »Verreichlichung«[7] entstanden war. Dem RKPA unterstanden 14 Kriminalpolizeileitstellen, hervorgegangen aus den ehemaligen Landeskriminalpolizeiämtern. Von nun an konnten Ermittlungen (auch der Sittlichkeitsdezernate) zentral koordiniert werden.[8] An die Stelle der einstigen vielfältigen Zersplitterung trat, wie Reinhard Hey-

---

6 Es ist hier nicht der Ort für eine detaillierte Analyse und Bewertung der neuen Strafnorm. Hinzuweisen ist jedoch, dass die Strafrechtsnovelle noch eine weitere Neuerung einführte: einen so genannten Analogieparagraphen (§ 2). Er hatte folgenden Wortlaut: »Bestraft wird, wer eine Tat begeht, die das Gesetz für strafbar erklärt oder die nach dem Grundgedanken eines Strafgesetzes und nach dem gesunden Volksempfinden Bestrafung verdient. Findet auf die Tat kein bestimmtes Strafgesetz unmittelbar Anwendung, so wird die Tat nach dem Gesetz bestraft, dessen Grundgedanke auf sie am besten zutrifft.« Als Rechtsquellen, aus denen künftig Strafrichter ihre Urteile auch bei Delikten nach § 175, 175 a zu fällen hatten, galt damit nicht mehr allein das geschriebene Gesetz, sondern gleichberechtigt die »ungeschriebene Rechtsquelle«, also der »Grundgedanke eines Strafgesetzbuches« und »das gesunde Volksempfinden«. Damit wurde ein fundamentaler Grundsatz der Rechtsprechung verletzt, der da lautet: nulla poene sine lege – Keine Strafe ohne Gesetz.

7 1936 war Heinrich Himmler Chef der Deutschen Polizei geworden und hatte die Kriminalpolizei – bis zu diesem Zeitpunkt unter Hoheit der Länder – auf Reichsebene zentralisiert.

8 Vgl. Wagner, Patrick, Hitlers Kriminalisten. Die deutsche Kriminalpolizei und der Nationalsozialismus, München 2002.

drich, Chef der Kriminalpolizei, der Sicherheitspolizei und der
Gestapo, unumwunden bekannte, »eine von den Hemmungen
theoretischer Bedenken befreite, übersichtlich straffe Organisation ... Nur so ist der zur Bekämpfung der Volksfeinde erforder-
liche schlagartige Einsatz der Polizei gewährleistet.«[9]

Dazu sollte auch die Reichszentrale beitragen. Ähnlich den
bereits existierenden 14 Reichszentralen im RKPA (darunter
die »Reichszentrale zur Bekämpfung unzüchtiger Bilder«, die
»Reichszentrale zur Bekämpfung des Mädchenhandels«, die
»Reichszentrale zur Bekämpfung von Sittlichkeitsdelikten«)
hatte sie Daten über einschlägig vorbestrafte oder verdächtigte
Personen zu sammeln. Neben der Dokumentation aller Er-
scheinungsformen der Homosexualität gehörten zu ihren Aufgaben noch die Erfassung der Personaldaten von Transvestiten
und der so genannten Lohnabtreiber sowie die Beobachtung
der Herstellung und des Vertriebs von Abtreibungs- und Ver-
hütungsmitteln. Wichtigste Aufgabe der Reichszentrale war
das Zählen, Verkarten und Abgleichen einschlägiger Daten mit
dem Ziel, den inkriminierten Personenkreis möglichst lücken-
los zu erfassen und damit einen raschen und effizienten Zugriff von Kripo oder Gestapo zu ermöglichen.

Einen Eindruck vom Ausmaß des radikalisierten Vorgehens
der Ermittlungsbehörden veranschaulichen Polizeistatistiken
aus den Jahren 1936 und 1937. Hatte die Kripo von April bis Dezember 1936 in 6 260 Fällen wegen »widernatürlicher Unzucht« ermittelt, so waren es im gleichen Zeitraum des Folge-
jahres 12 356 Fälle. Die Zahl hatte sich also nahezu verdoppelt.[10]

9 Reichskriminalpolizeiamt (Hrsg.), Organisation und Meldedienst der
  Reichskriminalpolizei. Mit einem Geleitwort des Chefs der Sicherheitspolizei SS-Gruppenführer Reinhard Heydrich, Berlin 1941, S. 9.
10 Maisch, W. (Winfried), Polizeiliche Kriminalstatistik 1937. In: Kriminalistik
  12 (1938), S. 137 f.

Auch die Verurteilungen durch Gerichte nahmen sprunghaft zu. Wurden in den Jahren 1931 bis 1933 insgesamt 2 319 Urteile wegen Delikten nach Paragraph 175 RStGB verkündet, hatte sich diese Zahl bereits in den ersten drei Jahren nach Verschärfung des Strafrechts verzehnfacht. In den Jahren 1936 bis 1938 wurden insgesamt 22 143 Urteile gefällt.[11] Der Generalstaatsanwalt kommentierte diese Entwicklung als ein Ergebnis, das angesichts der in der Öffentlichkeit betriebenen Propaganda gegen Homosexuelle nicht anders zu erwarten war: »... auch die Bevölkerung (unterstützt) ... durch vermehrte Anzeigen die Bekämpfung dieser Delikte. Im großen und ganzen werden ... nicht mehr homosexuelle Handlungen als früher begangen, sie werden nur in viel weitgehenderem Umfang als früher strafrechtlich erfasst und verfolgt.«[12]

In der zweiten Hälfte der dreißiger Jahre wurden weitere Gesetze und Verordnungen verabschiedet, um den repressiven Zugriff auf homosexuelle Männer zu verstärken. Im Einzelnen gehörten dazu: die Erweiterung der gesetzlichen Rahmenbestimmungen zur Kastration, die Verschärfung der Haftbestimmungen für Wiederholungstäter (darunter auch für so genannte homosexuelle Gewohnheitsverbrecher), die Legalisierung der Deportation in Konzentrationslager, die Einführung der Todesstrafe für Angehörige von SS und Polizei sowie nach Kriegsbeginn die Einführung von Sonderrichtlinien zur Bekämpfung der Homosexualität in der Wehrmacht und der HJ.

Ein flüchtiger Blick auf die hier genannten Maßnahmen könnte zu der Schlussfolgerung verleiten, bei ihrem Vorgehen

11 Freunde eines Schwulen Museums in Berlin e.V. (Hrsg.), Die Geschichte des § 175. Strafrecht gegen Homosexuelle, Berlin 1990, S.113.
12 Die strafrechtliche Fortbildungswoche für Staatsanwälte und Strafrichter in Jena. In: Deutsche Justiz 100 (1938), S. 1639.

gegen die Homosexuellen hätten sich die Nazis auf einen Plan von wohl aufeinander abgestimmten Maßnahmen gestützt, gewissermaßen auf einen, wie bereits eingangs erwähnt, Gesamtplan zur »Endlösung« der Homosexuellenfrage. Schrittweise sei der Druck erhöht worden. Klar zeichne sich ein stufenweises Vorgehen ab, von der Verschärfung des Strafrechts, über die Deportation in die KZ bis zur Verhängung der Todesstrafe – Indizien für die Absicht, über einen Massenmord an Homosexuellen die Homosexualität zum Verschwinden zu bringen. Abgesehen davon, dass für einen solchen Plan die Belege fehlen, hat es keinen mit der Ermordung der Juden vergleichbaren Massenmord an homosexuellen Männern gegeben.

II.

Zu den Spezifika der Situation homosexueller Männer in Deutschland zwischen 1933 und 1945 gehört, dass die Mehrheit die Nazi-Diktatur überlebt hat. Zum Glück. Über die Zahl der Verfolgungsopfer gab es viele Jahre wenig verlässliche Angaben. Forschungsbemühungen in den letzten zwei Jahrzehnten haben sie präzisiert. Inzwischen gilt als gesichert, dass in den Jahren 1933 bis 1945 ungefähr 50 000 Gerichtsurteile (in etwa identisch mit der Zahl der verurteilten Männer und Jugendlichen) wegen widernatürlicher Unzucht gefällt wurden (Tabelle 2). Auch die Angaben über die Zahl der Männer, die in KZ deportiert wurden, konnten präzisiert werden. Wurden sie Ende der siebziger Jahre auf eine Größenordnung zwischen 5 000 und 15 000 geschätzt,[13] kann nunmehr davon

---

13 Lautmann, Rüdiger, Winfried Grikschat und Egbert Schmidt, Der rosa Winkel in den nationalsozialistischen Konzentrationslagern. In: Lautmann,

Tabelle 2. Übersicht des Statistischen Reichsamtes über Verurteilungen wegen widernatürlicher Unzucht (§§ 175, 175 a, 175 b). Auszug

Jahr	rechtskräftig verurteilte Personen	davon Jugendliche 14 bis unter 18 Jahre
1931	665	89
1932	801	114
1933	853	104
1934	948	121
1935	2106	257
1936	5320	481
1937	8271	973
1938	8562	974
1939	7614	689
1940	3773	427
1941	3739	687
1942	2678	665
1943[1]	2218	500
1933–43	46082	5878

[1] Zahlen für das 1. Halbjahr zu Vergleichszwecken verdoppelt. Alle Zahlen für die Jahre 1940 bis 1943 beziehen sich auf das »Altreich«, ohne annektierte Ostgebiete und ohne »Ostmark« (Österreich). Die Zahlen für die Jahre 1940 bis 1943 wurden nach Unterlagen des Statistischen Reichsamtes ergänzt. Für die Jahre 1944 und Frühjahr 1945 liegen keine veröffentlichten Zahlen vor, G. G.

Quelle: Kriminalität und Gefährdung der Jugend. Lagebericht bis zum Stande vom 1. Januar 1941, hrsg. vom Jugendführer des Deutschen Reiches; bearbeitet von Bannführer W. Knopp, o. O., o. J. (Berlin 1942), S. 89

ausgegangen werden, dass sie eher an der unteren Grenze liegen, bei ungefähr 6 000 Männern. Etwa sechzig Prozent davon haben die Lager nicht überlebt.[14]

Rüdiger (Hrsg.), Seminar: Gesellschaft und Homosexualität, Frankfurt/Main 1977, S. 333

14 Insofern ist die Feststellung in einer erst 2002 veröffentlichten Publikation falsch und irreführend, die meint, von einem »heute als abgesichert geltende(n) Zahlenmaterial von 10000 bis 15000 homosexuellen KZ-Opfern, von ca. 100000 Justizgefangenen« ausgehen zu können. Jellonnek/Lautmann, Nationalsozialistischer Terror, S. 160.

Die Opferzahlen stehen in einem auffälligen Widerspruch zu der von den Nazis propagierten Beseitigung der Homosexualität. Die Ursache für diese Divergenz liegt in der fehlenden Trennung von Propaganda und Alltagspraxis der Verfolgung. Indem Himmlers Rhetorik von der »Ausmerzung« der Homosexualität mit dem Lebensschicksal homosexueller Männer gleichgesetzt wurde, erschien die Homosexuellenpolitik der Nazis als entsprechendes Programm. Gleich den Juden wäre demnach jeder dem System auffällige Homosexuelle potentielles Opfer der rassistischen NS-Mordmaschinerie geworden.[15]

Neuere Studien zur lokalen Verfolgungspraxis[16] unterstreichen die Notwendigkeit, zwischen der offiziellen strikten Ablehnung der Homosexualität und dem Schicksal eines in den Verfolgungsapparat geratenen Homosexuellen zu unterscheiden. »Himmlers Eliminierungs-Phraseologie zielte auf die

---

15 Jellonnek, Burkhard, Homosexualität unter dem Hakenkreuz, Paderborn 1990, S. 327.

16 Siehe Jellonnek, Burkhard, Homosexuelle unter dem Hakenkreuz. Die Verfolgung von Homosexuellen im Dritten Reich, Paderborn 1990; Lassen, Hans-Christian, Der Kampf gegen Homosexualität, Abtreibung und »Rassenschande«. Sexualdelikte vor Gericht in Hamburg 1933–1939. In: Justizbehörde Hamburg (Hrsg.), »Für Führer, Volk und Vaterland ...«. Hamburger Justiz im Nationalsozialismus, Hamburg 1992, S. 216–289; Pretzel, Andreas, und Gabriele Rossbach: »... wegen der zu erwartenden hohen Strafen.« Homosexuellenverfolgung in Berlin 1933–1945, Berlin 2000; Sparing, Frank, »... wegen Vergehen nach § 175 verhaftet«. Die Verfolgung der Düsseldorfer Homosexuellen während des Nationalsozialismus. Düsseldorf 1997; KZ-Gedenkstätte Neuengamme (Hrsg.), Verfolgung Homosexueller im Nationalsozialismus. Beiträge zur Geschichte der nationalsozialistischen Verfolgung in Norddeutschland, Bremen 1999; Hoffschildt, Rainer, Die Verfolgung der Homosexuellen in der NS-Zeit. Zahlen und Schicksale aus Norddeutschland, Berlin 1999; Müller, Jürgen, Ausgrenzung der Homosexuellen aus der »Volksgemeinschaft«. Die Verfolgung der Homosexuellen in Köln 1933–1945, Köln 2003.

Ausrottung der Homosexualität schlechthin als Erscheinungs-
und – für ihn – als Entartungsform gesellschaftlichen Lebens,
aber nicht auf die Ermordung jedes Einzelnen, der homosexuell war oder sich homosexuell betätigte.«[17]

Konnte ein Mann bei Verhören durch Gestapo oder Kripo
glaubhaft versichern, zwar homosexuell zu sein, sich aber
nicht homosexuell zu betätigen, und konnte ihm von den Ermittlungsbehörden das Gegenteil nicht bewiesen werden,
kam es zu keiner Verurteilung (wenn auch zur Registrierung
als Verdächtiger in der »Päderastenkartei« der Reichszentrale). Entscheidend war, dass dem Beschuldigten die homosexuelle Handlung nachgewiesen werden musste.

Das ist, worauf Jellonek zu Recht hinweist, ein erheblicher
Unterschied zur antisemitischen Verfolgungspraxis, »die keinerlei Unterschied machte, ob jemand im Alltag nach den Regeln des jüdischen Glaubens lebte oder sich von der jüdischen
Religion losgesagt hatte.«[18] Dem überführten Homosexuellen
drohten nicht die Gaskammern. Er sollte mit Straf- und Ab-
schreckungsmaßnahmen diszipliniert werden, die ein Ziel
verfolgten: ihn von seiner sexuellen Praxis abzuschrecken. Ihr
Einsatz erfolgte differenziert.

Mit einer hausgemachten Homosexuellentheorie – zum
Teil wurde sie durch die zeitgenössische Sexualforschung gestützt – wurde unterschieden zwischen »echten« oder so genannten Hanghomosexuellen und »unechten« oder so genannten Gelegenheitshomosexuellen, zwischen Verführern
und Verführten.[19] Wem zahlreiche Sexualkontakte nachgewie-

---

17 Jellonek, Homosexuelle, S. 327.
18 Ebenda.
19 Vgl. Mildenberger, Florian, ... in der Richtung der Homosexualität
    verdorben. Psychiater, Kriminalpsychologen und Gerichtsmediziner über
    männliche Homosexualität 1850–1970, Hamburg 2002, S. 156 ff.

sen werden konnten, wer als Rückfalltäter auffiel, wer Sexualität mit Jugendlichen oder Abhängigen hatte, galt als »echter«
Homosexueller und damit als eine besondere Gefahr, der mit
harten Strafen zu begegnen war. Neben den zu »echten« oder
»Hanghomosexuellen« erklärten Männern richteten sie sich
gegen die Strichjungen sowie gegen als homosexuell bekannt
gewordene Mitglieder von NS-Organisationen, Lehrer und Er-
zieher der Nationalsozialistischen Erziehungsanstalten (NA-
POLA), Funktionäre der Arbeitsfront, der HJ und Offiziere
der Wehrmacht.

   »Echten« Homosexuellen wurde eine angeborene Anlage,
ein »Hang« zum eignen Geschlecht unterstellt. Indizien waren mehrfache einschlägige Verurteilungen. Den Nazis galten
sie als unverbesserlich. Durch Erlass verfügten sie, dass bereits *eine* wiederholte einschlägige Verurteilung ausreichte,
Betroffene als »Hanghomosexuelle« zu etikettieren. Das Gericht erklärte sie zu homosexuellen Gewohnheitsverbrechern.
Das bedeutete nach Strafverbüßung ihre Deportation in ein
KZ und für den Fall einer Entlassung aus dem KZ eine intensive polizeiliche Überwachung. Besonders hart fielen die Urteile aus, wenn sich »Hangtäter« sexuell mit Jugendlichen ein-
gelassen hatten. Sie galten als »Jugendverführer« und wurden, wie sich aus Urteilsakten ablesen lässt, mehrheitlich zu
Zuchthaus verurteilt, nach Strafverbüßung ins KZ deportiert
und/oder einer so genannten freiwilligen Kastration unter-
worfen.

   Eine besondere Aufmerksamkeit richtete sich auf die
Strichjungen. Nicht ohne Grund. Die gewerbsmäßige homosexuelle Prostitution betrachteten die Nazis als Herd und
Brutstätte jenes Phänomens, das sie ausrotten wollten. Zugleich ließen sich über eine Erpressung der Strichjungen
zahlreiche Informationen über die Freier ermitteln, wodurch

sich gewissermaßen im Schneeballprinzip neue Möglichkeiten des Zugriffs ergaben. Den Jugendlichen drohte – je nach Alter – entweder die Einweisung in ein Jugendstraflager oder in ein KZ. Die Bedingungen waren in beiden Einrichtungen unmenschlich und schrecklich.[20]

Gegen Mitglieder von NS-Eliten ermittelte vorwiegend die Gestapo. Männer, die der NSDAP oder ihren Gliederungen angehörten, wurden in vielen Fällen von den berüchtigten Sondergerichten abgeurteilt. Gegen sie wurden harte Strafen verhängt. Seit 1941 galt für die Angehörigen von Polizei und SS in so genannten schweren Fällen (Unzucht mit Abhängigen oder Jugendlichen) die Todesstrafe. Solche Urteile wurden auch ausgesprochen und vollstreckt. Wie viel Männer insgesamt hingerichtet wurden, ist nicht bekannt. Generell ist wenig über das konkrete Vorgehen der Sondergerichte bekannt, da kaum Akten überliefert sind.

Scharf wurde auch gegen Funktionäre der HJ vorgegangen. Die HJ-Gerichtsbarkeit sperrte sie auf Dauer für die Jugendorganisation und veranlasste über ein internes Meldesystem eine entsprechende Information an alle anderen NS-Organisationen. Da sie als »Jugendverführer« galten, wurden sie in vielen Fällen bereits bei einer Erstverurteilung mit Zuchthaus bestraft.

---

20 Vgl. zur Situation der Homosexuellen in den Konzentrationslagern Auschwitz, Buchenwald, Dachau, Lichtenburg/Torgau, Mittelbau-Dora/Nordhausen, Neuengamme, Ravensbrück, Sachsenhausen und den Emslandlagern neuere Forschungsergebnisse in: Homosexuelle in Konzentrationslagern. Vorträge, wissenschaftliche Tagung, 12./13. September 1997, KZ-Gedenkstätte Mittelbau-Dora, Nordhausen. Bearbeitet von Olaf Mussmann, Bad Münstereifel 2000; Müller, Joachim, und Andreas Sternweiler (Hrsg.), Homosexuelle Männer im KZ Sachsenhausen, Berlin 2000; Benz, Wolfgang, und Barbara Distel (Hrsg.), Verfolgung als Gruppenschicksal. Dachauer Hefte 14 (1998).

Auch für Angehörige der Wehrmacht gab es bei »gleichgeschlechtlicher Unzucht« keine Gnade. Bei als »unverbesserlich« geltenden Offizieren und einfachen Soldaten erfolgte
eine Verurteilung zu Gefängnis bzw. bei Missbrauch von
Befehlsgewalt zu Zuchthaus mit anschließender Straflager-
verwahrung. Militärische Ehren wurden aberkannt. Demge-
genüber konnten als »verführt« verurteilte Männer nach
Strafverbüßung wieder in die Truppe eingegliedert werden.
Sie wurden zur »Bewährung vor dem Feind« in Strafbataillo-
ne abkommandiert. Eine Eignung für Führungsaufgaben
wurde allerdings aberkannt.

Aus den unterschiedlichen Vorgehensweisen wird ablesbar,
dass Homosexuelle, die in die Fänge der Ermittlungsbehörden gerieten, nicht »über einen Kamm geschoren« wurden.
Mit einer differenzierten, aus der Sicht der Richter der
»Schwere« ihrer Vergehen nach Paragraph 175 angepassten
Strafe verfolgten sie ein Ziel: Männer vom Sex mit Männern
abzuschrecken und sie auf diese Weise zu so genannten normalen Männer umzuerziehen.

Tatsächlich war »Umerziehung« das Ziel der gegen die Homosexuellen gerichteten Repressionspolitik. Um sie von ihrer sexuellen Praxis abzuhalten, drohte das Strafrecht mit
drastischen Strafen: *Umerziehung durch Abschreckung.* Wer
sich nicht beirren ließ, also erneut straffällig wurde, dem
drohte die Kastration oder für den Fall einer Weigerung, sich
»freiwillig« kastrieren[21] zu lassen, die Deportation in ein KZ:

---

21 Wer der Hölle der Lager entgehen wollte, dem wurde – mitunter schon in
der Untersuchungshaft – eröffnet, dass es nur eine Möglichkeit für eine
Freilassung gäbe: in eine freiwillige Kastration einzuwilligen. Eine Zwangs-
kastration, also eine durch das Gericht angeordnete chirurgische Wegnahme der Hoden (wie bei Delikten nach §§ 174, 176) war im Fall von Straftaten

Umerziehung durch Arbeit. Hoffnungen wurden aber auch in die Psychotherapie[22] gesetzt, vor allem bei so genannten homosexuellen Entgleisungen Jugendlicher: *Umerziehung durch Anpassung.*

In den zwölf Jahren der NS-Diktatur verbreiteten Propaganda und Verfolgungspraxis Angst und Schrecken unter den Betroffenen. Schwule Männer, aber auch lesbische Frauen, mussten ständig auf der Hut sein, nicht als solche verdächtigt, denunziert und verhaftet zu werden. Die Ermittlungsbehörden hatten ein enges Netz gespannt, um ihrer habhaft zu werden. Gemäß Dienstvorschrift war die Kripo gehalten, sich »geeigneter Auskunftspersonen« zu bedienen, um sämtliche Personen ihres Ortsgebietes kennen zu lernen, die als »anormal« galten. Als Zuträger bedienten sie sich der Hotelpförtner, der Gepäckträger auf den Bahnhöfen, der Taxifahrer, des Personals in den öffentlichen Bedürfnisanstalten, der Friseure (insbesondere auf Bahnhöfen und in Hotels) und der Wärter in den Badeanstalten. Hotels und Pensionen, vor allem in Sommer- und Winterferienorten, wurden kontrolliert, ob zwei

---

nach § 175 nicht möglich.Wie viele homosexuelle Männer insgesamt gezwungen wurden, in diesen sie schwer verstümmelnden Eingriff einzuwilligen, ist nicht bekannt, da die zu einer Rekonstruktion notwendigen Akten nicht vollständig überliefert sind. Nach meinen Recherchen schätze ich sie auf eine Größenordnung zwischen 400 und 800 Männer. Vgl. dazu ausführlich Grau, Günter, »Unschuldige« Täter. Mediziner als Vollstrecker der nationalsozialistischen Homosexuellenpolitik. In: Mitteilungen der Magnus-Hirschfeld-Gesellschaft 28 (1998), S. 5–28; auch Rothmaler, Christiane, Prognose zweifelhaft. Die Kriminalbiologische Untersuchungs- und Sammelstelle der Hamburgischen Gefangenenanstalten 1926–1945. In: Juristische Zeitgeschichte 6 (1997), S. 107–150.

22 Durchgeführt wurde die Therapie am »Reichsinstitut für Psychologische Forschung und Psychotherapie« Berlin. Über den Personenkreis oder Einzelheiten der Behandlung ist so gut wie nichts bekannt, da Unterlagen und Akten des Instituts vernichtet wurden.

Männer ein Doppelzimmer gemietet hatten; die Anzeigenteile von Tageszeitungen auf verfängliche Angebote durchgesehen. Männer, die auffielen, wurden der Polizei vorgeführt und erkennungsdienstlich behandelt. Hatte sich der Verdacht auf eine strafbare Handlung erhärtet, erfolgte ihre Inhaftnahme.

Doch auch in jenen Fällen, in denen keine strafbaren Handlungen nachzuweisen waren, kam es nicht zu einer sofortigen Entlassung der Verdächtigten. Ihre persönlichen Unterlagen wurden auf Briefe von Gleichgesinnten und Freunden durchsucht, anschließend ihre Wohnungen einer gründlichen Revision unterzogen. Fand sich kein belastendes Material, gab es eine strenge Verwarnung und einen Eintrag in die so genannte Päderastenkartei der örtlichen Kriminalpolizeidienststelle (die zur Weiterleitung an die »Reichszentrale zur Bekämpfung der Homosexualität und Abtreibung« in Berlin verpflichtet war). Als »vorbeugende« Maßnahme und – wie es hieß – »zum Schutz der Allgemeinheit, namentlich zum Schutze der der Verführung und dem Missbrauch ausgesetzten Jugendlichen« konnte auch ein so genanntes Strichverbot verhängt werden. Dem Betreffenden wurde (unter Androhung einer Strafe bei Zuwiderhandlung) verboten, der Polizei bekannte örtliche Treffpunkte von Homosexuellen (wie Grünanlagen, öffentliche Bedürfnisanstalten, Bäder) zu betreten.

Auch wenn nur ein Teil homosexueller Männer in das Räderwerk der Verfolgungsinstanzen geriet, so war doch zweifelsohne das Alltagsleben eines jeden Homosexuellen im Dritten Reich tief greifend geprägt und beeinträchtigt vom radikalen Vorgehen der nationalsozialistischen Machthaber. Die Politik der Nazis erfuhr zudem eine bereitwillige Zustimmung und Unterstützung in der Bevölkerung. In den Anfangsjahren bestand noch die Möglichkeit, sich durch eine Flucht ins Ausland dem Zugriff zu entziehen. Die Mehrheit blieb in Deutschland und versuchte, sich so unauffällig wie möglich zu verhalten. Da bereits der Stand des »ewigen Junggesellentums« den Nachbarn als verdächtig erscheinen konnte, blieb oftmals nur die Wahl der sozialen Maskierung in einer Ehe. Wie viele Männer dem sozialem Druck nicht standzuhalten vermochten und aus eignem Entschluss den Tod wählten, lässt sich im Nachhinein nicht mehr feststellen. Vermutlich war ihre Zahl nicht unbeträchtlich.

III.

Kriminalisierung, Unterdrückung und Verfolgung homosexueller Männer in der nationalsozialistischen Diktatur waren vielfältiger Art. Razzien, Denunziationen, Propaganda, Verschärfung des Strafrechts, Kastration, Gefängnis- und Zuchthausstrafen, Deportation in KZ bestimmten die gefährliche Melange der Politik des gegen sie gerichteten Terrors. Sie hatte verheerende und tragische Folgen für die persönlichen Schicksale einer Bevölkerungsgruppe, deren einzige »Schuld« darin bestand, auf Grund einer nicht willentlich steuerbaren Andersartigkeit ihre Sexualpartner in den Reihen des eigenen Geschlechts zu suchen.

Charakteristisch für diese Politik waren die Radikalität der Verfemungen und Repressionsmaßnahmen, die bürokratische Perfektion der zur wichtigen Staatsaufgabe erklärten Erfassung, Bestrafung und Umerziehung homosexueller Männer, die weit über den Rahmen der ohnehin fragwürdigen Regelungen angewandte Willkür der Unterdrückungspraxis sowie die Aufgabe jeglicher Rücksichtnahme auf die Lebenssituation der Betroffenen. Sie repräsentierte eine totale Missachtung fundamentaler Persönlichkeitsrechte und führte in ihren praktischen Auswirkungen zu unmenschlichen Formen des Umgangs. In einem in der Geschichte bislang unbekannten Ausmaß beschnitt sie die Lebensmöglichkeiten aller homosexuellen Männer in Deutschland und machte sie alle – egal ob KZ-Inhaftierte, Justizhäftlinge oder verschont Gebliebene – zu Opfern.

Peter Jahn

Sowjetische Kriegsgefangene und die Zivilbevölkerung der Sowjetunion als Opfer des NS-Vernichtungskrieges

Zweifellos nimmt der Zivilisationsbruch der nationalsozialistischen Herrschaft im historischen Selbstverständnis der deutschen Gesellschaft heute im Abstand von sechzig Jahren einen deutlich größeren Platz ein als im Abstand von zehn oder zwanzig Jahren. Stand in den fünfziger und sechziger Jahren des 20. Jahrhunderts die Betonung der eigenen Leiden und Opfer – als Soldat in Krieg und Gefangenschaft, als Zivilist durch Bombenkrieg und Vertreibung – im Vordergrund der öffentlichen Erinnerung und versuchte nur eine kleine Minderheit, die meist unwillige gesellschaftliche Mehrheit an die Dimension nationalsozialistischer Verbrechen zu erinnern, so ist heute ein breiter öffentlicher Konsens darüber vorhanden, dass die nationalsozialistische Herrschaft durch historisch beispiellose Verbrechen charakterisiert ist.[1] Das Verzeichnis der Orte öffentlichen Gedenkens an nationalsozialistische Verbrechen in der Bundesrepublik füllt mit 1 800 Seiten zwei dicke Bän-

---

1 Zu dieser Entwicklung seit den fünfziger Jahren vgl. Frei, Norbert, Vergangenheitspolitik. Die Anfänge der Bundesrepublik und die NS-Vergangenheit, München 1996; Reichel, Peter, Vergangenheitsbewältigung in Deutschland. Die Auseinandersetzung mit der NS-Diktatur von 1945 bis heute, München 2001; Assmann, Aleida, und Ute Frevert, Geschichtsvergessenheit – Geschichtsversessenheit. Vom Umgang mit deutschen Vergangenheiten nach 1945, Stuttgart 1999.

de², Schulbücher geben einer kritischen Sicht auf die NS-
Herrschaft im Geschichtsunterricht breiten Raum, in Medi-
en und Kultur sind die Jahre 1933 bis 1945 ständiger Gegenstand der Darstellung. Nicht zuletzt ein groß dimensionier-
tes Denkmal, das im Zentrum deutscher Staatsrepräsenta-
tion an den Völkermord an den europäischen Juden erinnern
wird, ist ein deutliches Zeugnis dieses Selbstverständnisses.³

Auch wenn dem Historiker bei der Auseinandersetzung
mit diesem Thema oft genug Simplifizierungen und Ver-
zeichnungen der historischen Realität auffallen und in der
künstlerischen Auseinandersetzung nicht selten das gut Ge-
meinte an die Stelle des adäquat Gestalteten tritt, ist die
grundsätzliche Bereitschaft der deutschen Öffentlichkeit, diesem schwarzen Abschnitt der eigenen Geschichte einen solch
bedeutenden Platz einzuräumen, ein enormer Fortschritt gegenüber einem traditionellen und damit vorrangig affirmati-
ven Geschichtsbild. Nach einem derart tiefen Bruch kann Geschichte in Deutschland nicht länger die Labeflasche sein,
aus der bei kollektivem psychischem Bedarf ein aufbauender
Schluck für das Bewusstsein eigener Qualität und Größe genommen wird. Zugleich offenbart der beinahe alltägliche
Verweis auf das Jahrhundertverbrechen des Nationalsozialismus eine Verengung im Geschichtsbild der breiten Öffent-

---

2 Puvogel, Ulrike, und Martin Stankowski, Gedenkstätten für die Opfer des
 Nationalsozialismus. Eine Dokumentation, Bd. 1, Bonn 1995 (zweite, erweiterte Auflage); Endlich, Stefanie, Nora Goldenbogen und Beatrix Herle-
 mann, Gedenkstätten für die Opfer des Nationalsozialismus. Eine Dokumentation, Bd. 2, Bonn 1999.

3 Heimrod, Ute, Günter Schlusche und Horst Seferens (Hrsg.), Der Denk-
 malstreit – das Denkmal? Die Debatte um das »Denkmal für die ermordeten Juden Europas«. Eine Dokumentation, Berlin 1999. Vgl. auch: Cullen,
 Michael S., Das Holocaust-Mahnmal. Dokumentation einer Debatte, Zürich 1999.

lichkeit, verbunden mit einer Verfestigung und Kanonisie-
rung der Vorstellungen über nationalsozialistische Herrschaft und Verbrechen, aus dem wesentliche Teile ausgeblendet sind.

Als Beispiel für dieses verengte Bild des Nationalsozialismus soll die Rede von Bundespräsident Johannes Rau zum
27. Januar 2001 dienen. In dieser eindrucksvollen Ansprache
werden die jüdischen Opfer gar nicht erst gesondert erwähnt;
sie sind die gesamte Zeit präsent. In einem Absatz werden
dann die anderen Opfergruppen zusammenfassend aufge-
zählt: »Die ersten Opfer der systematischen Selektions- und
Vernichtungspolitik waren Behinderte. Sie werden oft vergessen. Inzwischen wissen wir, dass das Euthanasieprojekt ...
ganz eng mit der systematischen Vernichtung der europäischen Juden verknüpft war. Viel zu lange haben wir nicht
wahrgenommen und nicht anerkannt, dass auch Sinti und
Roma Opfer rassistischer Verfolgung waren, weil sie nicht
dem nationalsozialistischen Menschenbild entsprachen ...
Wenn wir über die Opfer sprechen, dürfen wir auch die Homosexuellen nicht vergessen.«[4]

Aus Anlass der aktuellen Entschädigungsdebatte erinnert
Rau außerdem an die große Zahl von Zwangsarbeitern, denen
jetzt endlich eine finanzielle Kompensation für ihre Sklavenarbeit zugesprochen worden sei.

Im Einzelfall werden diesen Opfergruppen noch die ermordeten politischen Gegner des Nationalsozialismus hinzuge-
fügt; aber diese Rede kann als symptomatisch für den Stan-

---

4 Rede des Bundespräsidenten Johannes Rau bei der Sondersitzung des Deutschen Bundestages aus Anlass des Gedenktages für die Opfer des Nationalsozialismus am 26. Januar 2001, veröffentlicht auf der Internetseite
   des Bundespräsidialamtes: http://www.bundespraesident.de/dokumente/
   Rede/ix_30128.htm.

dard öffentlicher Erinnerung gelten. Bemerkenswert daran ist, dass außer der großen Mehrheit der europäischen Juden alle Opfer Deutsche waren oder doch als solche wahrgenommen wurden (dazu gehört auch der Umstand, die Erinnerung an die jüdischen Opfer wesentlich auf die deutschen Juden zu konzentrieren). So kreist auch die Diskussion über mögliche Denkmäler, die in Ergänzung des Denkmals für die ermordeten Juden errichtet werden könnten, durchaus konsequent um ebendiese drei genannten Opfergruppen: Behinderte, Sinti und Roma sowie Homosexuelle.

Es stellt sich die Frage, ob dieses gängige Bild in der Öffentlichkeit wenigstens annähernd der historischen Realität entspricht, ob es den Opfern nationalsozialistischer Vernichtungspolitik wirklich gerecht wird, aber auch, ob damit der Charakter der NS-Herrschaft angemessen erfasst wird. Diese zweite Frage ist weniger eine Frage nach der Moral als nach unserer Fähigkeit, uns mit ausreichender analytischer Schärfe dem deutschen Herrschaftssystem der Jahre 1933 bis 1945 zu nähern, es in seiner ganzen Bedeutung zu begreifen und nicht schaudernd vor dem emotional Unfassbaren auf halbem Wege stehen zu bleiben.

Im Folgenden geht es um einen Verbrechenskomplex der NS-Herrschaft, der im öffentlichen Diskurs von Politik und Medien weitgehend ausgeblendet wird: die Vernichtung des »jüdischen Bolschewismus« und die Eroberung von »Lebensraum im Osten« in der nationalsozialistischen Weltanschauung wie auch vor allem in der politischen Praxis der NS-Herrschaft – und die Dimension der Opfer dieser Politik.[5]

---

5 Aus der Literatur sei für die verschiedenen Bereiche dieses Themenfeldes in Auswahl genannt: Gerlach, Christian, Kalkulierte Morde. Die deutsche Wirtschafts- und Vernichtungspolitik in Weißrussland 1941 bis 1944, Hamburg 1999; Herbert, Ulrich, Fremdarbeiter. Politik und Praxis des »Ausländer-Einsatzes« in der Kriegswirtschaft des Dritten Reiches, Berlin/Bonn

Zum Kern nationalsozialistischer Ideologie und Politikvorstellungen gehörte – neben dem radikalen Antisemitismus und zugleich eng mit ihm verbunden – die Zielsetzung, durch die Vernichtung des kommunistischen Herrschaftssystems und seiner Träger in der Sowjetunion Osteuropa als Kolonialreich auf Dauer zu erobern und zu unterwerfen. Legitimiert wurde diese Expansion, die als Beschaffung von für die Deutschen notwendigem »Lebensraum« formuliert wurde, mit der rassistischen Vorstellung, dass die – ursprünglich sprachlich definierte – Völkergruppe der Slawen in der Hierarchie der »Rassen« Europas den untersten Platz einnähme, gleichsam schon ein Vorposten »Asiens« in Europa sei. Heinrich Himmler, der Reichsführer-SS, proklamierte am 4. Oktober 1943: »Mit Ausnahme von wenigen Erscheinungen ... ist dieses Mischvolk der Slawen aufgebaut auf einer Unterrasse mit eingesprengten Blutstropfen unseres Blutes, einer führenden Rasse, nicht fähig, sich selbst zu beherrschen und Ordnung

1985; Hamburger Institut für Sozialforschung (Hrsg.), Verbrechen der Wehrmacht. Dimensionen des Vernichtungskrieges 1941–1944. Ausstellungskatalog, Hamburg 2002; Jahn, Peter, und Reinhard Rürup, Erobern und Vernichten. Der Krieg gegen die Sowjetunion 1941–1945. Essays, Berlin 1991; Klein, Peter (Hrsg.), Die Einsatzgruppen in der besetzten Sowjetunion 1941/42. Die Tätigkeits- und Lageberichte des Chefs der Sicherheitspolizei und des SD, Berlin 1997; Lomagin, Nikita Andrejevitsch, Neisvestnaja Blokada [Unbekannte Blockade], 2 Bände, St. Petersburg 2002; Mallmann, Klaus-Michael, »Aufgeräumt und abgebrannt«. Sicherheitspolizei und »Bandenkampf« in der besetzten Sowjetunion. In: Paul, Gerhard, und Klaus-Michael Mallmann (Hrsg.), Die Gestapo im Zweiten Weltkrieg. Heimatfront und besetztes Europa, Darmstadt 2000, S. 503–520; Rössler, Mechthild, und Sabine Schleiermacher (Hrsg.), Der »Generalplan Ost«. Hauptlinien der nationalsozialistischen Planungs- und Vernichtungspolitik, Berlin 1993; Streit, Christian, Keine Kameraden. Die Wehrmacht und die sowjetischen Kriegsgefangenen 1941–1945, Bonn 1991 (1. Auflage 1978).

zu halten. Es ist fähig zu diskutieren, fähig zu debattieren, fähig zu zersetzen ... Ordnung zu halten ist diese menschliche Minderware heute genauso wenig fähig, wie sie es vor 700 oder 800 Jahren war.«[6]

Nach der ihnen zugeschriebenen rassischen Qualität seien diese Völker biologisch auf einem niedrigen, tiernahen Stand, der ihnen keinen anderen gesellschaftlichen Platz als den eines Sklaven oder Heloten unter germanischer Führung erlaube. Himmler erklärte weiter: »... achten Sie darauf, dass diese Untermenschen Sie immer ansehen, immer dem Vorgesetzten ins Auge sehen müssen. Das ist wie beim Tier. Solange es seinem Bändiger ins Auge sieht, so lange tut es nichts. Seien Sie sich aber immer darüber klar: Es ist eine Bestie. Mit dieser Einstellung werden wir den Russen ausnützen können, mit dieser Einstellung werden wir dem Slawen immer überlegen sein.«[7]

Von deren großer Zahl und der »jüdisch-bolschewistischen« Führung gehe eine Gefahr für Europa aus. Daher müsse die bolschewistische Führung generell vernichtet und die Menge der Slawen merklich dezimiert werden. Diese Zielsetzungen bezogen sich zwar vor allem auf die Sowjetunion, galten aber in Abstufungen ebenso für Polen, Tschechen und die südslawischen Völker.

Auch wenn diese Zielvorstellungen hinter aktuelle Fragen zurückgestellt, taktisch variiert oder gar – wie in der Zeit des Hitler-Stalin-Paktes – völlig verleugnet werden konnten, blieben sie stets eine Grundlinie der NS-Außenpolitik. Nach der

---

6 Rede des Reichsführers-SS bei der SS-Gruppenführertagung in Posen am 4. Oktober 1943. In: Der Prozess gegen die Hauptkriegsverbrecher vor dem Internationalen Militärgerichtshof. Nürnberg 14. November 1945 – 1. Oktober 1946. Amtlicher Text. Deutsche Ausgabe, Band 29, Nürnberg 1948, S. 118.

7 Ebenda, S. 124.

Grundrevision der Resultate des Ersten Weltkriegs durch militärische Gewalt, nach dem Triumph über dessen Sieger, Frankreich und Großbritannien, sollte – in den Augen der Verantwortlichen – der eigentliche Krieg zur Vernichtung des Bolschewismus und zur Eroberung von »Lebensraum« im Osten geführt werden.

Die Realisierung dieses »eigentlichen« Krieges wurde nach dem Sieg über Frankreich im Juli 1940 in Angriff genommen. Die Tatsache, dass Großbritannien nicht besiegt war und nach der verlorenen Luftschlacht auf absehbare Zeit nicht bezwungen werden konnte, schien den Krieg im Osten zusätzlich strategisch zu rechtfertigen: Denn wenn das Britische Empire mit den vorhandenen Kapazitäten Deutschlands nicht zu schlagen war, würde ein solcher Sieg mit den materiellen Ressourcen einer geschlagenen Sowjetunion, wie sie in den deutschen Projekten ausgemalt wurden, ohne Schwierigkeiten zu erreichen sein – zumindest in den Vorstellungen der politischen und militärischen Führung des Reiches.

Für unsere Fragestellung ist allerdings weniger die strategische Hybris der Planer als die politische Dimension der Planung dieses Krieges relevant: Denn mit der erklärten Zielsetzung der Vernichtung des Bolschewismus, der Aneignung und Ausbeutung der materiellen Ressourcen des Landes wurde schon Monate vor dem Beginn des deutschen, als völkerrechtswidriger Überfall organisierten Angriffs am 22. Juni 1941 ein Ensemble von Maßnahmen organisiert, die diesen Feldzug zum Vernichtungskrieg machten.

Weil von den Politoffizieren der Roten Armee eine »grausame und unmenschliche Behandlung unserer Gefangenen« zu erwarten sei, befahl das Oberkommando der Wehrmacht (OKW) mit dem Erlass vom 6. Juni 1941, dem »Kommissarbefehl«: »Die Urheber barbarisch asiatischer Kampfmethoden sind die politischen Kommissare. Gegen diese muss daher sofort und ohne Weiteres mit aller Schärfe vorgegangen werden. Sie sind daher, wenn im Kampf oder Widerstand ergriffen, grundsätzlich sofort mit der Waffe zu erledigen.«[8]

Was für die sowjetischen Streitkräfte der »Kommissarbefehl« war, regelten für die Zivilgesellschaft Befehle an die Einsatzgruppen von SS und Polizei. Demnach sollten in den besetzten Gebieten neben Trägern eines aktiven Widerstandes »höhere, mittlere und radikale untere Funktionäre der Partei, der Zentralkomitees, der Gau- und Gebietskomitees, Volkskommissare und Juden in Partei- und Staatsstellungen« exekutiert werden.[9] Für das Verhalten der Truppe gegenüber der sowjetischen Zivilbevölkerung wurde im »Kriegsgerichtsbarkeitserlass« ein Generaldispens erteilt: Selbst bei Verbrechen war nur in speziell genannten Fällen (wie Zerstörung von nutzbaren Gütern oder pathologischer Brutalität) eine gerichtliche Verfolgung als notwendig vorgesehen.[10]

Während mit diesen Befehlen gezielte Massenmorde für die Einsatzgruppen aus Sicherheitsdienst (SD) und Polizei geplant und für die Wehrmachtssoldaten die Grenzen zwischen

---

8 Richtlinien für die Behandlung politischer Kommissare. Erlass des Oberkommandos der Wehrmacht vom 6. Juni 1941. In: Bundesarchiv-Militärarchiv, RH 2/2082 (abgedruckt in: Ueberschär, Gerd R., und Wolfram Wette [Hrsg.], »Unternehmen Barbarossa«. Der deutsche Überfall auf die Sowjetunion 1941. Berichte, Analysen, Dokumente, Paderborn 1984, S. 313 f.).

9 Schreiben des Chefs der Sicherheitspolizei und des SD, Reinhard Heydrich, an die Höheren SS- und Polizeiführer vom 2. Juli 1941. In: Bundesarchiv R 70 Sowj./32 (abgedruckt in: Rürup, Reinhard [Hrsg.], Der Krieg gegen die Sowjetunion 1941–1945, Eine Dokumentation, Berlin 1991, S. 103 f.).

10 Erlass über die Ausübung der Kriegsgerichtsbarkeit im Gebiet »Barbarossa« und über besondere Maßnahmen der Truppe vom 13. Mai 1941. In: Bundesarchiv-Militärarchiv RH 22/155 (abgedruckt in: Ueberschär/Wette, »Unternehmen Barbarossa«, S. 305 ff.).

Töten im Kampf und Mord niedergerissen wurden, entwarf man auf einer höheren Ebene Projekte, in denen das Töten durch Gebrauch der Waffe überhaupt keine Rolle spielte. In den gemeinsamen Planungen der wirtschaftlich engagierten Ministerien und der Wirtschaftsstäbe der Wehrmacht schrieben die Beteiligen für die vorgesehene Ausbeutung der Ressourcen in einem scheinbar sachlich unanfechtbaren ökonomischen Kalkül den Hungertod von Millionen Landesbewohnern fest. So heißt es im Ergebnisprotokoll einer Besprechung verschiedener Staatssekretäre und militärischer Wirtschaftsplaner vom 2. Mai 1941: »1.) Der Krieg ist nur weiter zu führen, wenn die gesamte Wehrmacht im 3. Kriegsjahr aus Russland ernährt wird. 2.) Hierbei werden zweifellos zig Millionen Menschen verhungern, wenn von uns das für uns Notwendige aus dem Lande herausgeholt wird.«[11]

Dass hier keineswegs vage formuliert oder gedacht worden war, zeigen die drei Wochen später abgefassten Richtlinien des Wirtschaftsstabes Ost, Gruppe Landwirtschaft, vom 23. Mai 1941, in denen die Ausbeutungs- und Hungermaßnahmen umfassend beschrieben und begründet wurden: »Daraus folgt: Eine Abriegelung der Schwarzerdegebiete muss unter allen Umständen mehr oder weniger hohe Überschüsse aus diesen Gebieten für uns greifbar machen. Die Konsequenz ist die Nichtbelieferung der Waldzone einschließlich der wesentlichen Industriezentren Moskau und Petersburg ... Aus all dem folgt, dass die deutsche Verwaltung in diesem Gebiet wohl bestrebt sein kann, die Folgen

---

11 Aktennotiz über Ergebnis der heutigen Besprechung mit den Staatssekretären über »Barbarossa« am 2. Mai 1941. In: Staatsarchiv Nürnberg, NOKW (als Faksimile in: Museum Berlin-Karlshorst [Hrsg.], Erinnerung an einen Krieg, Berlin 1997, S. 81).

der eintretenden Hungersnot zu mildern ... Die Hungersnot ist dadurch dort nicht zu bannen. Viele zehn Millionen von Menschen werden in diesem Gebiet überflüssig und werden sterben oder nach Sibirien auswandern müssen. Versuche, die Bevölkerung dort vor dem Hungertode dadurch zu retten, dass man aus der Schwarzerdezone Überschüsse heranzieht, können nur auf Kosten der Versorgung Europas gehen.«[12]

Zieht man weitere Unterlagen heran, ging die deutsche Führung von circa dreißig bis vierzig Millionen Menschen aus, die in Folge dieser Besatzungspolitik verhungern würden. Hier waren keine mit Stacheldraht umzäunten Lager, keine Erschießungen oder Gaskammern zum Völkermord notwendig. Die Planungen dieses Massensterbens benötigten den Einsatz des staatlichen Gewaltapparates nur in geringem Umfang. Gerade deshalb haben sie praktisch keinen Platz in unserem kollektiven Gedächtnis gefunden. Wir finden hier nicht die erschreckenden Zeugnisse der Erfolgsmeldungen von Einsatzgruppen über den Judenmord, keine Tagesbilanz des KZ-Kommandanten über vergaste Juden, keine Fotos der Täter beim Morden, keine Fotos der ermordeten Opfer. Es fällt schwer, diese ökonomischen Überlegungen als Massenmord wahrzunehmen. Täter und Opfer waren meist räumlich weit voneinander getrennt. Und schließlich: Anders als der Völkermord durch Erschießen oder Giftgas ist der Massentod durch Ableitung oder Vernichtung ökonomischer Ressourcen kein spezifisches Phänomen der NS-Herrschaft (oder anderer blutiger Diktaturen), sondern weist strukturelle Parallelen mit der Weltökonomie der Gegenwart auf.

---

12 Wirtschaftspolitische Richtlinien für Wirtschaftsorganisation Ost, Gruppe Landwirtschaft vom 23. Mai 1941. In: Der Prozess, Band 36, S. 138, 144 f.

Diese Ausbeutungspolitik ist allerdings schon sehr früh gescheitert. Die Wehrmacht konnte nur einen Teil ihres Bedarfs aus den eroberten Gebieten ziehen und für den Rohstoff- und Nahrungsbedarf des Deutschen Reiches blieben lediglich symbolische Mengen. Das Deutsche Reich hat in den 22 Monaten des Hitler-Stalin-Paktes mehr Lebensmittel und Rohstoffe aus der Sowjetunion einführen können als in den drei Jahren der Besatzungsherrschaft. Ist also diese Planung und Befehlsgebung für die Praxis des Krieges bedeutungslos geblieben?

Auf der Grundlage des »Kommissarbefehls« sind mehrere tausend Politoffiziere der Roten Armee von der Wehrmacht oder dem SD exekutiert worden, bis sich der Befehl 1942 als kontraproduktiv für die eigene Kriegsführung erwies und aufgehoben wurde: Die Soldaten vieler sowjetischer Einheiten hatten sich vor ihren Politoffizier gestellt und selbst in aussichtsloser Lage den Kampf fortgesetzt. Die als *politische* Gegner exekutierten Opfer der Einsatzgruppen sind eher nach zehntausend bemessen, ohne dass hier eine auch nur annähernd genaue Zahl zu benennen wäre. Auch ist nicht einmal schätzungsweise bestimmbar, wie viele sowjetische Zivilisten Opfer straffreier deutscher Willkürherrschaft durch die Wehrmacht wurden. Aus Briefen und Tagebüchern deutscher Soldaten wissen wir, dass der »Kriegsgerichtsbarkeitserlass« gerade in den ersten Kriegsmonaten starke Impulse zur Enthemmung der Gewalt gegen Zivilisten gegeben hat. So notierte der im Dezember 1941 gefallene Unteroffizier Robert R.: »25.6.41. ... Meinungsverschiedenheiten über Erschießungen brechen hervor. Dabei wird erzählt, die Kradschützen hätten die Einwohnerschaft eines ganzen Dorfes samt Frauen und Kindern erschossen und ins selbst gegrabene Massengrab geworfen, weil die Einwohnerschaft hinterhältig war und den Kradschützen viele Verluste brachte ...

27. Oktober 1941 Brand in Michaelowska. Etwa mittags werde ich zum Chef geholt. Auftrag: Halbzug und zweiter Zug gehen auf der linken Seite der Bahn bis Michaelowska vor, auf
der rechten zurück. In jeder Ortschaft muss immer aufgehängt werden, es muss nach verdächtigen Elementen durchsucht werden. Verdächtige Elemente werden erschossen, vor
allem alles, was so halb soldatenmäßig daherkommt. Michaelowska wird in Brand gesteckt.«[13]

Dagegen hat eine beträchtlich Zahl von Offizieren trotz des
Erlasses an traditionellen Disziplin- und Rechtsvorstellungen
festgehalten und diese auch durchgesetzt.

Die hier genannten Opferzahlen erscheinen jedoch beinahe
als marginal, wenn man sie in Bezug zu den großen und zentralen Opfergruppen deutscher Vernichtungspolitik setzt. Der
22. Juni 1941 stellt den Beginn der umfassenden und systematischen Organisation des Völkermordes an den europäischen
Juden dar. Der Krieg gegen die Sowjetunion, der politisch als
geradezu eschatologischer Kreuzzug gegen das Böse in Form
des »jüdischen Bolschewismus« und »asiatischer« Bedrohung
geführt wurde (mit den Worten des Oberkommandierenden
der Panzergruppe 4, Generaloberst Hoepner: »Es ist der alte
Kampf der Germanen gegen das Slawentum, die Verteidigung
europäischer Kultur gegen moskowitisch-asiatische Über-
schwemmung, die Abwehr des jüdischen Bolschewismus«.[14])
und zugleich als große ethnische Flurbereinigung geplant war,
ließ alle bis dahin noch wirksamen Hemmungen schwinden.
Noch in der Experimentierphase des Jahres 1941 und ohne

---

13 Auszüge aus dem Tagebuch des Unteroffiziers Robert R., Abschrift im Mu-
     seum Berlin-Karlshorst.
14 Kdr. Pz. Gr. 4, Ia Nr. 20/41g.Kdos. vom 2. Mai 1941, Aufmarsch- und
     Kampfanweisung »Barbarossa«, Anl. 2: Kampfführung. In: Bundesarchiv-
     Militärarchiv, LVI.A.K., 17 956/7a.

zentrale Befehlsgebung zur Vernichtung wurden in den besetzen Gebieten der UdSSR etwa 500 000 Juden ermordet. In diesen Mordaktionen fanden die Einsatzgruppen ihr eigentliches Tätigkeitsfeld. Insgesamt waren es bis 1944 nach zurückhaltender Schätzung um die zwei Millionen Juden, die im sowjetischen Besatzungsgebiet ermordet wurden.[15]

Zum anderen wurden jetzt die Konsequenzen aus dem zentralen ökonomischen Kriegsziel gezogen, das ja vermeintlich nur durch den Hungertod von mehreren zehn Millionen Menschen zu erreichen war. Da die deutsche Führung 1941 mit einem Blitzkrieg von maximal vier Monaten rechnete und zu diesem Zeitpunkt auch nicht glaubte, sowjetische Arbeitskraft in nennenswertem Umfang zu benötigen, traf diese Wahnidee jene Menschen, die sich im deutschen Herrschaftsbereich befanden. Und das waren an erster Stelle die sowjetischen Kriegsgefangenen: allein drei Millionen bis zum Frühjahr 1942, bis 1945: 5,7 Millionen. Bereits bis zum Frühjahr 1942 starben zwei Millionen von ihnen in deutscher Gefangenschaft. Die größte Gruppe ist dem Hungertod ausgesetzt worden, als unter der Prämisse des Blitzkrieges und -sieges »überflüssige Esser«, die als »rassisch minderwertig« und »bolschewistisch verseucht« angesehen wurden, vernichtet werden sollten. Der Nahrungsentzug war nur sekundär Folge von Organisationsdefiziten; vor allem fügte er sich in die vorhandenen Planungen. Vor diesem Hintergrund konnte der Chef der militärischen Versorgung, Generalquartiermeister Wagner, auf einer Chefbesprechung der Heeresgruppe Mitte im November 1941 apodiktisch postulieren: »Nichtarbeitende

---

15   Robel, Gert, Sowjetunion. In: Benz, Wolfgang (Hrsg.), Dimension des Völkermords. Die Zahl der jüdischen Opfer des Nationalsozialismus, München 1991, S. 499–560.

Kriegsgefangene in den Gefangenenlagern haben zu verhungern.«[16] Als man auf deutscher Seite nach dem Ende der Hoffnung auf einen schnellen Sieg merkte, dass die Arbeitskraft dieser Kriegsgefangenen zur Fortsetzung des Krieges benötigt wurde, setzte die deutsche Führung ab Ende 1941 auf die Ausnutzung der Kriegsgefangenen. Damit verringerte sich zwar die Todesrate, aber die Versorgung blieb, durchaus im Unterschied zu den Kriegsgefangenen anderer Länder unter deutscher Herrschaft, so niedrig, dass bis Kriegsende noch einmal eine Million sowjetische Gefangene ums Leben kamen.

Die sowjetischen Kriegsgefangenen waren jedoch nur Teil in einem umfassenderen Vernichtungskalkül, das stärker noch auf große Teile der Zivilbevölkerung zielte. So war 1941 praktisch für die gesamte Zivilbevölkerung Leningrads der Hungertod nach der erwarteten Kapitulation der Stadt vorgesehen. Der 1. Generalstabsoffizier der 18. Armee, die seit September 1941 Leningrad belagerte, notierte dazu am 13. November 1941: »Es kann keinem Zweifel unterliegen, dass insbesondere Leningrad verhungern muss, denn es ist unmöglich, diese Stadt zu ernähren. Aufgabe der Führung kann es nur sein, die Truppe hiervon und von den damit verbundenen Erscheinungen fern zu halten.«[17]

Es war in diesem Sinne während der Belagerung folgerichtig, Bewohner der Stadt, die zu fliehen versuchten, durch Artilleriefeuer und Minenfelder in die Stadt zurückzutreiben, denn: »In Frage steht nur, wo, nicht ob Zivilisten verhungern«, so der Oberquartiermeister der 18. Armee.[18] Mindestens 800 000 Einwohner Leningrads (nach anderen Schät-

16 Staatsarchiv Nürnberg, NOKW–1 535.
17 Ebenda.
18 Bundesarchiv-Militärarchiv, RH 20–18/1 204 (abgedruckt in: Blockade. Leningrad 1941–1944, S. 43 ff.).

zungen sogar 1,2 Millionen) sind in der eingekesselten Stadt verhungert, mehr als zwei Millionen hätten es im Falle einer Kapitulation sein sollen. Auch für Moskau war nach einer etwaigen Eroberung die Auslöschung der Stadt vorgesehen.

Was für die russischen Metropolen im großen Rahmen geplant war, spielte sich im Herbst und Winter 1941/42 überall im besetzten Gebiet in kleinerem Maßstab ab – insbesondere dort, wo sich Flüchtlinge konzentrierten, die von ihren alten Lebensgrundlagen abgeschnitten waren. Die deutsche Obrigkeit weigerte sich in dieser Zeit kategorisch, für die Ernährung der Zivilbevölkerung zu sorgen. Die Prioritätenliste für erfasste Lebensmittel sah an erster Stelle die Wehrmacht vor Ort, an zweiter Stelle den Bedarf des Deutschen Reiches und erst am Ende die Zivilbevölkerung des besetzten Landes vor. Der millionenfache Hungertod war damit einkalkuliert. Genaue Zahlen, die die zivilen Hungertoten aller Besatzungsgebiete umfassen, existieren nicht, aber allein für Charkow werden mindestens 12 000 Opfer bis zum Herbst 1942 angegeben. Wir müssen wohl letztlich von Millionen sowjetischen Zivilisten ausgehen, die als »überflüssige Esser« wissend dem Hungertod preisgegeben worden sind.

Dass diese Planung und Praxis der ungezielten Vernichtung von Zivilisten durch Hunger ab Anfang 1942 nicht mit der Konsequenz der ersten Monate fortgesetzt wurde, war in der Entwicklung der Kriegslage begründet. Das Ausbleiben des erhofften Blitzsieges ließ die sowjetische Bevölkerung wie die Kriegsgefangenen als Arbeitskräfte bedeutsam werden, die deshalb – wenigstens vorläufig – auf einem möglichst niedrigen Niveau am Leben zu erhalten waren. Die folgende Praxis war durch die andauernde Konkurrenz zweier Prioritäten gekennzeichnet: auf der einen Seite die Forderung nach Ausnutzung der vollen Arbeitskraft männlicher und weiblicher Zwangsarbeiter, der Kriegsgefangenen sowie der örtlichen Bevölkerung im Besatzungsgebiet; auf der anderen Seite die rassistisch begründete Vorstellung, dass diese Menschen auf einer niedrigeren Lebensstufe stünden und – von barbarischen Instinkten beherrscht – allein durch ihre zahlreiche Existenz eine Gefahr darstellten, so dass sie jenseits ihrer gegenwärtigen Arbeitsfähigkeit für das Deutsche Reich kein Lebensrecht besäßen.

In seiner bereits zitierten Rede vor SS-Führern in Posen am 4. Oktober 1943 hat Heinrich Himmler diese Grundsätze deutlich benannt: »Ob die anderen Völker in Wohlstand leben oder ob sie verrecken vor Hunger, das interessiert mich nur soweit, als wir sie als Sklaven für unsere Kultur brauchen, anders interessiert mich das nicht. Ob beim Bau eines Panzergrabens zehntausend russische Weiber an Entkräftung umfallen oder nicht, interessiert mich nur so weit, als der Panzergraben für Deutschland fertig wird.«[19]

Als Resultat dieser Politik von intensiver Ausbeutung der Arbeitskraft und Vernichtung starben durch Hinrichtungen oder Hunger seit Mitte 1942 circa eine Million sowjetische Kriegsgefangene; die Zahl der getöteten Zivilisten ist um vieles weniger genau einzuschätzen, liegt aber vermutlich höher.

Denn gegenüber der Zivilbevölkerung wurde darüber hinaus von Anfang an mit dem Ziel der präventiven Beseitigung von Widerstand eine exzessive Terrorpolitik betrieben, die selbst unter vagstem Partisanenverdacht die Todesstrafe für ganze Dörfer und flächendeckend praktizierte. Die Forderung Hitlers vom Juli 1941, wer nur schief schaue, sei zu erschießen,[20] wurde in der Regel auch vor Ort umgesetzt. Da sich auf-

---

19 Rede des Reichsführers-SS in Posen, S. 122.
20 Aktenvermerk des Leiters der Parteikanzlei, Reichsleiter Martin Bormann vom 16. Juli 1941. In: Der Prozess, Band 38, S. 86 ff.

grund dieser Vorgehensweise der ursprünglich nur sporadische bewaffnete Widerstand tatsächlich immer mehr verstärkte, sind die Opfer im Kampf gefallener Partisanen und lediglich unter Verdacht ermordeter Zivilisten oft nicht mehr genau zu unterscheiden. Aber mit Sicherheit wurden – neben den Millionen Toten der Hungerpolitik – Hunderttausende Zivilisten Opfer dieser exzessiven Vernichtungspolitik.

Zu den genannten Gruppen sind schließlich noch die annähernd drei Millionen zur Zwangsarbeit nach Deutschland verschleppten »Ostarbeiter« zu zählen, die in der Hierarchie der Zwangsarbeiter noch unter den Polen standen und entsprechend schwere, demütigende Lebensbedingungen erlitten. Die Mehrzahl dieser Sklavenarbeiter hat überlebt, aber die Todesrate ist hoch gewesen: etwa 250 000 sowjetische Zwangsarbeiter sind in Deutschland gestorben. Am schlimmsten traf es die Kinder der sowjetischen und polnischen Zwangsarbeiterinnen; sie wurden zu Tausenden als Babys oder Kleinkinder einem meist mehrmonatigen Sterbeprozess durch Hunger und Vernachlässigung in so genannten Heimen ausgeliefert.[21]

Auch wenn unser Thema die sowjetischen Opfer nationalsozialistischer Vernichtungspolitik sind, sollte nicht aus dem Auge verloren werden, dass die rassistisch begründete Herrschaftslogik der Nationalsozialisten mit dem Feindbild des »slawischen Untermenschen« die anderen slawischen Völker Osteuropas, insbesondere die Polen, einschloss und dass Mord wie auch Hunger dort ebenso Opfer in Millionenzahl gefordert haben. So zählt die polnische Geschichtsschreibung neben den drei Millionen polnischen Juden auch weitere drei Millionen nichtjüdische Polen als Opfer der fünfjährigen

---

21 Schwarze, Gisela, Kinder, die nicht zählten. Ostarbeiterinnen und ihre Kinder im Zweiten Weltkrieg, Essen 1997.

deutschen Besatzungsherrschaft. Selbst wenn dies als Maximalwert anzusehen ist, bleibt bei vorsichtiger Schätzung eine Opferzahl von mehr als zwei Millionen.[22]

Es ist als Zwischenresümee festzuhalten, dass Millionen von Menschen als Folge einer Politik der Eroberung und Entvölkerung so genannten Lebensraums sowie der physischen Vernichtung der Träger eines (als jüdische Verschwörung definierten) Herrschaftssystems durch direkte Gewalt oder durch Hunger in der Sowjetunion ermordet worden sind. Die schlagwortartige Kennzeichnung dieses Völkermordes als »der andere Holocaust« ist jedoch verfehlt, weil damit die Unterschiede zwischen beiden Verbrechen allzu schnell eingeebnet werden. Dabei ist nicht die Zahl der Opfer das Kriterium. Denn so unsicher auch die Zahlenschätzungen sind, ist doch die Gesamtzahl der als »slawische Untermenschen« Ermordeten eher höher als die der ermordeten Juden gewesen. Aber während die Abwehr dessen, was in der nationalsozialistischen Vorstellung »Juden« waren, im Zentrum dieses Emotions- und Ideenkomplexes stand und die Machthaber schließlich obsessiv das Ziel der vollständigen physischen Vernichtung der jüdischen Bevölkerung im eigenen Herrschaftsbereich verfolgen ließ, war die Zielsetzung der Politik gegenüber den Slawen deren millionenfache Dezimierung, um die Überlebenden als Reservoir für Sklavenarbeit zu erhalten. Man wird im Rückblick die jeweils geltende Handlungslogik gegenüber beiden Opfergruppen im Blick behalten müssen – auch wenn damit für die Millionen Opfer aus beiden Gruppen das Leid nicht um ein Jota verkleinert wird. Denn wenn wir diesen vor allem durch Hunger praktizierten Genozid an den slawischen Völkern in der Erinnerung marginalisieren, verzichten

---

22 Madajczyk, Czeslaw, Die Okkupation Nazideutschlands in Polen 1939–1945, Berlin (DDR) 1987.

wir darauf, uns einen umfassenden Begriff von NS-Herrschaft zu machen. Was der Historiker Andreas Hillgruber bereits 1972 programmatisch im Titel eines Aufsatzes formulierte, hat auch heute noch Gültigkeit: »Die Endlösung und das deutsche Ostimperium als Kernstück des rassenideologischen Programms des Nationalsozialismus«.[23] Um sich von der Vergangenheit tatsächlich zu lösen, ist es jedoch unabdingbar, die Komplexität dessen, was die NS-Herrschaft ausmachte, zu erfassen.

Wie sind die Deutschen (im Folgenden beschränkt auf die Bundesrepublik Deutschland) nach 1945 mit dieser ungeheuerlichen Tat des Völkermords an »slawischen Untermenschen« im Osten umgegangen? Angesichts der zitierten beispielhaften Rede des Bundespräsidenten ist die Antwort im Wesentlichen klar. Dabei ist, konträr zum öffentlichen Bewusstsein, seit den siebziger Jahren in der historischen Wissenschaft zur Aufklärung dieser großen Verbrechen in der Sowjetunion sehr viel getan worden. Und seit 1990 ist auch etliches geschehen, um eine größere, nicht fachwissenschaftliche Öffentlichkeit mit dem Thema zu konfrontieren.[24] Der ungeheuer mühselige, über Jahrzehnte gehende Prozess der

---

23 Hillgruber, Andreas, Die »Endlösung« und das deutsche Ostimperium als Kernstück des rassenideologischen Programms des Nationalsozialismus. In: Vierteljahreshefte für Zeitgeschichte 20 (1972); auch in: Funke, Manfred (Hrsg.), Hitler, Deutschland und die Mächte. Materialien zur Außenpolitik des Dritten Reiches, Bonn 1976, S. 94–114.

24 Neben einer größeren Zahl von wissenschaftlichen Veröffentlichungen (siehe Anmerkung 5) sind hier vor allem dokumentierende Ausstellungen zu nennen: 1991 »Der Krieg gegen die Sowjetunion 1941–1945« der Stiftung Topographie des Terrors; 1995 »Vernichtungskrieg. Verbrechen der deutschen Wehrmacht« sowie die nach heftigen Kontroversen völlig revidierte Neufassung von 2001 »Verbrechen der Wehrmacht. Dimensionen des Vernichtungskrieges 1941–1944«; auch die 1995 eröffnete Dauerausstellung des Museums Berlin-Karlshorst »Erinnerung an einen Krieg«.

Entfaltung von Erinnerung und Mitgefühl gegenüber den ermordeten Juden macht deutlich, was vor uns liegt, wenn wir die Verbrechen an der nichtjüdischen Bevölkerung Osteuropas in das kollektive Gedenken an die Opfer des Nationalsozialismus aufnehmen wollen.

Die Gründe, die zu dieser weitgehenden Verdrängung des Themas aus der deutschen Diskussion über den Nationalsozialismus führten, zu benennen, ist nicht schwierig: Zum einen wehrten sich die angegriffenen Russen, und der Krieg kam – mit aller Grausamkeit und Brutalität – nach Deutschland zurück, verstärkt durch ein politisches System, das ohnehin wenig Rücksicht auf menschliches Leben nahm. So verdeckte die millionenfache Erinnerung an eigenes Leid bei Kriegsende oder in der Kriegsgefangenschaft die Taten von Deutschen in Osteuropa. Zugleich bot diese Erfahrung ein Alibi für die Verweigerung der Auseinandersetzung, als habe Geschichte erst 1945 begonnen. Gefördert wurde eine solche Haltung durch die politische Konstellation des Kalten Krieges, die für die Mehrheit der Deutschen zwar nicht die Rechtfertigung der NS-Diktatur, aber des Krieges im Osten als quasi vorweggenommener Verteidigung des christlichen Abendlandes und der westlichen Demokratie an den Ufern von Dnjepr und Wolga ermöglichte. Hinzu kam schließlich, dass selbst in einer Zeit, als die Sowjetunion beziehungsweise Russland und die Bundesrepublik Deutschland wieder miteinander kommunizierten, auch von dort keine kritischen Fragen und Impulse kamen. Die Opfer spielten in der für das sowjetische und auch russische Selbstverständnis außerordentlich wichtigen Erinnerung an den Krieg nur eine, hinter der immer wiederholten Selbstvergewisserung des Sieges deutlich nachgeordnete Rolle. Die Erforschung und Bewusstmachung ihrer Leidensgeschichte nimmt im öffentlichen Bewusstsein Russlands bis heute keinen großen Platz ein. Kriegsgefangene blieben bis in die neunziger Jahre hinein als Feiglinge oder gar Verräter stigmatisiert. So gab es auch keinen Druck seitens der Opfer, der die deutsche Öffentlichkeit zu einer Auseinandersetzung nötigte.

Wie sollte aber an diese nach vielen Millionen zählenden Opfer des Völkermordes erinnert werden? Etwa durch ein weiteres Denkmal? Was könnte durch ein Denkmal den Nachgeborenen von der Dimension des Verbrechens wie auch von von Scham und Trauer nahegebracht werden? Die Diskussion über das Ob und Wie eines Informationszentrums am Denkmal für die ermordeten Juden Europas hat gezeigt, dass selbst bei diesem Verbrechen, das zumindest in seinen Grundzügen Bestandteil der kollektiven Erinnerung geworden ist, ein Kunstwerk allein nicht zu vermitteln vermag, was zu überliefern und mitzuteilen notwendig ist. Diese Frage würde sich umso schärfer bei einem möglichen Denkmal stellen, das an die ermordeten Slawen erinnert, weil dieser Völkermord nur ansatzweise im öffentlichen Gedächtnis verankert und der Aufklärungsbedarf entsprechend groß ist. So ist ein Ort der Information mit Sicherheit wichtiger als ein Denkmal, das mit – notwendigerweise – unzureichenden Symbolen die Tat zu vermitteln versucht.

Das deutsch-russische Museum in Berlin-Karlshorst erfüllt zu einem Teil diese Aufgabe, denn es informiert und erinnert in seiner Dauerausstellung über den Krieg im Osten an zentraler Stelle auch über den Völkermord auf dem Gebiet der Sowjetunion: an Juden, Kriegsgefangenen und an der nichtjüdischen Zivilbevölkerung. Doch das Thema der Museumsausstellung, das von der deutschen und der russischen Trägerseite 1991 beschlossen wurde, ist dieser Krieg in seiner Totalität und schließt daher die gefallenen Soldaten ebenso wie die Opfer unter der deutschen Zivilbevölkerung im Jahre 1945 ein.[25]

Polnische und Opfer anderer slawischer Bevölkerungsgruppen, etwa der Serben, finden hingegen kaum Erwähnung.

Daher kann das Museum in Karlshorst kaum der einzige Ort sein, um an jene Menschen zu erinnern, die als Slawen Opfer der nationalsozialistischen Vernichtungspolitik wurden. Zudem ist das Museum als historischer Ort, an dem mit der Kapitulation der deutschen Wehrmacht der Krieg beendet wurde, ein gutes Stück vom Zentrum Berlins entfernt, wo sich die anderen Stätten des Gedenkens und Erinnerns befinden oder errichtet werden. Auch daher sollte es nicht der einzige Ort der Erinnerung sein. So unbequem eine Erweiterung der inzwischen weitgehend ausbalancierten »moral economy« sein mag, ein Marginalisieren oder gar Vergessen dieser Opfer im repräsentativen Gedenken der Bundesrepublik Deutschland würde früher oder später als massiver Vorwurf auf diese Gesellschaft und ihren Staat zurückfallen – und er wäre begründet.

Was könnte uns einer angemessenen Erinnerung ein Stück näher bringen? Vorstellbar wäre ein Gebäude mit vielleicht 1 500 Quadratmetern Ausstellungsfläche – direkt gegenüber dem Ehrenmal für die gefallenen sowjetischen Soldaten im Tiergarten, auf der anderen Seite der Straße des 17. Juni –, in dem mit einer Dokumentation an die slawischen Opfer der NS-Politik erinnert würde. Es hängt vom politischen Willen ab, ob ein solches Projekt im Zentrum Berlins durchsetzbar ist.

---

25 Vgl. den Katalog »Erinnerung an einen Krieg«. Zum Konzept: Jahn, Peter, Das deutsch-russische Museum Berlin-Karlshorst. In: Asmuss, Burkhard, und Hans-Martin Hinz (Hrsg.), Historische Stätten aus der Zeit des Nationalsozialismus. Orte des Erinnerns, des Gedenkens und der kulturellen Weiterbildung? Zum Umgang mit Gedenkorten von nationaler Bedeutung in der Bundesrepublik Deutschland, Frankfurt/Main 1999, S. 224–240; ders., Gemeinsam an den Schrecken erinnern. Das deutsch-russische Museum Berlin-Karlshorst. In: Deutscher Museumsbund (Hrsg.), Museumskunde, Band 68 (1/2003), S. 30–36.

Gerhard Paul

»Deserteure – Wehrkraftzersetzer – Kapitulanten«
Die Opfer der NS-Wehrmachtjustiz

Mehr als 20 000 Todesopfer der NS-Wehrmachtgerichte waren der Preis dafür, dass die nationalsozialistische »Volks-« und »Wehrgemeinschaft« bis 1945 hielt und es 1945 zu keiner Neuauflage des »November 1918« kam. Vor allem in der letzten Kriegsphase nahm der Terror gegen die eigenen Soldaten geradezu hysterische Züge an. Umso mehr überrascht es, dass die Untersuchung dieser Opfergruppe des NS-Regimes noch immer lückenhaft und unvollständig ist.[1] Dokumentationen, Biografien und regionalgeschichtliche Darstellungen prägen das Bild.[2] Eine systematische Auswertung der erhalte-

---

1 Zum Forschungsstand siehe Ziemann, Benjamin, Fluchten aus dem Konsens zum Durchhalten. Ergebnisse und Perspektiven der Erforschung soldatischer Verweigerungsformen in der Wehrmacht 1939–1945. In: Müller, Rolf-Dieter, und Hans-Erich Volkmann (Hrsg.), Die Wehrmacht. Mythos und Realität, München 1999, S. 589–613; Haase, Norbert, und Gerhard Paul (Hrsg.), Die anderen Soldaten. Wehrkraftzersetzung, Gehorsamsverweigerung und Fahnenflucht im Zweiten Weltkrieg, Frankfurt/Main 1995; Haase, Norbert, Desertion – Kriegsdienstverweigerung – Widerstand. In: Steinbach, Peter, und Johannes Tuchel (Hrsg.), Widerstand gegen den Nationalsozialismus, Bonn 1994, S. 526–536. Unter vergleichendem Aspekt Bröckling, Ulrich, und Michael Sikora (Hrsg.), Armeen und ihre Deserteure. Vernachlässigte Kapitel einer Militärgeschichte der Neuzeit, Göttingen 1998.

2 Siehe etwa die Dokumentation von Haase, Norbert, Das Reichskriegsgericht und der Widerstand gegen die nationalsozialistische Herrschaft, Berlin 1993, und die Urteilssammlungen von Wüllner, Hermine (Hrsg.),

nen Bestände der zahlreichen Feldgerichte wie der Akten des
Reichskriegsgerichts steht noch aus.

Blutige Bilanz

Bis heute verfügen wir über keine verlässliche Zahl der Opfer
der deutschen Militärjustiz des Zweiten Weltkrieges, sondern
allenfalls über Annäherungswerte. Aus der bis Ende Juni 1944
vorliegenden Wehrmachtkriminalstatistik sowie aus diversen
Hochrechnungen[3] ist zwar bekannt, dass in allen drei Waffengattungen während des Krieges gegen mindestens drei
Millionen Soldaten Strafverfahren anhängig waren und
370 000 »schwere Strafen«, das heißt Zuchthaus- und Gefängnisstrafen mit mehr als einem halben Jahr, gegen Angehörige der Wehrmacht und ihr Gefolge ausgesprochen wurden, darunter allein 103 000 Urteile wegen »unerlaubter Entfernung« von der Truppe. Für die gesamte Kriegszeit schätzt
man, dass etwa 35 000 Urteile wegen Desertion sowie mindestens 30 000 Urteile wegen »Wehrkraftzersetzung« nach
Paragraph 5 der Kriegssonderstrafrechtsverordnung (KSSVO)

»... kann nur der Tod die gerechte Sühne sein«. Todesurteile deutscher
Wehrmachtgerichte. Eine Dokumentation, Baden-Baden 1997, und Grit-
schneder, Otto, Furchtbare Richter – Verbrecherische Todesurteile deutscher Kriegsgerichte, München 1998.

3 Hennicke, Otto, Über den Justizterror in der deutschen Wehrmacht am Ende des Zweiten Weltkrieges. In: Zeitschrift für Militärgeschichte 4 (1965),
S. 715–720; ders., Auszüge aus der Wehrmachtskriminalstatistik. In: Zeitschrift für Militärgeschichte 5 (1966), S. 438–456; Wüllner, Fritz, NS-Militärjustiz und das Elend der Geschichtsschreibung. Ein grundlegender For-
schungsbericht, Baden-Baden 1991; Messerschmidt, Manfred, und Fritz
Wüllner, Die Wehrmachtjustiz im Dienste des Nationalsozialismus. Zerstörung einer Legende, Baden-Baden 1987, S. 63 ff.

ergingen, worunter auch Urteile wegen Selbstverstümmelung, Wehrkraftentziehung und Kriegsdienstverweigerung fielen.[4]

Todesurteile gegen Angehörige der Wehrmacht und des Wehrmachtsgefolges wurden von den Wehrmachtsgerichten des Zweiten Weltkrieges einschließlich der Standgerichte der Kriegsendphase in rund 50 000 Fällen gefällt.[5] Etwa 1 400 Todesurteile sprach allein das zunächst in Berlin, seit 1943 dann in Torgau ansässige Reichskriegsgericht aus.[6] Die Statistik nennt bis zum 7. Februar 1945 1 189 ergangene Todesurteile, darunter 500 Urteile gegen Angehörige der drei Waffengattungen und 689 Urteile gegen Zivilpersonen (162 Reichsdeutsche, 527 Ausländer).[7] In Relation zu ihrer Größe erwies sich die Gerichtsbarkeit der Marine im Vergleich zu der der anderen Waffengattungen mit ebenfalls etwa 1 400 Todesurteilen als besonders radikal.[8] Glie-

---

4 KSSVO vom 17.8.1938, Reichsgesetzblatt (RGBl.) I, Nr. 147, 26.8.1939; Absolon, Rudolf, Das Wehrmachtsstrafrecht im 2. Weltkrieg. Sammlung der grundlegenden Gesetze, Verordnungen und Erlasse, Kornelimünster 1958.

5 Die folgenden Zahlen beziehen ausdrücklich auch österreichische Opfer der NS-Militärjustiz ein; siehe Vogl, Friedrich, Widerstand im Waffenrock. Österreichische Freiheitskämpfer in der Deutschen Wehrmacht 1938–1945, Wien 1977; Fritsche, Maria, Österreichische Deserteure aus der Deutschen Wehrmacht, Diplomarbeit Universität Wien 2001; dies. und Thomas Walter, Die rechtliche und gesellschaftliche Position der Wehrmachts-Deserteure in Österreich. In: Geschichtswerkstatt Marburg e. V. (Hrsg.), »Ich musste selber etwas tun«. Deserteure – Täter und Verfolgte im Zweiten Weltkrieg, Marburg 2000, S. 209–217; siehe demnächst die Ergebnisse des von Walter Manoschek geleiteten Forschungsprojekts »Österreichische Opfer der NS-Militärjustiz« des österreichischen Bundesministeriums für Bildung, Wissenschaft und Kultur.

6 Grundsätzlich Haase, Das Reichskriegsgericht.

7 Berechnet nach dem ebenda, S. 52, abgedruckten Dokument.

8 Ders., »Gefahr für die Manneszucht«. Verweigerung und Widerstand im Spiegel der Spruchtätigkeit von Marinegerichten in Wilhelmshaven (1939–1945), Hannover 1996, S. 66; Gruchmann, Lothar, Ausgewählte Dokumente zur deutschen Marinejustiz im Zweiten Weltkrieg. In: Vierteljahrshefte für Zeitgeschichte 26 (1978), S. 431–498.

dert man die Todesurteile und Vollstreckungen nach verschiedenen Verweigerungsformen auf, so fallen die bis Jahresmitte 1944 gefällten 22 750 Todesurteile wegen Desertion als größte Gruppe besonders auf. Weitere etwa 10 000 Todesurteile ergingen wegen »Wehrkraftzersetzung«.[9] Hinzu kamen mehrere tausend Todesurteile der in den Statistiken nicht mehr erfassten Urteile der Feldgerichte während der Kriegsendphase gegen Deserteure, Wehrkraftzersetzer, Plünderer, Meuterer und so weiter – allein von Januar 1945 bis Kriegsende noch einmal insgesamt 4 000 Todesurteile der regulären Militärjustiz – sowie 6 000 bis 7 000 Todesurteile, die Standgerichte verhängten.[10]

Von diesen vermutlich insgesamt etwa 50 000 Todesurteilen kamen zwischen 20 000 und 22 000 Urteile tatsächlich zur Vollstreckung, davon etwa 15 000 wegen Desertion und 6 000 wegen »Wehrkraftzersetzung«.[11] Diese Gesamtzahl steht zwar in Widerspruch zu der vom Oberkommando der Wehrmacht (OKW) bis Mitte 1944 ermittelten Zahl von 11 664 Todesurteilen, von denen neunzig Prozent vollstreckt wurden.[12] Geht man jedoch wie Manfred Messerschmidt davon aus, dass die Statistik höchst ungenau geführt wurde und der eigentliche Blutrausch der NS-Militärjustiz zu die-

---

9 Messerschmidt/Wüllner, Die Wehrmachtjustiz, S. 91.

10 Henke, Klaus-Dietmar, Die amerikanische Besetzung Deutschlands, München 1992, S. 81.

11 Berechnungen nach Messerschmidt/Wüllner, Wehrmachtjustiz, S. 138. Die Zahl von 20 000 vollstreckten Todesurteilen der NS-Militärjustiz hatte bereits Weisenborn, Günther, Der lautlose Widerstand. Bericht über die Widerstandsbewegung des deutschen Volkes 1933–1945, Frankfurt/Main 1974 (1. Auflage 1953), S. 403 f., vermutet.

12 Messerschmidt, Manfred, Deutsche Militärgerichtsbarkeit im Zweiten Weltkrieg. In: Vogel, Hans-Jochen, Helmut Simon und Adalbert Podlech (Hrsg.), Die Freiheit des Anderen. Festschrift für Martin Hirsch, Baden-Baden 1981, S. 113.

sem Zeitpunkt noch bevorstand, erscheint die hochgerech-
nete Zahl von über 20 000 vollstreckten Todesurteilen nicht
unrealistisch. Am höchsten waren die Vollstreckungsraten
bei den Standgerichten, die nahezu jedes Urteil vollstrecken
ließen, sowie beim Reichskriegsgericht. Von den dort bis Anfang Februar 1945 – bis hier reicht die Statistik – gefällten
1 049 Todesurteilen wurden 88,2 Prozent vollstreckt. Bei den
ausländischen Verurteilten lag die Vollstreckungsrate bei
über 92 Prozent. Zu diesen mehr als 20 000 und 22 000
Todesopfern der NS-Wehrmachtgerichtsbarkeit sind etwa
6 000 Soldaten hinzu zu zählen, die militärgerichtlich verhängte Zuchthausstrafen nicht überlebten, sowie eine unbekannte Zahl von Verurteilten, die an den Folgen der Haftzeit oft unmittelbar nach der Befreiung von 1945 verstarben.
Zu erinnern ist schließlich an jene in den vorliegenden Statistiken ebenfalls nicht mit erfassten Angehörigen etwa der
Waffen-SS, die von SS- und Polizeigerichten wegen ähnlicher Delikte zum Tode verurteilt wurden und sterben mussten.[13]

Die Orte der Vollstreckung überzogen das gesamte Deutsche
Reich und die besetzten Gebiete. Vielfach handelte es sich um
militärische Schießplätze wie den Marineschießplatz in Kiel-
Holtenau, wo allein mehrere hundert Marineangehörige erschossen wurden,[14] den Schießplatz Feliferhof in Graz, wo etwa
300 Todesurteile an Angehörigen der Wehrmacht und der Waf-

---

13 Vgl. Scheffler, Wolfgang, Zur Praxis der SS- und Polizeigerichtsbarkeit im
Dritten Reich. In: Doeker, Günther, und Winfried Steffani (Hrsg.), Klassen-
justiz und Pluralismus. Festschrift für Ernst Fraenkel zum 75. Geburtstag,
Hamburg 1973, S. 224–236.

14 Paul, Gerhard, Blutiges Terrain. Todesurteile und Exekutionen in Kiel. In:
ders., Landunter. Schleswig-Holstein und das Hakenkreuz, Münster 2001,
S. 271–279.

fen-SS zur Vollstreckung kamen,[15] den Schießplatz Wien-Ka-
gran, wo nach Beobachtungen eines Wehrmachtsgeistlichen
zwischen 1941 und 1943 mehr als 1 000 Hinrichtungen stattfanden,[16] um Wehrmachtsgefängnisse wie die in Anklam und
Fort Zinna in Torgau, wo 140 beziehungsweise tausend Erschießungen durchgeführt wurden,[17] um sonstige Wehr-
machtseinrichtungen wie Kriegsschiffe sowie um reguläre
Strafvollzugsanstalten. Aber auch auf dem freien Feld, wie in
den Dünen der Insel Sylt, und in den Industriebrachen und
Trümmerlandschaften der Großstädte, wie in der Berlin-Spand-
auer Murellenschlucht, ließ die NS-Militärjustiz ihre Urteile
vollstrecken. Obwohl in den Militärstrafgesetzen explizit vorge-
schrieben war, dass die Todesstrafe durch Erschießen zu vollziehen sei, wurden mindestens 5 000 Verurteilte durch Ent-
haupten und Erhängen umgebracht[18] – so auch in der Strafan-
stalt München-Stadelheim, wo 69 Deserteure und Kriegsdienstverweigerer enthauptet wurden.[19]

---

15 Karner, Stefan, und Harald Knoll, Der Feliferhof. Forschungsprojekt des
    BMLV/Büro für Wehrpolitik, durchgeführt vom Ludwig-Boltzmann-Institut
    für Kriegsfolgenforschung, Manuskript August 2001.

16 Vogl, Widerstand im Waffenrock, S. 216.

17 Siehe Ausländer, Fietje, »Zwölf Jahre Zuchthaus! Abzusitzen nach Kriegs-
    ende!« Zur Topographie des Strafgefangenenwesens der Deutschen
    Wehrmacht. In: Haase/Paul, Die anderen Soldaten, S. 55 f.; speziell zum
    Hinrichtungsort Torgau siehe Eberlein, Michael, Norbert Hasse und
    Wolfgang Oleschinski (Hrsg.), Torgau im Hinterland des Zweiten Welt-
    krieges: Militärjustiz, Wehrmachtsgefängnisse, Reichskriegsgericht, Leip-
    zig 1999.

18 Hennicke, Otto, und Fritz Wüllner, Über die barbarischen Vollstreckungs-
    Methoden von Wehrmacht und Justiz im Zweiten Weltkrieg. In: Wette,
    Wolfram (Hrsg.), Deserteure der Wehrmacht. Feiglinge – Opfer – Hoff-
    nungsträger, Essen 1995, S. 74

19 Reichelt, Stefanie, »Für mich ist der Krieg aus!«. Deserteure und Kriegs-
    dienstverweigerer des Zweiten Weltkriegs in München, München 1995,
    S. 106 ff.

Der Schreckensbilanz der NS-Militärjustiz des Zweiten Weltkrieges stehen rund 17 000 Todesurteile der zivilen Justiz bzw. der NS-Sonderjustiz in Gestalt der Sondergerichte und des Volksgerichtshofes für die gesamte NS-Zeit gegenüber, von denen etwa 75 Prozent vollstreckt wurden. Deutlich wird der Terrorcharakter der NS-Wehrmachtjustiz zudem, wenn man diese mit der deutschen Militärjustiz des Ersten Weltkrieges vergleicht, die insgesamt 150 Todesurteile aussprach, von denen 48 – davon 18 wegen Desertion – zur Vollstreckung kamen.[20] Noch eindeutiger fällt der Vergleich mit der Militärjustiz der westalliierten Kriegsgegner aus. Die Kriegsgerichte der Vereinigten Staaten verhängten zwischen 1941 und 1946 insgesamt 763 Todesurteile, von denen 146 vollstreckt wurden. In mehr als 99 Prozent erfolgten diese Urteile wegen Mordes und Vergewaltigung; nur in einem einzigen Fall wegen Desertion. Großbritannien vollstreckte im Zweiten Weltkrieg insgesamt 40 Todesurteile, davon 36 wegen Mordes, aber nur drei wegen Meuterei mit Anwendung von Gewalt und nur eines wegen Verrats. Frankreich schließlich ließ mindestens 102 Todesurteile vollstrecken, wobei eine Aufgliederung dieser Urteile nach Deliktgruppen nicht möglich ist. Allein diese wenigen Zahlen machen deutlich, dass – entgegen der Behauptung bundesdeutscher Entschädigungsbehörden – die Urteilspraxis der Wehrmachtjustiz des NS-Staates eine durchaus »typische nationalsozialistische Gewaltmaßnahme« darstellte. Sie wurde lediglich von den Urteilen sowjetischer Militärtribunale übertroffen, die zwischen 1941 und 1944 157 000 Todesurteile gegen ihre eigenen Leute verhängten.[21]

---

20 Vgl. Messerschmidt, Deutsche Militärgerichtsbarkeit.

21 Naumov, Vladimir Pavlovic, und Leonid E. Reschin, Repressionen gegen sowjetische Kriegsgefangene und zivile Repatrianten in der UdSSR 1941–1956. In: Müller, Klaus-Dieter, Konstantin Nikischkin und Günther

Die Angst vor einem »neuen November 1918«
und die Konstruktion des »asozialen Tätertypus«

In der besonderen Radikalität der NS-Militärjustiz kulminier-
ten mehrere Entwicklungen.[22] Während in der klerikal geprägten Welt des Mittelalters und der frühen Neuzeit religiöse
Abstraktionen die heterogenen Schichten zusammenhielten
und der Gotteslästerer in seiner vielfältigen Gestalt als Feind
Nummer eins galt, der mit allen zur Verfügung stehenden
Mitteln verfolgt und ausgemerzt werde musste, hat in der sä-
kularisierten Welt des modernen Nationalstaates – zumal in
seiner verspäteten deutschen Variante – der Begriff der Nation
den Gottes abgelöst. Dort, wo – wie in Deutschland – die Idee
eines Verfassungspatriotismus so wenig populär und die bür-
gerliche Revolution in ihren Kinderschuhen stecken geblieben war, avancierten Nationalismus und Militarismus zur
neuen Klammer, die vor allem im Wilhelminischen Reich des
ausgehenden 19. Jahrhunderts die in verschiedene Klassen,
Milieus und Landsmannschaften aufgespalten Deutschen
zusammenhielt. Gleichsam rauschartig bestimmten und
prägten sie das Fühlen, Denken und Handeln gleich mehrerer
Generationen und schufen somit einen Konsens, der die zum
Teil tiefen Gräben im Innern überbrückte. Das Vaterland und
seine personifizierten Verkörperungen galten als die zentralen identifikations- und sinnstiftenden Objekte, denen Gehorsam und Gefolgschaft entgegenzubringen waren. »Das erste
Erforderniß eines jeden Soldaten unserer Armee ist: religiöse

Wagenlehner (Hrsg.), Die Tragödie der Gefangenschaft in Deutschland und
der Sowjetunion 1941–1956, Köln/Weimar 1998, S. 331–360.
22 Siehe Messerschmidt, Manfred, »Zur Aufrechterhaltung der Manneszucht«. Historische und ideologische Grundlagen militärischer Disziplin
im NS-Staat. In: Haase/Paul, Die anderen Soldaten, S. 19–36.

Liebe und Anhänglichkeit an den König, und Heilighaltung des geleisteten Eides der Treue«, hieß es etwa in den Dienstvorschriften der Preußischen Armee aus dem Jahre 1874.[23] Der Zweifel, gar die Kritik an diesen Identifikationen und Ideologien galt als Vaterlandsverrat und zog Ächtung und Verfolgung nach sich. Der Vaterlandsverräter in Gestalt des internationalen Ideen verpflichteten Sozialisten, des an Rom orientierten ultramontanen Katholiken sowie des Deserteurs, der sein Vaterland gerade in der Not im Stich ließ, trat an die Stelle der mittelalterlichen und frühneuzeitlichen Gotteslästerer und Hexen. Dem mythischen Bild des »Frontkämpfers«, wie es etwa Ernst Jünger gezeichnet hatte, entsprach die negative Figur des »Etappenschweins« und Drückebergers.

Eine zusätzliche emotionale Aufladung erhielten die Begriffe Vaterlandsverräter und Deserteur durch die zeitgenössische Interpretation von Niederlage und Novemberrevolution 1918 durch die so genannte Dolchstoßlegende.[24] Kein Geschichtsbild der 1920er Jahre war so populär und hatte eine solche Langzeitwirkung wie die Legende vom »Dolchstoß« der meuternden Soldaten und revoltierenden Arbeiter, die den im Felde unbesiegten Soldaten angeblich in den Rücken gefallen seien. Für Hitler war die Novemberrevolution ein »Deserteurs-Putsch« gewesen, der Deutschland wehrlos gemacht habe. Verantwortlich hierfür erschien ihm unter anderem eine Kriegsgerichtsbarkeit, die Zersetzungserscheinun-

---

23 Zitiert nach ebenda, S. 22.

24 So etwa Jahr, Christoph, Die Militärjustiz als Steuerungsinstrument soldatischen Verhaltens in den Weltkriegen 1914 bis 1918 und 1939 bis 1945. In: Thoß, Bruno, und Hans-Erich Volkmann (Hrsg.), Erster Weltkrieg/Zweiter Weltkrieg. Ein Vergleich. Krieg, Kriegserlebnis, Kriegserfahrung in Deutschland, Paderborn 2002, S. 331.

gen nicht konsequent genug entgegengetreten sei. Erst durch eine »schwächliche Handhabung des Strafrechts« hätte ein »Heer von Verbrechern« den Zusammenbruch herbeiführen und »intensive Zersetzungsarbeit« betreiben können. In »Mein Kampf« hatte er hieraus die tödliche Folgerung abgeleitet: »Es muß der Deserteur wissen, daß eine Desertion gerade das mit sich bringt, was er fliehen will. An der Front kann man sterben, als Deserteur muß man sterben. Nur durch solch eine drakonische Bedrohung jedes Versuchs zur Fahnenflucht kann eine abschreckende Wirkung nicht nur für den einzelnen, sondern für die Gesamtheit erzielt werden.«[25]

Nicht nur Hitler, sondern der überwiegenden Mehrheit seiner Zeitgenossen galt der Deserteur als Todfeind Nummer eins, dem man in Verkennung der Realität die verhasste Republik von Weimar und die »Schmach von Versailles« aufbürdete und der daher mit allen verfügbaren Mitteln ausgerottet werden müsse. Vor allem aber schmerzte die Wunde von 1918 viele Weltkriegsteilnehmer auch ganz persönlich, wie Klaus Theweleit in seinen Untersuchungen der präfaschistischen »Männerphantasien« dargelegt hat.[26] Die Novemberrevolution bildete sowohl für den Gefreiten Hitler wie für Hindenburgs Generalstabschef Ludendorff das entscheidende traumatische Erlebnis des soldatischen Mannes.

Vor nichts hatten die Nationalsozialisten daher mehr Angst als vor einer Wiederauflage der Revolution von 1918. Diese Angst hatte im Laufe der Jahre geradezu Wahndimensionen angenommen. Kein Tag war ihnen so verhasst und besaß eine solch symbolische Bedeutung und Motivationskraft wie der

---

25 Hitler, Adolf, Mein Kampf, München 1933 (25. Auflage), S. 587.
26 Theweleit, Klaus, Männerphantasien. 2 Bde., Frankfurt/Main 1977/78.

9. November 1918. Nicht umsonst sollte er nach 1933 zum wichtigsten nationalsozialistischen Feiertag avancieren. Und nicht zufällig hatte Hitler am Tage des Überfalls auf Polen 1939 geschworen: »Ein November 1918 wird sich niemals mehr in der deutschen Geschichte wiederholen.«[27] Aus dieser Interpretation der Novemberrevolution heraus hatten die Nationalsozialisten am 12. Mai 1933, also fast unmittelbar nach ihrer Herrschaftsübernahme, die durch Artikel 106 der Weimarer Reichsverfassung aufgehobene Militärgerichtsbarkeit wieder eingeführt und diese bis Kriegsbeginn mit weitestgehenden Kompetenzen ausgestattet.

Vor dem Hintergrund des von den Nationalsozialisten konzipierten Idealbildes des »politischen Soldaten« als Schwert- und Bannerträger der nationalsozialistischen Idee wurde die Fahnenflucht nicht mehr primär wie im bisherigen Militärstrafrecht als Gefährdung der »Aufrechterhaltung der Manneszucht« und als Verstoß gegen Eid und Befehl gewertet, sondern als »verräterische Handlung gegenüber Führer und Volk«. Der Deserteur mutierte zum »Überzeugungstäter«, zur »entarteten Persönlichkeit«, seine Handlung zur »gemeinschaftswidrigen« Tat.[28] Anders als im Ersten Weltkrieg wurde die Militärgerichtsbarkeit nun konsequent in die Kriegspolitik des Dritten Reiches eingebaut und wurden ihr Funktionen bei der repressiv-terroristischen Durchsetzung von Hitlers Vernichtungsfeldzügen zugewiesen.

---

27 Zitiert nach Domarus, Martin (Hrsg.), Hitler. Reden und Proklamationen 1932–1945, München 1966, S. 1316.

28 So etwa Pietzner, Heinz, Die Fahnenflucht im Wehrstrafrecht, Diss. jur. Würzburg 1939. Siehe Schöngarth, Michael, und Michael Eberlein, Die Konstruktion des »asozialen Tätertyps«. In: Eberlein, Michael, Roland Müller, Michael Schöngarth und Thomas Werther, Militärjustiz im Nationalsozialismus. Das Marburger Militärgericht, Marburg 1994, S. 133–164.

Nach dem novellierten Militärstrafgesetzbuch (MStGB) von 1940 und den von Hitler selbst verfassten Richtlinien zur Fahnenflucht aus demselben Jahr war die Todesstrafe immer dann zu verhängen, wenn die Desertion gemeinschaftlich oder zum wiederholten Male erfolgt war, wenn der Deserteur versucht hatte, sich ins Ausland abzusetzen oder überzulaufen, wenn er erheblich vorbestraft war oder sich während seiner Flucht verbrecherisch betätigt hatte, wenn die Tat im Felde erfolgt war oder auch nur, wenn es aus Abschreckungsgründen geboten erschien, ein Exempel zu statuieren. Nach Paragraph 5 KSSVO konnte zudem jetzt auch derjenige mit dem Tode bestraft werden, der es unternahm, einen Soldaten von der Erfüllung seiner Dienstpflicht abzuhalten oder ihn zur Fahnenflucht zu verleiten.

Besonders in der Kriegsmarine war die Erinnerung an den Matrosenaufstand vom November 1918 lebendig geblieben. Allgemein galt er als Schandfleck und schwärzester Tag der Marinegeschichte. Für den Oberbefehlshaber der Kriegsmarine, Karl Dönitz, galt die Fahnenflucht als »eines der schimpflichsten soldatischen Verbrechen« und als ein »Treuebruch gegenüber dem Führer, den Kameraden und der Heimat«. 1943 hatte er apodiktisch gefordert: »Fahnenflucht kostet den Kopf« und für seine Person ausgeschlossen: »Ich selbst werde in allen Fällen jeden Gnadenerweis für einen Fahnenflüchtigen ablehnen.«[29] Von dieser Position rückte Dönitz auch nach seiner Ernennung zum Nachfolger Hitlers kurz vor Kriegsende nicht ab.

Spätestens seit den Tagen von Stalingrad im Frühjahr 1943, die nachhaltig den Glauben an die deutsche Unbesiegbarkeit

---

29 Erlass Oberbefehlshaber der Kriegsmarine vom 27.4.1943 betreffend Strafmaßnahmen bei Fahnenflucht, zitiert nach Absolon, Das Wehrmachtsstrafrecht, S. 78.

erschüttert hatten, befand sich die Justiz der Wehrmacht in einem Radikalisierungsprozess. Überall witterten die Kriegsrichter nun Zersetzung und Zerfall. Die Angst vor einem »neuen November 1918« machte die Runde. Sie begann, die Köpfe von Offizieren und Justizpersonal zu beherrschen. »Ich merze Revolutionstypen aus. Ich sorge dafür, dass es kein 1918 wieder gibt. Bei der Festsetzung des Strafmaßes berücksichtige ich, ob der Angeklagte einen Revolutionstyp abgeben könnte oder nicht«, erklärte etwa ein Kriegsrichter, der an einem Feldkriegsgerichtsverfahren teilgenommen hatte.[30]

Opfergruppen

Günter Fahle hat die Opfergruppe der ungehorsamen Soldaten nach ihrem Verhältnis zum militärischen Apparat in vier große Gruppen unterteilt.[31] Zunächst in jene, die bereits *vor* dem Eintritt in die Wehrmacht den Kriegsdienst manifest in Form der Musterungs-, Einberufungs- und Eidverweigerung ablehnten beziehungsweise sich eher latent durch Auswanderung und aktive Wehrunwürdigkeit dem Kriegsgeschehen zu entziehen versuchten. Dieser ersten Gruppe folgen jene, die *aus* dem militärischen Apparat der Wehrmacht zu fliehen versuchten (Desertion, Überlaufen zum Feind, Simulation, Selbstverstümmelung und Selbstmord). Eine weitere Form des Ungehorsams konnte die »Wehrkraftzersetzung« *innerhalb* der Wehrmacht in Form einer auf Kameraden und auf Zi-

---

30 Aussage Karl-Hans Seemann vom 6.5.1947, Landesarchiv Schleswig, Abt. 352 (Kiel), Nr. 1 689.
31 Fahle, Günther, Verweigern – Weglaufen – Zersetzen. Deutsche Militärjustiz und ungehorsame Soldaten 1939–1945. Das Beispiel Ems-Jade, Bremen 1990, S. 28 f.

vilisten gerichteten Gesprächs- und Verhaltenspropaganda
sein. Schließlich gab es Formen aktiver und passiver Befehlsverweigerung sowie die aktive Gegengewalt *im* Apparat, wozu
der tätliche Angriff auf Vorgesetzte oder deren Tötung, aber
auch Sabotage, Meuterei und Aufruhr zählten.

Die Urteilspraxis der NS-Militärjustiz richtete sich keineswegs nur gegen deutsche Wehrmachtsangehörige, sondern
auch gegen Zivilisten sowie in großer Zahl gegen Ausländer. Nach Fritz Wüllner unterteilen sich die 50 000 ausge-
sprochenen Todesurteile in 30 000 Urteile gegen deutsche
Wehrmachtsangehörige sowie in 20 000 Urteile gegen ausländische Legionäre, Angehörige des Wehrmachtsgefolges
wie die Beschäftigten der Organisation Todt (OT), Kriegsgefangene und Zivilisten in den besetzten Ländern[32] – darunter
6 000 Todesurteile gegen Kriegsgefangene sowie gegen
Kämpfer der europäischen Widerstandsbewegungen im deutschen Herrschaftsbereich.[33] Entgegen den Bestimmungen der
Genfer Konvention wurden Kriegsgefangene nach Paragraph 92 MStGB wegen »Ungehorsams«, wozu auch der verbotene geschlechtliche Umgang mit deutschen Frauen zählte,
wegen »Widersetzlichkeit« gegen das Wachpersonal sowie wegen Plünderung zum Tode verurteilt.[34] Aus Gründen der Rehabilitierung der »anderen« Soldaten des Zweiten Weltkrieges
hat sich die Forschung seit Ende der 1980er Jahre vor allem
auf die erstgenannte Gruppe und hier wiederum auf Soldaten
der deutschen Wehrmacht konzentriert, während die auslän-

---

32 Hennicke/Wüllner, Über die barbarischen Vollstreckungs-Methoden, S. 74
    und 94.
33 Hennicke, Über den Justizterror in der deutschen Wehrmacht, S. 716.
34 Werther, Thomas, Kriegsgefangene vor dem Marburger Militärgericht.
    In: Eberlein/Müller/Schöngarth, Militärjustiz im Nationalsozialismus,
    S. 245–291.

dischen Opfer der NS-Militärjustiz bislang kaum untersucht
worden sind. Zu erwähnen bleibt schließlich eine quantitativ
nicht unbedeutende Gruppe von deutschen und ausländischen Zivilisten, die Opfer der ideologischen Aufwertung krimineller Taten infolge der »Volksschädlingsverordnung« wurde, nach der auch einfacher Diebstahl und Mundraub von den
Kriegsgerichten mit dem Tode bestraft werden konnten und
wurden.

Kriegsdienstverweigerer

Zu denen, die sich bereits *vor* dem Eintritt in die Armee dem
Wehrdienst entzogen und damit in die Maschinerie der NS-
Wehrmachtjustiz gerieten, zählen einige hundert Kriegsdienstverweigerer. Die größte Gruppe bildeten dabei die Angehörigen der Religionsgemeinschaft der Zeugen Jehovas.[35]
Während vor 1939 die Ablehnung der Wehrdienstleistung
nach den Strafbestimmungen für Fahnenflucht nach den Paragraphen 69 und 70 MStGB und die Verweigerung des Fah-
neneides als »militärischer Ungehorsam« nach Paragraph
92 MStGB abgeurteilt wurden, wobei sich die Strafen zwischen ein und zwei Jahren Gefängnis bewegten, bestimmte
Paragraph 5 Absatz 1 Ziffer 3 KSSVO, dass wegen »Zersetzung

---

35 Garbe, Detlef, »Du sollst nicht töten«. Kriegsdienstverweigerer 1939–1945.
    In: Haase/Paul, Die anderen Soldaten, S. 85–104; zu den Zeugen Jehovas
    ders., Zwischen Widerstand und Martyrium. Die Zeugen Jehovas im »Drit-
    ten Reich«, München 1993; für München siehe Reichelt, »Für mich ist der
    Krieg aus!«, S. 56 ff., für Österreich Moos, Reinhard, Recht und Gerechtig-
    keit. Kriegsdienstverweigerung im Nationalsozialismus und die Zeugen Je-
    hovas. In: Kohlhofer, Reinhard (Hrsg.), Gewissensfreiheit und Militär-
    dienst, Wien 2000, S. 105–141.

der Wehrkraft« künftig auch derjenige mit dem Tode bestraft werde, der es unternimmt, sich »der Erfüllung des Wehrdienstes ganz, teilweise oder zeitweise zu entziehen«. Auch nach den »Grundsätzen des Reichskriegsgerichts« aus dem Jahre 1940, das als oberstes Wehrmachtsgericht seit Kriegsbeginn für die Prozesse gegen Kriegsdienstverweigerer zuständig war, stand das Strafmaß gegen diese Personengruppe a priori fest. Gegen den »hartnäckigen Überzeugungstäter« könne schon »wegen der propagandistischen Wirkung seines Verhaltens« nur die Todesstrafe verhängt werden.[36]

Einer jener »Überzeugungstäter« war der 1903 in einem kleinen Dorf an der dänischen Grenze geborene Daniel Scholz. 1942 erhielt er einen Gestellungsbefehl, auf den er noch am selben Tag mit dem Hinweis auf den Tod seines Vaters im Konzentrationslager (KZ) Sachsenhausen antwortete: »Am Sarge (meines Vaters – G.P.) gelobe ich, mich nie und nimmer auf die Seite derer zu stellen, die seinen Tod verschuldet oder auch nur stillschweigend gut geheissen hatten. Kein vernünftiger Mensch kann so etwas von mir verlangen, ich wäre nicht wert, ein Deutscher zu sein, ich müsste ein grosser Lump sein.« Zehn Tage später wurde Scholz festgenommen. Auf dem Wehrmeldeamt erklärte er, dass er es aufgrund seines Glaubens nicht mit seinem Gewissen vereinbaren könne, Kriegsdienst zu leisten. Auch in der Hauptvorhandlung vor dem Reichskriegsgericht blieb Scholz – wohl wissend um die Folgen – bei seinem Standpunkt. Nach Ansicht des Gerichtes erfüllte das Verhalten des Angeklagten den Straftatbestand des »Wehrkraftzersetzungs«-Paragraphen der KSSVO. Nach Auffassung des Gerichtes hatte der Angeklagte mit seiner beharrlich vertretenen Verweigerung die »Treuepflicht gegen-

---

36 Zitiert nach Garbe, »Du sollst nicht töten«, S. 88.

über seinem Vaterlande verletzt« und damit die Todesstrafe verdient.[37] Am 11. September 1942 bestätigte der Gerichtspräsident das Urteil, das wenige Tage später im Zuchthaus Brandenburg zur Vollstreckung kam.

Neben den mindestens 253 nach kriegsgerichtlichem Urteil hingerichteten Zeugen Jehovas finden sich nur einige Dutzend andere Kriegsdienstverweigerer, deren Entscheidungen von pazifistischen, religiösen und politischen Erwägungen geprägt waren. Die Literatur berichtet von insgesamt zwölf weiteren katholischen Kriegsdienstverweigerern, wie dem Österreicher Franz Jägerstätter[38] und dem österreichischen Pater Franz Reinisch[39], von acht Adventisten, vier evangelischen Christen, wie dem Sekretär der Berliner Geschäftsstelle des Internationalen Versöhnungsbundes Dr. Hermann Stöhr,[40] sowie von insgesamt 13 weiteren Personen. Nur in einem einzigen bisher bekannten Fall bestand eine direkte Verbindung zwischen der Kriegsdienstverweigerung und einem Engagement in der Deutschen Friedensgesellschaft vor 1933.[41] Vermutlich ist diese Aufzählung aber nicht vollständig.

Die mit Sicherheit größte Gruppe, die sich vielfach mit Erfolg dem Kriegsdienst in der deutschen Wehrmacht verweigerte, wa-

---

37 Feldurteil Reichskriegsgericht vom 26.6.1942 gegen Daniel Scholz, Archiv des Militärhistorischen Instituts Prag (= MIP), Best. Reichskriegsgericht, AZ: StPL (HLS) IV 58/42.

38 Zahn, Gordon, In Solitary Witness. The Life and Death of Franz Jägerstätter, New York 1964; Haase, Norbert, Gott mehr gehorcht als dem Staat. Franz Jägerstätter vor dem Reichskriegsgericht. Eine Dokumentation. In: Tribüne 29 (1990), S. 198–206.

39 Brantzen, Klaus (Hrsg.), Pater Franz Reinisch – Märtyrer der Gewissenstreue, 2 Bde., Vallendar 1987.

40 Röhm, Eberhard, Sterben für den Frieden. Spurensicherung: Hermann Stöhr (1898–1940) und die Ökumenische Friedensbewegung, Stuttgart 1985.

ren die zwangsrekrutierten »Volksdeutschen« in den besetzten Gebieten, die sich oftmals gar nicht als Deutsche empfanden, aber wie etwa die Elsässer und Lothringer, die Luxemburger und die Männer aus der Krain angesichts des enormen Personalbedarfs der Wehrmacht gleichwohl der allgemeinen Wehrpflicht unterlagen.[42] Nachdem bereits 1940/41 ohne nennenswerten Zulauf etwa im Elsass und in Lothringen zum freiwilligen Eintritt in Waffen-SS und Wehrmacht geworben worden war, wurde – wie zuvor schon in Luxemburg – auch hier im August 1942 die allgemeine Wehrpflicht eingeführt. Dies blieb keineswegs unwidersprochen, was sich in den folgenden Monaten in der Verweigerung des Einberufungsbefehls, im Nichterscheinen bei der Musterung, in Krankheitssimulation und nicht zuletzt wie in Straßburg im öffentlichen Straßenprotest zeigte.

Einer jener Zwangsrekrutierten, der aus einer pazifistischen Überzeugung heraus den Kriegsdienst verweigerte, war der 1919 im Elsass geborene Marcell Schweitzer.[43] Im Mai 1943 war der gelernte Buchhalter, der sich bereits in seiner Jugend mit pazifistischen Schriften beschäftigt hatte, zum Grenadier-Ersatzbataillon 209 nach Flensburg einberufen worden. Dort angekommen, lehnte er – wie das Reichskriegsgericht später feststellte – sogleich ab, Soldat zu werden, »weil er Menschen

---

41 Siehe den Fall von Richard Felix Kaszemeik, dokumentiert bei Haase, Das Reichskriegsgericht, S. 88 ff.

42 Vgl. ders., Von »Ons Jongen«, »Malgré-nous« und anderen. Das Schicksal der ausländischen Zwangsrekrutierten im Zweiten Weltkrieg. In: ders./Paul, Die anderen Soldaten, S. 157–173.

43 Feldurteil Reichskriegsgericht vom 5.10.1943 gegen Marzell Schweitzer, MIP, Best. Reichskriegsgericht, AZ: StPL 4. Sen. 49/43; ausführlich Paul, Gerhard, »... warum muß ich als Verbrecher auf einem Sandhügel sterben?« Opfer der Militärjustiz in und aus Flensburg. In: Ausgebürgert – Ausgegrenzt – Ausgesondert. Opfer politischer und rassischer Verfolgung in Flensburg 1933–1945, Flensburg 1998, S. 132 ff.

nicht töten dürfe. Bei dieser Einstellung blieb er auch in der späteren Zeit, trotz ernster Belehrungen seines Tuns«. Nach Auffassung des Gerichts habe sich Schweitzer durch die Verweigerung »jeglichen Wehrdienstes« vorsätzlich seiner Pflicht entzogen. Am 5. Oktober 1943 verurteilte ihn das oberste Militärgericht zum Tode. In der Begründung hieß es: »Der Angeklagte verharrt hartnäckig auf seinem ablehnenden Standpunkt und ist jeder Belehrung unzugänglich. Er verstösst hiermit aufs Schwerste gegen die ihm seinem Volke gegenüber obliegende Treuepflicht. Ausserdem ist auch wegen der seinem Verhalten innewohnenden Werbekraft aus Abschreckungsgründen die härteste Strafe geboten.« Am 30. Oktober 1943 wurde Schweitzer im Fort Zinna in Torgau hingerichtet.

Deserteure – Simulanten – Selbstverstümmler

Die zahlenmäßig größte und qualitativ bedeutendste Gruppe der Opfer der NS-Militärjustiz bilden zweifellos die Deserteure.[44] Vor allem in der zweiten Kriegshälfte stieg ihre Zahl beträchtlich an; gegen Kriegsende gar wurden sie zum Massenphänomen. Bis Ende 1944 schätzt man ihre Zahl auf etwa 300 000[45] – darunter Tausende nicht reichsdeutsche Angehörige der Wehrmacht.[46] Im Falle der Deserteure unterliegt man

---

44 Haase, Norbert, Deutsche Deserteure, Berlin 1987; Ausländer, Fietje (Hrsg.), Verräter oder Vorbilder? Deserteure und ungehorsame Soldaten im Nationalsozialismus, Bremen 1990; Seidler, Franz, Fahnenflucht. Der Soldat zwischen Eid und Gewissen, München, Berlin 1993, S. 187 ff.; Knippschild, Dieter, »Für mich ist der Krieg aus«. Deserteure in der Deutschen Wehrmacht. In: Haase/Paul, Die anderen Soldaten, S. 123–138; Wette, Deserteure der Wehrmacht. Darüber hinaus existieren in der Zwischenzeit eine Vielzahl von biografischen Studien zu einzelnen Deserteuren sowie Lokal- und Regionalstudien für Kassel, Marburg, München, Flensburg, das Saarland usf.

einer doppelten Quellenfalle: Einerseits versuchten die Festgenommenen, ihre wahren Motive vor den NS-Kriegsgerichten verständlicherweise zu verbergen oder herunterzuspielen,
während sie andererseits vor den späteren Entschädigungsbehörden bestrebt sein mussten, ihrem Handeln politische Motive zu geben. Daher ist es äußerst schwierig, sie in irgendei-
nem verbindlichen Schema zu fassen. Dennoch lassen sich
mindestens vier Gruppen unterscheiden.[47]

Bei der vermutlich größten Gruppe standen im weitesten
Sinne soziale Motive im Vordergrund. Vieles, was hier von
den Kriegsgerichten als »Fahnenflucht« bewertet wurde, erfüllte eher den Straftatbestand der »unerlaubten Entfernung«, war situativ begründet und nicht vorsätzlich als Desertion geplant. Oft war es nur ein kleiner Hauch von Freiheit, der die Sehnsucht nach mehr auslöste, ein
Heimaturlaub, der zu schnell zu Ende ging, ein Lazarettauf-
enthalt, der die Möglichkeit zum Nachdenken gegeben hatte,
die Frau oder die Freundin, die baten zu bleiben. Familiäre
Schwierigkeiten und ungeklärte persönliche Beziehungen
konnten die Abreise aus dem Heimaturlaub verzögern, und
über Nacht war aus der »unerlaubten Entfernung« eine
»Fahnenflucht« geworden. So vermutlich auch im Fall des
Filmvorführers Heinrich Hart, 1919 im saarländischen Gü-
dingen geboren, der kurz vor seiner Einberufung noch ge-

---

45 So Wüllner, NS-Militärjustiz, S. 457 ff.

46 Siehe Seidler, Fahnenflucht, S. 191 ff.

47 Siehe am Beispiel eines kleinen Samples aus dem Saarland Paul, Gerhard,
    Ungehorsame Soldaten. Dissens, Verweigerung und Widerstand deutscher
    Soldaten (1939–1945), St. Ingbert 1994, S. 52 ff.; ders., Ungehorsame Solda-
    ten. Dissens, Verweigerung und Widerstand saarländischer Soldaten im
    Zweiten Weltkrieg. In: Zwischen Saar und Mosel. Festschrift für Hans-Wal-
    ter Hermann zum 65. Geburtstag, Saarbrücken 1995, S. 437–445; vgl. Zie-
    mann, Fluchten aus dem Konsens, S. 601 ff.

heiratet und bei seinem ersten Heimaturlaub mit seiner jungen Frau bereits Fluchtpläne geschmiedet hatte. Diese waren allerdings denunziert worden. Hart, von einem Feldgericht zu einer einjährigen Haftstrafe verurteilt, ließ nicht locker. Nach seiner Haftentlassung versuchte er erneut, sich mit seiner Frau und seinem Sohn, der in der Zwischenzeit zur Welt gekommen war, ins unbesetzte Frankreich abzusetzen. Der Plan scheiterte abermals. Nach erneuter Haftverbüßung beorderte man ihn zur Bewährung an die Front, was Hart erneut sabotierte. Daraufhin verurteilte ihn ein Kriegsgericht in Metz wegen Fahnenflucht im Wiederholungsfall zum Tode; er wurde am 8. März 1944 in Frankfurt am Main hingerichtet.[48]

Nach heutigem Kenntnisstand stellten politisch motivierte Deserteure eine durchaus beachtenswerte Untergruppe dar. Diese rekrutierten sich vielfach aus Angehörigen des linksproletarischen Milieus. Zu ihnen zählten jene Soldaten, die nach der Kenntnis von Massenmorden, oder gar der eigenen Beteiligung hieran, nicht länger bereit waren, Hitlers Vernichtungskrieg zu unterstützen, und sich daher individuell oder kollektiv absetzten. Tragisch endete so etwa der Fall des Saarbrücker Buchhalters Richard Schultz, der – nachdem er den »Russland-Feldzug« mit erfrorenen Füßen hinter sich gebracht hatte – wie viele seiner Kameraden von Krieg und Nationalsozialismus genug hatte. Schultz tat seinen Unmut kund, wurde denunziert und nach sechs Wochen verschärftem Arrest zur Feindbewährung zurück an die Front beordert, wo er abermals desertierte. Erneut festgenommen und inhaftiert, floh er ein zweites Mal. In Aachen wurde er wieder eingefangen und schließlich von einem Divisionsgericht in Ko-

---

48 Landesarchiv Saarbrücken (LAS), Landesentschädigungsamt (LEA), 3070.

blenz am 10. Mai 1944 wegen Fahnenflucht im Wiederholungsfalle zum Tode verurteilt. Das Urteil wurde am 15. Juni 1944 im Kölner Klingelpütz vollstreckt.[49]

Ähnlich auch der Fall des 1919 in Altenkessel geborenen Anstreichers und Kommunisten Peter Großmann. Gegenüber früheren Genossen hatte er bereits zu Kriegsbeginn geäußert, »dass Hitler den Krieg angefangen habe und er nicht einsehe, warum er sich für diese Sache einsetzen solle«. Für »diesen Lumpen« würde er kein Gewehr in die Hand nehmen. Bereits am 14. Oktober 1939 verließ er seine Einheit und schlug sich zu seiner Frau durch. Von einem Pfarrer wurde Großmann an die Geheime Staatspolizei (Gestapo) verraten. Ein Feldgericht verurteilte ihn wegen Fahnenflucht zum Tode und ließ das Urteil am 5. Februar 1940 im pfälzischen Meisenheim vollziehen.[50]

In größerer Zahl rekrutierte sich die Gruppe der politisch motivierten Deserteure auch aus KZ-Insassen, die ehedem den Weimarer Linksparteien angehört hatten. Vor allem in der zweiten Kriegshälfte führte man diese aus KZ- und Zuchthaushaft so genannten Bewährungsbataillonen zu und beorderte sie als Kanonenfutter an die gefährlichsten Frontabschnitte. Zehntausende von ihnen, zum Teil ganze Gruppen, liefen 1943/44 zu den Alliierten oder den nationalen Befreiungsbewegungen über, wo sie sich vielfach unter Einsatz ihres Lebens am Kampf gegen die deutsche Besatzung beteiligten.[51] Wenn man ihrer wieder habhaft werden konnte, wurden sie in aller Regel wegen Landesverrats zum Tode verurteilt und hingerichtet.

---

49 Ebenda, 10800.
50 Ebenda, 8272.
51 Siehe Paul, Gerhard, »Die verschwanden einfach nachts«. Überläufer zu den Alliierten und den europäischen Befreiungsbewegungen. In: Haase/Paul, Die anderen Soldaten, S. 139–156; Doernberg, Stefan (Hrsg.), Im Bunde mit dem Feind. Deutsche auf alliierter Seite, Berlin 1995.

Daneben gab es Soldaten, die mit der rigorosen militärischen Disziplin nicht zurechtkamen und daher bei passender Gelegenheit desertierten. Ein nicht untypischer Fall hierfür war der des jungen Marineartilleristen Hans-Helge Christiansen aus Flensburg.[52] Christiansen, Jahrgang 1921, war vaterlos aufgewachsen, hatte sieben Jahre in einem Fürsorgeheim verbracht, bevor er 1941 zur Kriegsmarine eingezogen wurde. Dort vermochte er es nicht, sich in die militärische Ordnung einzufügen, entwendete Urlaubskarten, brach Kameraden-Spinde auf und schmückte sich mit fremden Dienstrangabzeichen. Bei einer Spindkontrolle wurde sein Treiben offenkundig. Aus Angst vor Strafe verließ er seine Einheit und trieb sich mehrere Monate in Norddeutschland herum, bevor ihn sein Großvater denunzierte. Im Marineuntersuchungsgefängnis unternahm Christiansen einen Selbstmordversuch. Am 23. Juni 1942 verurteilte ihn das Gericht des 2. Admirals der Ostseestation wegen Fahnenflucht in Tateinheit mit schwerem militärischem Diebstahl, Urkundenfälschung und Zersetzung der Wehrkraft zum Tode. Insbesondere durch seinen Selbstmordversuch habe es der Angeklagte unternommen, sich »der Erfüllung des Wehrdienstes ganz, teilweise oder zeitweise zu entziehen«. Am 3. September 1942 wurde das Urteil auf dem Schießplatz in Kiel-Holtenau vollstreckt.

Nicht selten schlossen sich einer Fahnenflucht kriminelle Delikte an, was es nach 1945 leicht machte, die Betroffenen

---

52 Bundesarchiv-Zentrale Nachweisstelle (= BA-ZNS), RM 123/29 295; ausführlich Gymnopoulos, Alexander, Marinejustiz im Zweiten Weltkrieg in Schleswig-Holstein am Beispiel der Rechtsprechung des Gerichts des 2. Admirals der Ostseestation/Zweigstelle Kiel. Schriftl. Hausarbeit zur Ersten Staatsprüfung für die Laufbahn der Realschullehrer in Schleswig-Holstein, Universität Flensburg 1996.

pauschal zu kriminalisieren. Diese Handlungen waren mitunter eine Folge des Abtauchens in die Illegalität, so auch im Falle des jungen, aus dem Saarland stammenden Kanoniers Karl Nagel. Dieser hatte zusammen mit einem Kameraden im März 1942 den Plan gefasst, die Wehrmacht zu verlassen, um sich in seine Heimat durchzuschlagen, da er – wie er seiner Mutter zuvor mitgeteilt hatte – an der militärischen Disziplin kaputtgehe. Um ihre Flucht zu bewerkstelligen, hatten sie sich in den Besitz eines Personenkraftwagens gebracht, nachdem sie zuvor die Fahrerin mit einer Salve aus einer Maschinenpistole getötet hatten. Ihre Flucht endete an der deutschen Grenze. Wegen gemeinschaftlich begangener Fahnenflucht in Tateinheit mit Mord und Straßenraub verurteilte sie das Kriegsgericht des Kommandeurs der 11. Flakdivision am 8. April 1942 in Rennes zum Tode.[53]

Und schließlich gab es die »Deserteure der letzten Stunde«, die lange Zeit den Krieg mitgemacht hatten, mitunter selbst schuldig geworden waren und erst in letzter Stunde angesichts des unmittelbar bevorstehenden alliierten Sieges die Kraft fanden, aus dem militärischen Apparat auszusteigen – oftmals auch nur, um einer Kriegsgefangenschaft zu entgehen. In der Hysterie der letzten Kriegswochen machten die Feldkriegs- und Standgerichte da allerdings keinen Unterschied mehr, sondern im wahrsten Wortsinne »kurzen Prozess«.[54]

Eine besondere Form, sich dem Stellungsbefehl oder dem weiteren Kriegsgeschehen zu entziehen, bildete die Simulati-

---

53 BA-ZNS, Gerichtsakte FF 151.
54 Schröder, Hans-Joachim, »Ich hänge hier, weil ich getürmt bin«. Terror und Verfall im deutschen Militär bei Kriegsende 1945. In: Wette, Wolfram (Hrsg.), Der Krieg des kleinen Mannes. Eine Militärgeschichte von unten, München 1992, S. 279–294.

on von Krankheiten, die Selbstverstümmelung oder gar der Selbstmord.[55] Nach Paragraph 5 KSSVO sollte wegen »Zersetzung der Wehrkraft« auch mit dem Tode bestraft werden, »wer es unternimmt, sich oder einen anderen durch Selbstverstümmelung, durch ein auf Täuschung berechnetes Mittel oder auf andere Weise der Erfüllung des Wehrdienstes ganz, teilweise oder zeitweise zu entziehen«.[56] Für das Oberkommando des Heeres (OKH) war Selbstverstümmelung eine todeswürdige Form der Fahnenflucht. Laut OKH-Kriminalstatistik von 1944 entfielen jährlich 24 Selbstverstümmelungen auf 100 000 Mann im Feldheer und sechzig im Ersatzheer.[57] Die tatsächlichen Zahlen dürften jedoch erheblich größer gewesen sein, da die Gerichtsstatistik nur diejenigen Fälle erfasste, die aufgedeckt wurden. Die Zahl der wegen Selbstverstümmelung und Simulation zum Tode verurteilten und hingerichteten Männer dürfte bei 3 000 gelegen haben.[58]

Einer von ihnen war der 32-jährige Möbeltischler Bronislaus Zamojski aus dem westpreußischen Bromberg. Das Gericht des 2. Admirals der Ostseestation hatte ihn am 19. Januar 1943 wegen »Zersetzung der Wehrkraft« zum Tode verur-

---

55 Seidler, Franz, Prostitution, Homosexualität, Selbstverstümmelung. Probleme der deutschen Sanitätsführung 1939–1945, Neckargemünd 1977, S. 234 ff.; Riedesser, Peter, und Axel Verderber, »Maschinengewehre hinter der Front«. Zur Geschichte der deutschen Militärpsychiatrie, Frankfurt/Main 1996, S. 126 ff.; Müller, Roland, Militärpsychiatrie vor Gericht. In: Eberlein/Müller/Schöngarth, Militärjustiz im Nationalsozialismus, S. 165–243, speziell zur Simulantenverfolgung, S. 174 ff.; Fallbeispiele bei Reichelt, »Für mich ist der Krieg aus!«, S. 59 ff. Zur Problematik generell Ziemann, Fluchten aus dem Konsens, S. 605 ff.

56 RGBl. I, Nr. 147, 26.8.1939.

57 Runderlass OKH vom 20.5.1944, Bundesarchiv-Militärarchiv (= BA-MA), RH 53-7/v. 709.

58 Eigene Schätzung.

teilt. Das Verbrechen des »volksdeutschen« Marineartilleristen und Vaters von drei Kindern hatte in dem Versuch bestanden, durch ein simuliertes Ohrenleiden die Entlassung aus der Marine zu erwirken. Darüber hinaus soll er auch Kameraden den Rat erteilt haben, sich durch das Durchstoßen des Trommelfelles dem Kriegsdienst zu entziehen. Außerdem hatte sich Zamojski in einem von der Zensur abgefangenen Brief vernichtend über die Verhältnisse bei der Marine geäußert. Da es der Angeklagte unternommen habe, sich selbst und andere durch Vortäuschung eines Leidens beziehungsweise durch Simulation der Erfüllung des Wehrdienstes zu entziehen, habe er sich – so das Gericht – des Verbrechens der »Zersetzung der Wehrkraft« schuldig gemacht. In der Urteilsbegründung führte das Gericht aus: »Wer in einer Zeit, in der auch der Mindertaugliche dringend gebraucht wird, um Kräfte für die Front frei zu machen, sich dem Dienste für das Vaterland zu entziehen versucht, vergeht sich zweifellos sehr schwer. In einem solchen Fall können auch nicht Soldaten aus den ehemals polnischen Gebieten aus Gründen mangelnder vaterländischer Erziehung milder beurteilt werden, da dies zur Lockerung der Moral der Soldaten aus jenen Gebieten führen würde ...«[59] Am Morgen des 16. Februar 1943 wurde Zamojski in Kiel-Holtenau exekutiert.

---

59 Feldurteil Gericht des 2. Admirals der Ostseestation vom 19.1.1943 gegen Bronislaus Zamojski, BA-ZNS, Nr. 29 989; ähnlich auch der Fall des 27-jährigen Schneiders Leonhard L., der mit der militärischen Disziplin nicht zurechtkam und sich von seinen Vorgesetzten schikaniert fühlte. Mit einem Gewehr schoss er sich aus nächster Entfernung ins Bein, das daraufhin amputiert werden musste. Noch im Lazarett befindlich, verurteilte ihn das zuständige Marburger Kriegsgericht im November 1943 zum Tode; BA-ZNS Ger. Div. Nr. 409/813.

»Wehrkraftzersetzer«

Mehrere tausend Wehrmachtsangehörige mussten wegen angeblicher »Wehrkraftzersetzung« sterben. Der Begriff stellte allerdings eine dehnbare Generalklausel dar, unter die unterschiedlichste Delikte wie eine unvorsichtige Bemerkung über die Kriegslage, das Zweifeln am »Endsieg«, ein Witz über Hitler und seine Satrapen oder auch die Kritik an der Wehrmachtführung und ihren Verbrechen subsumiert werden konnten.[60] Eine Denunziation wurde dem 1918 geborenen Oberleutnant zur See, Oskar Kusch, Kommandant des U-Bootes »U 154« aus Berlin, zum Verhängnis.[61] Kusch war von einem Kameraden denunziert worden, weil er 1943 kurz vor einer »Feindfahrt« einem Heizer befohlen hatte, das einzige an Bord befindliche Hitler-Porträt durch ein von ihm selbst gemaltes Schiffsbild zu ersetzen. Außerdem hatte er behauptet, nur der Sturz Hitlers könne dem deutschen Volk wieder Frieden bringen und: Die Geschichte vom Weltjudentum, das nur an der Vernichtung Deutschlands interessiert sei, sei eine Erfindung der NS-Propaganda. Am 20. Januar 1944 wurde Kusch verhaftet. Bereits sechs Tage später fand die Hauptverhandlung vor dem Gericht des Höheren Kommandos der Unterseebootausbildung statt. Obwohl der Anklagevertreter zehn Jahre Zuchthaus beantragt hatte, verurteilte das Gericht Kusch »wegen fortgesetzter Zersetzung der Wehrkraft« zum Tode. In

---

60 Dörner, Bernward, »Der Krieg ist verloren!«. »Wehrkraftzersetzung« und Denunziation in der Truppe. In: Haase/Paul, Die anderen Soldaten, S. 105–122; Messerschmidt, Manfred, Der »Zersetzer« und sein Denunziant. Urteile des Zentralgerichts des Heeres – Außenstelle Wien – 1944. In: Wette, Der Krieg des kleinen Mannes, S. 255–278.

61 Walle, Heinrich, Die Tragödie des Oberleutnants zur See Oskar Kusch, Stuttgart 1995.

der Begründung hieß es, dass es sich bei dem Angeklagten um einen »intellektuellen, schöngeistigen Ästheten« handele, »der sich gerne zurückzieht, um für sich allein ein gutes Buch zu lesen und sich weiterzubilden«. Unter dem Eindruck von Stalingrad habe er den Glauben an den Endsieg verloren, seine »liberalen Tendenzen« hätten wieder Oberhand bekommen.[62] In den frühen Morgenstunden des 12. Mai 1944 wurde Kusch auf dem Richtplatz in Kiel-Holtenau erschossen.

Befehlsverweigerer – »Kapitulanten« – Meuterer – Widerständler

Die Zahl derjenigen Wehrmachtsangehörigen, die wegen Befehls- und Gehorsamsverweigerung, wegen Meuterei, Kriegsverrats und aktiven Widerstandes von Kriegsgerichten des NS-Regimes zum Tode verurteilt wurden und sterben mussten, lässt sich nicht einmal erahnen.[63] Obwohl die Weigerung von Soldaten etwa an Judenexekutionen teilzunehmen – wie Christopher R. Browning am Beispiel des Reserve-Polizeibataillons 101 eindrucksvoll belegt hat[64] – nicht automatisch den Kopf kostete, blieben Verweigerungsakte in diesem Bereich erstaunlich gering.[65] So sind derzeit auch nur wenige Männer

---

62 Bordurteil Gericht des Führers der Unterseeboote West vom 31.1.1944, BA-ZNS, RM 123/K3140.

63 Die Erforschung dieses Bereichs stellt ein großes Desiderat in der Erforschung des Zweiten Weltkrieges dar, siehe Ziemann, Fluchten aus dem Konsens, S. 607 f.

64 Browning, Christopher R., Ganz normale Männer. Das Reserve-Polizeibataillon 101 und die »Endlösung« in Polen, Reinbek 2002.

65 Kiterman, David H., »Those who said ›No!‹«. Germans who refused to execute civilians during World War II. In: German Studies Review 11 (1988), S. 241–254.

aus dem Kreise der Wehrmacht bekannt, die sich wie der Feldwebel Anton Schmid aktiv der Politik der Judenvernichtung widersetzten,[66] oder sich wie Erich Heym um Kriegsgefangene kümmerten und deshalb von den NS-Kriegsgerichten zum Tode verurteilt wurden.[67] In der Regel wurden solche Fälle als »Kriegsverrat« gewertet und geahndet.

Trotz der drakonischen Urteile der »Fliegenden Standgerichte« nahm gegen Kriegsende die Zahl der Befehls- und Gehorsamsverweigerungen sprunghaft zu. Vereinzelt kam es sogar zu Meutereien. Zunehmend verweigerten Soldaten jetzt unsinnige Marsch- oder Zerstörungsbefehle, wie sie etwa der »Nero«-Befehl Hitlers vom 19. März 1945 darstellte, nach dem alle »militärischen, Verkehrs-, Nachrichten-, Industrie- und Versorgungsanlagen sowie Sachwerte innerhalb des Reichsgebietes, die sich der Feind für die Fortsetzung seines Kampfes« nutzbar machen kann, zu zerstören seien. In aller Regel wurden die Betroffenen, falls man ihrer habhaft werden konnte, in Schnellgerichtsverfahren zum Tode verurteilt und die Urteile zur Abschreckung der Bevölkerung öffentlich vollstreckt.[68] Einzelne Soldaten wie der Maschinengefreite der Reserve Johann Süß aus dem Rheinland fühlten sich nicht mehr an Befehle gebunden und widersetzten sich Anordnungen ihrer Vorgesetzten. Nach Ansicht der Kriegsgerichte untergruben sie damit die »Manneszucht in der Wehrmacht«,

---

66 Lustiger, Arno, Feldwebel Anton Schmid. Judenretter in Wilna 1941–1942. In: Wette, Wolfram (Hrsg.), Retter in Uniform. Handlungsspielräume im Vernichtungskrieg der Wehrmacht, Frankfurt/Main 2002, S. 45–67.

67 Steinkamp, Peter, Feldwebel Erich Heym. Helfer von polnischen und belgischen Kriegsgefangenen. In: Wette, Retter in Uniform, S. 114–121.

68 Siehe den Fall des SS-Mannes Leo Josef Lamour, der am 23. April 1945 im bayerischen Eichstätt die Sprengung einer Brücke sabotiert hatte und deshalb von einem SS-Standgericht zum Tode durch den Strang verurteilt und aufgehängt wurde; LAS, LEA 9427.

was vor dem Hintergrund eines befürchteten »neuen November« unweigerlich die Todesstrafe zur Folge hatte.[69] Kleinere Gruppen von Soldaten sabotierten jetzt auch Befehle oder beschädigten wie Matrosen des Zerstörers »Paul Jacobi« den Kreiselkompass ihres Schiffes, um ein erneutes Auslaufen zu verhindern. Drei Matrosen wurden am 4. Mai 1945 »wegen gemeinschaftlicher vorsätzlicher Wehrmittelbeschädigung« zum Tode verurteilt und am folgenden Tag auf dem Marineschießplatz in Flensburg-Mürwik exekutiert.[70]

Der sicherlich bekannteste Fall einer Meuterei geschah auf dem Minensuchboot »M 612«, dem Siegried Lenz in seiner Erzählung »Ein Kriegsende« ein literarisches Denkmal gesetzt hat.[71] Am 4. Mai 1945 hatte ein Teil der Besatzung der vor Fünen liegenden »M 612« ihre Offiziere eingesperrt und statt nach Kurland auszulaufen, mit gehisster roter Fahne Kurs auf Kiel genommen. Das Schreckgespenst des November 1918 lebte auf. Unterwegs wurde »M 612« daher von Schnellbooten eingeholt und aufgebracht. Wegen Meuterei verurteilte ein Kriegsgericht der Marine elf Matrosen noch am selben Tag – die Dänen feierten bereits die Befreiung von deutscher Besatzung – auf der Reede von Sønderborg zum Tode und ließ die Urteile anschließend sofort vollstrecken.[72] Überall im zusam-

---

69 Bordurteil Gericht des Befehlshabers des Ausbildungsverbandes der Flotte vom 10.5.1945 gegen Hans Süß, BA-ZNS, Nr. 46 446; ausführlich Paul, »... warum muß ich als Verbrecher auf einem Sandhügel sterben?«, S. 146 ff.

70 Bordurteil Gericht des Befehlshabers des Ausbildungsverbandes der Flotte vom 4.5.1945 gegen Karl-Heinz Freudenthal u. a., BA-ZNS, Nr. 53 669; ausführlich Paul, »... warum muß ich als Verbrecher auf einem Sandhügel sterben?«, S. 136 ff.

71 Lenz, Siegfried, Ein Kriegsende. Eine Erzählung, Hamburg 1984.

72 Standgerichtsurteil vom 5.5.1945 gegen Heinrich Glasmacher und 19 andere Matrosen, BA-ZNS Nr. F 105; Gribbohm, Günter, 5. Mai 1945: Meuterei auf M 612 – Zeitgeschichtliches in rechtlicher Sicht. In: Militärgeschichte 10 (2000) 1, S. 9–15.

menbrechenden Reich konnte man in den letzten Tagen von
militärischen Standgerichten zum Tode verurteilte Soldaten
sehen, die man an Bäumen und Brückengeländern aufgehängt und mit einem Schild versehen hatte, auf denen immer
aufs Neue der Satz variiert wurde: »Ich hänge hier, weil ich getürmt bin.«[73]

Eine spezifische Form der militärischen Befehlsverweigerung der letzten Kriegswochen bildete die individuelle oder
gemeinschaftliche Kapitulation auf eigene Faust. Am 13. April 1945 hatten Reichsführer-SS Heinrich Himmler, Martin
Bormann, Leiter der Parteikanzlei, und OKW-Chef Wilhelm
Keitel in einem ihrer letzten Durchhalteappelle gefordert: »Jede Stadt ist zu verteidigen! Es gibt keine offene Stadt! Für die
Befolgung dieses Befehls sind die in jeder Stadt ernannten
Kampfkommandanten persönlich verantwortlich. Handeln
sie dieser soldatischen Pflicht und Aufgabe zuwider, so werden sie ... zum Tode verurteilt.« Trotz Durchhaltepropaganda
und Todesdrohungen verweigerten sich in etlichen deutschen
Städten Kampfkommandanten oder lokale Repräsentanten
Hitlers Selbstmordstrategie, zum Beispiel in Erlangen, Ingol-
stadt oder Oberstdorf.[74] In etlichen Fällen endeten solche Ka-
pitulationsversuche tödlich, so in Regensburg, wo ein Standgericht den Domprediger Johann Meier und den Rentner Josef Zirkl wegen »Wehrkraftzersetzung« zum Tode verurteilte
und die beiden Männer zur Abschreckung weithin sichtbar
auf dem Domplatz aufhängen ließ.[75] Am 21. April 1945 wurden sieben Bewohner der Insel Helgoland bei Cuxhaven hin-

---

73 Schröder, »Ich hänge hier, weil ich getürmt bin«, S. 281 ff.
74 Tietmann, Lutz, »... die Stadt vor dem Schlimmsten bewahren«. Widerstand
    der letzten Stunde: Kapitulanten und Befehlsverweigerer 1945. In: Haa-
    se/Paul, Die anderen Soldaten, S. 174–186.
75 Ebenda, S. 178 f.

gerichtet, die im Verdacht standen, dass sie den Briten die kampflose Übergabe der deutschen Hochseeinsel anbieten wollten.[76] Eine zahlenmäßig größere Bedeutung erlangte die kurz vor Kriegsende in Bayern ins Leben gerufene »Freiheitsbewegung Bayern« unter der Führung des Hauptmanns Rupprecht Gerngroß.[77] Schätzungsweise 400 Soldaten verschiedener Truppenteile sowie Zivilisten hatten am 27. April 1945 unter anderem den Versuch unternommen, einen Aufruf zur Kriegsbeendigung und zum Volksaufstand zu verbreiten. In Penzberg sahen sich Parteigenossen und Wehrmachtsangehörige daraufhin aufgerufen, dem Aufstand ein Ende zu setzen. Wie in zahlreichen anderen Fällen kam es dabei gar nicht mehr zur Durchführung militärgerichtlicher Verfahren, sondern lokale oder regionale Vertreter des untergehenden Regimes ordneten selbstherrlich die Exekution von tatsächlichen oder vermeintlichen Gegnern an.[78]

Gerade in der letzten Kriegsphase gerieten zudem Tausende von Wehrmachtsangehörigen in die Hände einer hysterisch überreagierenden Militärjustiz, die sich gegen alle vorangegangenen Klassifizierungen sperrte und das Verhalten der Soldaten als Fahnenflucht oder Befehlsverweigerung politisierte, ohne dass es die Kriterien einer dieser Verweigerungsformen erfüllte. So geschehen etwa Ende März/Anfang April 1945 in Aschaffenburg im Falle von zwei Männern, denen das örtliche Standgericht fern jeder Realität Fahnenflucht bezie-

---

76 Ausführlich Friedrichs, Kurt, Umkämpftes Helgoland, Helgoland 1988.

77 Troll, Hildebrand, Aktionen zur Kriegsbeendigung im Frühjahr 1945. In: Broszat, Martin, Elke Fröhlich und Anton Grossmann (Hrsg.), Bayern in der NS-Zeit, Bd. 4: Herrschaft und Gesellschaft im Konflikt, München 1981, S. 660–689.

78 Tenfelde, Klaus, Proletarische Provinz. Radikalisierung und Widerstand in Penzberg/Oberbayern 1900–1945, München 1982, S. 376 ff.

hungsweise Feigheit vor dem Feind und Sabotage vorwarf. In
der aufgeladenen Situation – das Feuer der amerikanischen
Geschütze war bereits in der Stadt zu hören – zog dieser Vorwurf unweigerlich Todesstrafe und Exekution nach sich.[79]
Ganz ähnlich war dies auch bei drei jungen Matrosen des Mi-
nenbegleitbootes »Buéa« in der Geltinger Bucht, die nach der
Bekanntgabe der Teilkapitulation für den nordwestdeutschen
Raum irrigerweise glaubten, der Krieg sei zu Ende, und sich
daher auf den Weg nach Hause machten. Wegen Fahnenflucht
verurteilte sie ein Kriegsgericht noch am 9. Mai 1945 zum Tode
und ließ sie am folgenden Tag exekutieren.[80] Im eigentlichen
Sinne handelte es sich bei diesen Soldaten nicht um Deserteure, sondern um Männer, für die der Krieg zu Ende war und die
die (Teil-)Kapitulation fälschlicherweise als Ende ihres Dienst-
verhältnisses interpretiert hatten. Erst die fanatisierten NS-Mi-
litärrichter machten diese Soldaten zu Deserteuren: So auch
im Falle des Kommandanten von Dönitz' Befehlssonderzug,
Asmus Jepsen, der am Tage der norddeutschen Teilkapitulation seinen Zug verlassen, sich zu seiner Familie begeben und
sich dort polizeilich angemeldet hatte. Gleichwohl wurde er
noch am 6. Mai 1945 zum Tode verurteilt und hingerichtet.[81]
    Zu den Opfern der NS-Militärjustiz zählen schließlich meh-
rere tausend Angehörige der deutschen und der europäischen
Widerstandsbewegungen gegen den Nationalsozialismus, un-

---

79 Kohlhaas, Elisabeth, Aschaffenburg am Kriegsende 1945. Die Hinrichtun-
    gen von Friedel Heymann und Hans Baur – Hinweise auf weitere Todesur-
    teile, unveröffentlichtes Manuskript, Frankfurt/Main 2003.
80 Paul, Gerhard, Die Erschießungen in der Geltinger Bucht. Das blutige Ge-
    schäft der NS-Militärjustiz nach der deutschen Kapitulation und seine justi-
    tielle Bearbeitung nach 1945. In: ders., Landunter, S. 326–343.
81 Standgerichtsurteil vom 5.5.1945 gegen Asmus Jepsen, BA-ZNS Nr. 8970;
    Paul, »... warum muß ich als Verbrecher auf einem Sandhügel sterben?«,
    S. 143 ff.

ter ihnen 48 Angehörige der »Roten Kapelle«, die das Reichskriegsgericht in 23 Verfahren 1942/43 wegen Vorbereitung
zum Hochverrat, Kriegsverrat, Feindbegünstigung, »Zersetzung der Wehrkraft« oder Spionage zum Tode verurteilte und
in Berlin-Plötzensee, in Berlin-Tegel, in Halle und in Brandenburg hinrichten ließ,[82] Dutzende von Angehörigen des militärischen Widerstandes gegen Hitler oder auch jene vier Soldaten, die das Gericht am 22. Januar 1944 beschuldigte, an der
südrussischen Front einen Soldatenrat mit dem Namen »Frei-
es Deutschland« gebildet zu haben: »Die Taten der vier Angeklagten gehören zu den schwersten, die deutsche Soldaten
begehen können. Straftaten, wie die der Angehörigen der
Stabkompanie der Sturmpanzerabteilung 216, sind bisher
beim Reichskriegsgericht nicht zur Aburteilung gelangt. Sie
muten wie trübste Etappenerscheinungen des Jahres 1918 an
und können ohne Rücksicht auf die Person der einzelnen Angeklagten nur mit den schwersten Strafen gesühnt werden.«[83]

Vor allem aber wurden ausländische Widerständler Opfer
der Feldkriegsgerichte und des Reichskriegsgerichts. Bereits
am 5. Oktober 1939 hatte ein Feldkriegsgericht in Danzig
38 polnische Postbeamte als Freischärler am Rande des Exer-
zierplatzes von Saspe hinrichten lassen, die am Tage des
Kriegsbeginns ihr Postamt gegen angreifende deutsche Poli-
zeikräfte verteidigt hatten.[84] Darüber hinaus verurteilte das
Reichskriegsgericht zum Tode unter anderem am 6. Juni 1942

---

82 Scheel, Heinrich, Vor den Schranken des Reichskriegsgerichts. Mein Weg
    in den Widerstand, Berlin 1993; siehe Haase, Das Reichskriegsgericht,
    S. 100 ff.

83 Feldurteil Reichskriegsgericht vom 22.1.1944 gegen Siegfried Dietz, Wer-
    ner Spenn, Johann Hoops, und Walter Buchholz, MIP, Best. Reichskriegs-
    gericht, AZ: StPL 2. Sen. 4/44.

84 Schenk, Dieter, Die Post von Danzig. Geschichte eines deutschen Justiz-
    mords, Reinbek 1995.

14 Angehörige des norwegischen Widerstandes, am 10. September 1942 32 Niederländer der »Stijkel-Gruppe«, am 15. September 1942 vier Angehörige der Résistance-Gruppe »L'Homme Libre«, am 19. April 1943 drei Frauen des polnischen Widerstandes, am 21. April 1943 zehn belgische Widerstandskämpfer – um nur einige Beispiele zu nennen.[85]

Epilog

Die Vernichtung jener ungehorsamen Soldaten der deutschen Wehrmacht, die – aus welchem Grund auch immer – nicht länger bereit waren, Hitlers Vernichtungsfeldzug mitzumachen, sowie jener ausländischen Zivilisten und Widerständler, die in die Todesmühlen der NS-Wehrmachtjustiz geraten waren, ging über deren Tod hinaus. Laut einer Verfügung des Oberkommandos der Kriegsmarine vom 26. November 1942 wurde nach einer Hinrichtung bei anatomischen Instituten angefragt, ob diese die Leichen zu Lehr- und Forschungszwecken in Anspruch nehmen wollten;[86] die entsprechenden Ein-

---

85 Siehe die entsprechende Dokumentation bei Haase, Das Reichskriegsgericht, S. 170 ff.; speziell zur Tätigkeit der Feldgerichte gegen den Widerstand im besetzten Westeuropa Thomas, Jürgen, Wehrmachtjustiz und Widerstandsbekämpfung. Das Wirken der ordentlichen deutschen Militärjustiz in den besetzten Westgebieten 1940–1945 unter rechtshistorischen Aspekten, Baden-Baden 1991.

86 Az.: AMA/MR 2/IV Nr. 1 686/42g. In: BA-ZNS Nr. 29 351 (Akte des Marinesoldaten Wilhelm Huckel, hingerichtet am 23. Mai 1943 in Kiel-Holtenau; seine sterblichen Überreste wurden nachweislich derart »verwertet«). Mit Bezug auf die Akte »Leichenangelegenheiten 1945–1949« des Anatomischen Instituts der Universität Kiel siehe weiterführend Dittrich, Irene, Heimatgeschichtlicher Wegweiser zu Stätten des Widerstandes und der Verfolgung 1933–1945, Band 7: Schleswig-Holstein I Nördlicher Landesteil, Frankfurt/Main 1993, S.33, 174 f.

richtungen meldeten großen Bedarf an. Zahlreiche Nach-
kriegsärzte erfuhren ihre anatomische Ausbildung daher an
kriegsgerichtlich ermordeten deutschen Soldaten und ausländischen Widerständlern. In zahlreichen Fällen wurden die mi-
litärstrafrechtlich zu Tode Gebrachten namenlos verscharrt.
Nach 1945 wurde die Erinnerung an die Opfer von Hitlers
Wehrmachtjustiz fast vollständig getilgt. Ihre Angehörigen
hatten sich einer zumeist beschämenden Praxis der Entschädigungsbehörden zu unterziehen oder waren von Entschädi-
gungsleistungen ganz ausgeschlossen. Umgekehrt machten
Hitlers blutige Wehrmachtjuristen in der zweiten deutschen
Demokratie schon bald wieder Karriere. Sie brachten es zu
Vorsitzenden an obersten Bundes- und Landesgerichten, zu
Ministern und wie im Falle Hans Filbinger gar zum Minister-
präsidenten eines Bundeslandes.

Peter Widmann

Fortwirkende Zerrbilder.
Sinti und Roma im Nationalsozialismus und im Nachkriegsdeutschland

Jahrzehnte haben die Deutschen gebraucht, um Sinti und Roma als Opfer nationalsozialistischer Herrschaft wahrzunehmen. Zwar glaubten die meisten von jeher zu wissen, wer die »Zigeuner« seien. Jedes Kind hörte Geschichten darüber, und wer wollte, konnte aus Zeitungsartikeln und Literatur, aus Opern und Filmen sich leicht ein Bild machen. Doch das spiegelte eher die Phantasien der Mehrheitsgesellschaft und weniger die Alltagsrealitäten der Minderheit wider. Die gängigen Vorstellungen über »Zigeuner« sind alt und gehören zum kulturellen Erbe der Mehrheitsgesellschaften Europas. Man hielt die Gruppe für unstet, kriminell und faul. Viele glauben das noch heute.

Mit der Abwehr ging aber immer schon Faszination einher. Bis heute projizieren Menschen in die »Zigeuner«, was ihnen in der modernen Leistungsgesellschaft fehlt: Freiheit und Naturverbundenheit, ein Leben auf der Reise, Zusammenhalt in der Gruppe, Musik, Magie und Geheimnis. In der Vorstellungswelt der Bevölkerungsmehrheit steht der »Zigeuner« für Gefahr und Idylle zugleich. Doch vor allem die negativen Stereotype prägten den Umgang mit der Minderheit.

Hinter dem Zerrbild vom »Zigeuner« blieben Sinti und Roma lange unsichtbar. Die meisten Überlebenden aus der Volksgruppe hatten sich im Nachkriegsdeutschland – traumatisiert und voller Angst – ins Private zurückgezogen. Erst ihre

Töchter und Söhne traten in der Öffentlichkeit selbstbewusst auf. 1979 demonstrierten sie in Bergen-Belsen, und 1980 hungerten sie in der Gedenkstätte des Konzentrationslagers Dachau, um die verdrängte Geschichte ans Licht zu bringen und darauf aufmerksam zu machen, wie alltäglich Ausgrenzung und Herabsetzung immer noch waren.

Kaiserreich und Weimarer Republik

Betrachtet man die beiden Systeme, die der nationalsozialistischen Diktatur vorausgingen, das Kaiserreich und die Weimarer Republik, hob sich die rechtliche Lage der Sinti und Roma von derjenigen der deutschen Juden ab: Juden waren rechtlich gleichgestellt. Gegen Sinti und Roma dagegen bildete sich im frühen zwanzigsten Jahrhundert ein Sonderrecht heraus. Vor allem die Länder und Kommunen schufen es mit Gesetzen und Verordnungen. Die Bestimmungen prägten sich in den einzelnen Regionen Deutschlands unterschiedlich aus. Eine einheitliche »Zigeunerpolitik« auf Reichsebene scheiterte bis in die ersten Jahre der nationalsozialistischen Zeit hinein am Eigensinn der deutschen Länder. Kommunen und Länder bezeichneten ihr Vorgehen als »Bekämpfung der Zigeunerplage«. Der Ausdruck wurde bereits im Kaiserreich gängig, und bis in die fünfziger Jahre des zwanzigsten Jahrhunderts verwandten ihn deutsche Bürokraten mit aller Selbstverständlichkeit.

Die Verantwortlichen versuchten, umherziehende Sinti und Roma zu vertreiben. Das Konzept barg eine bittere Ironie. Im Allgemeinen waren sich Bürokraten und Politiker einig, dass man die »Zigeuner« sesshaft machen müsste – nur nicht im eigenen Bezirk. Die Behörden zwangen die Minderheit zu

ebendem Umherziehen, das sie ihr vorwarfen. Die Dokumente aus der damaligen Zeit bestätigen eine bekannte Beobachtung: Oft erzeugen Bürokratien die Probleme selbst, mit denen sie sich dann beschäftigen.

Das Land Bayern betrieb die aggressivste Politik. Die
Münchner Polizeidirektion richtete 1899 eine »Zigeunerzentrale« ein. Die Beamten sammelten dort Daten über »Zigeuner und nach Zigeunerart umherziehende Personen« in bestimmten Karteien. 1926 beschloss der Bayerische Landtag
das umfassendste und schärfste Gesetz gegen die Minderheit
im gesamten Reich: Das »Gesetz zur Bekämpfung von Zigeunern, Landfahrern und Arbeitsscheuen«. Doch auch andere
Länder, wie Preußen, Württemberg, Baden oder Hessen,
schufen Regelungen, die Prinzipien der Weimarer Verfassung
verletzten, etwa den Gleichheitsgrundsatz.

Nach 1933

Nachdem die Nationalsozialisten die Macht übernommen hatten, hielten Polizei und Verwaltungen zunächst an der traditionellen Politik fest: Sie überwachten und vertrieben die Minderheit. Während die NSDAP ihre antisemitische Verfolgungspolitik bereits 1933 umsetzte, begann sich eine originär
nationalsozialistische »Zigeunerpolitik« erst in der zweiten
Hälfte der dreißiger Jahre zu entwickeln. Trotzdem markierte
die Machtübernahme der Nationalsozialisten auch für die Sinti und Roma einen Einschnitt. Der Rechtsstaat zerfiel; so
konnten die Behörden Mittel traditioneller Praxis härter an-
wenden.

Mitte der dreißiger Jahre richtete eine Reihe deutscher Städte Lager für Sinti und Roma ein – etwa in Köln, Düsseldorf,

Frankfurt am Main, Berlin, Königsberg und Braunschweig.
Das Regiment auf den Plätzen führten die Städte in unterschiedlicher Härte, Zwangscharakter hatten die Lager jedoch
alle. Die lokalen Verwaltungen hatten hierfür die Initiative ergriffen, ohne dass es eines Drucks der Länder oder des Reichs
bedurft hätte. So radikalisierten die Kommunen unabhängig
voneinander die Politik von unten.

Gleichzeitig wurden einige Sinti und Roma auch Opfer neuer,
spezifisch nationalsozialistischer Maßnahmen. Das »Gesetz zur
Verhütung erbkranken Nachwuchses« vom Juli 1933 richtete sich zwar nicht ausdrücklich gegen diese Minderheit. Dennoch fielen mehrere hundert Sinti und Roma Zwangssterilisationen aufgrund des Gesetzes zum Opfer.[1] Das Gesetz zum
»Schutze des deutschen Blutes und der deutschen Ehre«, eines
der »Nürnberger Gesetze« vom September 1935 also, erwähnte
zwar das Wort »Zigeuner« nicht. Reichsinnenminister Wilhelm
Frick betonte aber im Januar 1936 in einem vertraulichen Erlass
zum »Blutschutzgesetz«, dass auch »Zigeuner« unter das Verbot einer Ehe mit »Deutschblütigen« fielen. Zu den »artfrem-
den Rassen«, ließ Frick verkünden, gehörten »in Europa außer
den Juden regelmäßig nur die Zigeuner«.[2]

Die Verfolgung wurde flächendeckend und systematisch,
als im Jahr 1936 eine neue Phase einsetzte. Heinrich Himmler hatte den Machtkampf um die Polizeigewalt gewonnen. Im
Juni 1936 ernannte Hitler den 36-Jährigen zum Chef der
Deutschen Polizei. Damit war auch der Weg frei, die Gewalt
über die Kriminalpolizei auf der Reichsebene zu zentralisie-

---

1 Riechert, Hansjörg, Im Schatten von Auschwitz. Die nationalsozialistische
  Sterilisationspolitik gegenüber Sinti und Roma, Münster 1995, S. 23–93.
2 Der Erlass ist als Faksimile abgedruckt bei Rose, Romani (Hrsg.), Der nationalsozialistische Völkermord an den Sinti und Roma, Heidelberg 1995,
  S. 25 f.

ren. Bis dahin hatten die Länder die Hoheit über die Kriminalpolizei (Kripo) gehabt. Nun avancierte das Preußische Landeskriminalpolizeiamt zum Reichskriminalpolizeiamt. Arthur Nebe wurde der Chef. Über 12 000 Kriminalbeamte im Reich unterstanden nun einer Führung. Die Kripo wurde zusammen mit der Geheimen Staatspolizei (Gestapo) Teil der Sicherheitspolizei unter Reinhard Heydrich. So entstand eine Voraussetzung, um Sinti und Roma systematisch und nach spezifisch nationalsozialistischen Leitlinien zu verfolgen.

1938 gliederte Himmler die »Zigeunerzentrale« der Polizeidirektion München in das Reichskriminalpolizeiamt ein – als »Reichszentrale zur Bekämpfung des Zigeunerunwesens«. Personal und Akten kamen aus Bayern nach Berlin. Die »Zigeunerspezialisten« der Kripo begannen in den folgenden Jahren, eine reichsweite »Zigeunerpolitik« zu konzipieren. Rassentheoretische Annahmen gaben den Überlegungen ihre Richtung. In der nationalsozialistischen Führung der Kripo hing man kriminalbiologischen Ideen an, denen zufolge Kriminalität und Asozialität Ausflüsse eines »schlechten Erbstromes« seien. Ein Teil der Kriminalität beruhte der Theorie nach auf biologischen Anlagen. So konnte man in den Augen der Kripo gefährlich sein, ohne je eine Straftat begangen zu haben. Ab Juni 1938 inhaftierte die Kripo im Rahmen der »vorbeugenden Verbrechensbekämpfung« neben anderen als »asozial« Stigmatisierten eine unbekannte Zahl von Sinti und Roma in Konzentrationslagern. Wie unbescholten der Lebenslauf des Einzelnen war, spielte dabei keine Rolle.[3]

---

3 Wagner, Patrick, Volksgemeinschaft ohne Verbrecher. Konzeption und Praxis der Kriminalpolizei in der Zeit der Weimarer Republik und des Nationalsozialismus, Hamburg 1996, S. 265–279; Luchterhandt, Martin, Der Weg nach Birkenau. Entstehung und Verlauf der nationalsozialistischen Verfolgung der »Zigeuner«, Lübeck 2000, S. 104–110.

Der Leiter der »Rassenhygienischen und bevölkerungsbiologischen Forschungsstelle« des Reichsgesundheitsamtes, Robert Ritter, der einflussreichste »Zigeunerexperte« der nationalsozialistischen Zeit, verstand es, mit seinen biologistischen Ideen an die Theorien der Kripo anzuknüpfen. Mit Erfolg diente er sich ihrem Chef Arthur Nebe an und machte Karriere. Ritter hielt – wie viele andere – »Zigeuner« für kriminell, arbeitsscheu und unstet. Er machte aber im Gegensatz zu Autoren, die traditionell argumentierten, biologische Gegebenheiten dafür verantwortlich. Ritter sah die Gefahr in den angeblichen »Zigeunermischlingen«, weniger in denen, die er »stammecht« nannte. Er hielt neunzig Prozent aller »Zigeuner« im Reich für solche »Mischlinge«.[4]

Im Dezember 1938 ordnete Heinrich Himmler in einem so genannten Grunderlass rassenbiologische Untersuchungen an »Zigeunern« an. Ritter und seine Mitarbeiter erhoben dafür die Daten. Zwar gehörte die »Rassenhygienische Forschungsstelle« formal zum Reichsgesundheitsamt. Tatsächlich aber agierten die Rassenforscher als Mitarbeiter der Polizei. Ritter und seine Kollegen sprachen von »Verhören«, wenn sie Sinti und Roma über ihre Verwandtschaftsverhältnisse aushorchten. Weigerten sich die Befragten, schlugen Ritter und seine Mitarbeiter auch zu oder drohten Frauen, die Haare abzuschneiden.

Eine Sintiza berichtete, wie Ritters Kollegin Ruth Kellermann sie 1942 vernahm: »Frau Dr. Kellermann empfing mich mit den Worten: ›Da bist du ja, Genoveva! Ich habe Dir schon mehrmals geschrieben. Wo hast Du Dich herumgetrieben?‹ Ich erwiderte daraufhin, dass ich nicht Genoveva, sondern Giovanna hieße. Nach meiner Äußerung schlug Frau Dr. Kel-

---

4 Zimmermann, Michael, Rassenutopie und Genozid. Die nationalsozialistische »Lösung der Zigeunerfrage«, Hamburg 1996, S. 135.

lermann mich mit dem Handrücken ins Gesicht. Sie meinte, wenn sie sage, ich heiße Genoveva, dann heiße ich auch so ... Drei Frauen nahmen mich in scharfer Form ins Kreuzverhör. Sie wollten wissen, wo sich mein Vater ... aufhält. Nachdem ich gesagt hatte, ich wisse nicht, wo sich mein Vater aufhalte, wurde ich zum zweiten Mal ins Gesicht geschlagen. Ich bekam Nasenbluten ... Ich habe mich an diesem Tage von 9.00 bis 16.00 in dem Dienstzimmer aufgehalten. Während dieser Zeit wurde ich mehrmals ... geschlagen.«[5]

Die Mitarbeiter der »Rassenhygienischen Forschungsstelle« schufen eine bürokratische Voraussetzung für den Völkermord. Bis zum März 1944 erstellten sie 24 000 »Gutachtliche Äußerungen« über die angebliche Rassenzugehörigkeit von »Zigeunern«.

Während Robert Ritter Zwangssterilisationen forderte, erstrebten die Bürokraten der Kripozentrale die Deportation in den Osten. Im Oktober 1939 verbot Reinhard Heydrich – gerade zum Chef des Reichssicherheitshauptamtes (RSHA) ernannt – Sinti und Roma, ihren Aufenthaltsort zu verlassen. Damit sicherte er seinem Apparat die Verfügungsgewalt über die Minderheit.

Im Mai 1940 setzte die Kripo ihre Deportationspläne zunächst zu einem Teil um. Himmler ließ rund 2 400 Sinti und Roma aus westlichen und nordwestlichen Gebieten Deutschlands in das »Generalgouvernement«, einem Teil des besetzten Polen, verschleppen. Die Kripobeamten vor Ort bekamen die Aufgabe, eine bestimmte Quote an zu Deportierenden zu verhaften, die ihnen das RSHA zuteilte. Sie erzählten den Festgenommenen, in Polen würden sie Haus, Land und Vieh erhalten.

5 Zitiert nach Luchterhandt, Birkenau, S. 217.

Im »Generalgouvernement« hatten die Verantwortlichen keine Vorbereitungen für die Ankunft der Verschleppten getroffen. Ihr weiteres Schicksal hing dort vom Verhalten lokaler Stellen und vom Zufall ab. Die Deportierten eines Hamburger Transports etwa ließ man alle nach der Ankunft erschießen. Ein weiterer Teil kam in Lager, andere hatten Bewegungsfreiheit innerhalb des »Generalgouvernements«. Zurück in die Heimat durfte freilich keiner. Wie viele Sinti und Roma die Maideportation von 1940 überlebten, ist unbekannt. Es dürften weniger als die Hälfte der Verschleppten gewesen sein.[6]

Die »Zigeunerspezialisten« der Kripo planten, gleich anschließend an die erste Deportation auch die restlichen Sinti und Roma aus dem Reich in den Osten zu verschleppen. Doch dazu kam es vorerst nicht. Konflikte zwischen dem RSHA und der nationalsozialistischen Verwaltung des »Generalgouvernements« dürften dabei ebenso eine Rolle gespielt haben wie logistische Fragen.

Nur aus zwei Regionen ließ man in den nächsten Monaten Sinti und Roma verschleppen: aus dem angeschlossenen Österreich und aus Ostpreußen. Besonders furchtbar traf es die Roma des Burgenlandes. 5 000 von ihnen deportierte man im November 1941 in das Ghetto von Lodz (Litzmannstadt). Mehr als die Hälfte der Verschleppten waren Kinder. Die hygienischen Bedingungen im »Zigeunerlager« des Ghettos waren tödlich. 600 Menschen starben dort in den ersten beiden Monaten. Die Überlebenden ließ die SS im Januar 1942 in den Gaswagen des Vernichtungslagers Chelmno (Kulmhof) ersticken. Der Völkermord traf damit die Roma des Burgenlandes von allen Teilen der Minderheit am gründlichsten. Zur Zeit

---

6 Zimmermann, Rassenutopie, S. 381.

des »Anschlusses« Österreichs 1938 lebten im Burgenland knapp 8 000 Roma. 1952 waren es nach einer Volkszählung nur noch 870.[7]

Im Herbst 1942 arbeiteten die Spezialisten der Kripo einen Plan aus, um alle aus dem Reich zu deportieren, die man als »Zigeuner« oder »Zigeunermischlinge« betrachtete. Man fand auch einen Ort, an den man sie verschleppen wollte: Auschwitz-Birkenau. Gerade um diese Zeit, die Jahreswende 1942/43, wurde das Vernichtungslager erweitert. Im Dezember 1942 befahl Himmler die Deportation. Neben Sinti und Roma aus Deutschland und Österreich traf die Anordnung diejenigen aus Böhmen und Mähren, den Niederlanden, Belgien und Nordfrankreich. Himmler informierte Hitler über seine »Zigeunerpolitik«, ohne dass der Diktator selbst eingriff. Er hatte keine Einwände – darauf kam es an.

Von Februar bis April 1943 verhaftete die Kripo systematisch Sinti und Roma im Reich und ließ sie nach Birkenau deportieren. Die Beamten der örtlichen Kripostellen hatten einen weiten Handlungsspielraum bei der Selektion der zu Verschleppenden. So konnte die Kategorie der sozialen Anpassung eine Rolle spielen – auch wenn es den rassistischen Vorgaben widersprach. Aber eine Chance, von der Deportation ausgenommen zu werden, hatte nur, wer sich sterilisieren ließ. Über 2 000 Sinti und Roma wurden Opfer von dieser Bestimmung.

Fast 23 000 Sinti und Roma kamen schließlich nach Birkenau. Knapp zwei Drittel von ihnen stammten aus Deutschland und Österreich. Die Umstände im Birkenauer »Zigeunerlager« waren mörderisch. Der im friesischen Wittmund gebore-

---

7 Lewy, Guenter, »Rückkehr nicht erwünscht«. Die Verfolgung der Zigeuner im Dritten Reich, München/Berlin 2001, S. 198.

ne Sinto Walter Winter erinnert sich an den Lageralltag: »Im Lager kam es immer wieder zu Entlausungen. Täglich kamen Zugänge, und die wurden entlaust. Und wir waren in der ›Hochkonjunktur‹, wie man so sagt, mit 700 oder 800 Menschen in einem Block, also mit fast 500 Mann überbelegt. In einer Pritsche schlief dann mitunter eine ganze Familie, zehn, zwölf, auch vierzehn Personen. Die Leute starben so weg, vor allem die Kinder. Anfangs gab es noch pro Kind einen halben Liter Milch ... Aber trotz der Milch – die Kinder, diese kleinen Kinder, starben weg wie die Fliegen. Wir mussten die Toten registrieren, damit der Bestand stimmte, und sie vorne vor den Block legen, einen neben den anderen, zehn, fünfzehn Kinder jede Nacht. Die haben wir aus den Buchsen rausholen müssen und vorne hingelegt. Ich selbst musste den Totenschein als Schreiber unterzeichnen: Name, Geburtsdatum und dann meine Unterschrift.«[8]

Die wenigsten Sinti und Roma überlebten Birkenau. Von den 23 000 Festgehaltenen starben über 19 000. Die meisten erlagen Hunger und Krankheiten. 5 600 erstickte die SS durch Giftgas. Im August 1944 räumte man das »Zigeunerlager«. Man brauchte die Baracken offensichtlich für Juden aus Ungarn und anderen Ländern. In einer Nacht, vom 2. zum 3. August 1944, trieb die SS 2 900 Sinti und Roma in die Gaskammern. Einige wehrten sich bis zuletzt.

Viele Sinti und Roma fielen dem systematischen Mord außerhalb von Lagern zum Opfer. Im besetzen Osteuropa wurden sie zu einem Ziel der Einsatzgruppen. Die Tötungseinheiten begannen vor allem dort, wo sie länger in einem Gebiet

---

8 Neumann, Thomas W., und Michael Zimmermann (Hrsg.), Walter Stanoski Winter, WinterZeit. Erinnerungen eines deutschen Sinto, der Auschwitz überlebt hat, Hamburg 1999, S. 42.

blieben, Angehörige der Minderheit planmäßig zu ermorden. Das galt etwa für die Einsatzgruppe D auf der Krim. Systematisch mordete man auch dort, wo sich der Apparat lokal verfestigte, wie im Baltikum. In der Sowjetunion und im »Generalgouvernement« starben mehr Angehörige der Minderheit durch Morde der Sicherheits- und Ordnungspolizei als in Konzentrations- und Vernichtungslagern. In Serbien nahm die Wehrmacht im Herbst 1941 neben jüdischen Männern auch solche aus den Reihen der Roma als Geiseln und erschoss sie bei den als »Vergeltung« deklarierten Hinrichtungen. Im besetzten Ost- und Südosteuropa richtete sich die Verfolgung vor allem gegen Umherziehende. Das stand im Gegensatz zur Praxis im Reich. Dort zielten die Maßnahmen vor allem auf die angeblichen »Mischlinge«, also auf sesshaft und angepasst Lebende.[9]

Über die Zahlen der Opfer sind bislang nur Schätzungen im Umlauf. Michael Zimmermann, dessen Gesamtdarstellung auf der bislang breitesten Quellenbasis fußt, versagt es sich in seinem Buch, eine Größenordnung zu nennen.[10] Andere Darstellungen gehen von 200 000 Opfern aus, manche von einer halben Million.[11] Die bislang ausgewerteten Quellen erlauben nicht, solche Zahlen zu verifizieren.

Für Deutschland und Österreich lassen sich die Größenordnungen genauer bestimmen. In Deutschland dürften zu

---

9 Zusammenfassend dazu Zimmermann, Michael, Die nationalsozialistische »Lösung der Zigeunerfrage«. In: Herbert, Ulrich (Hrsg.), Nationalsozialistische Vernichtungspolitik 1939–1945. Neue Forschungen und Kontroversen, Frankfurt/Main 1998, S. 235–262, bes. 249–253.

10 Zimmermann, Rassenutopie, S. 381–383.

11 So etwa Rose, Romani (Hrsg.), »Den Rauch hatten wir täglich vor Augen«. Der nationalsozialistische Völkermord an den Sinti und Roma, Heidelberg 1999, S. 16.

Kriegsbeginn rund 20 000 bis 25 000 als »Zigeuner« Stigma-
tisierte gelebt haben. 15 000 von ihnen starben. In Österreich
ging man 1940 von etwa 11 000 Angehörigen der Minderheit
aus. 75 Prozent von ihnen wurden ermordet.[12] So gut wie jede
Familie unter den Sinti und Roma Deutschlands und Österreichs verlor Angehörige im Völkermord.

Die Nachkriegszeit

Die Minderheit leidet bis heute unter diesem Trauma. Auch
die Töchter und Söhne der Überlebenden bekommen es zu
spüren – umso mehr, als die deutsche Öffentlichkeit den Völkermord jahrzehntelang ausblendete. Nach dem Zusammenbruch des nationalsozialistischen Staates schwankten die
deutsche Bevölkerung und ihre Funktionseliten in ihrer Haltung zu dieser Verfolgungsgeschichte zwischen Ignoranz und
überkommenen Stereotypen.

Wie im Kaiserreich und in der Weimarer Republik übernahmen die Innenbehörden Bayerns auch nach dem Krieg ihre
traditionelle Rolle als Vertreter einer besonders scharfen Politik. 1953 beschloss der Bayerische Landtag, das »Zigeuner-
und Arbeitsscheunengesetz« von 1926 in veränderter Form
neu aufzulegen – als »Landfahrerordnung«. Dem Gesetz zufolge mussten Sinti und Roma besondere Ausweise führen
und sich regelmäßig bei den Behörden melden. Die »Landfahrerordnung« war bis 1970 in Kraft. Sie gründete auf der
Annahme, Sinti und Roma seien generell gefährlich. Die zu-
gehörige Durchführungsverordnung stellte fest: »Gefahr im
Verzug kann im Hinblick auf die Landfahrereigenschaft in der

---

12 Zimmermann, Rassenutopie, S. 381 f.

Regel unterstellt werden.«[13] Die Autoren des Gesetzes mieden den Begriff »Zigeuner« und sprachen von »Landfahrern«, meinten aber Sinti und Roma, denen bestimmte Eigenschaften im Blut lägen: Dem Gesetz zufolge verfügten »Landfahrer« über einen »eingewurzelten Hang zum Umherziehen«, verbunden mit einer »eingewurzelten Abneigung gegen eine Sesshaftmachung«.[14]

Die bayerische »Landfahrerordnung« zeigte, wie gängig die These eines bestimmten »rassischen« Charakters der »Zigeuner« bei deutschen Behörden war. Vor dem Hintergrund hielt man die nationalsozialistische Verfolgungspolitik, von der höchstens diffuse Vorstellungen im Umlauf waren, für eine möglicherweise übertrieben harte, im Kern aber berechtigte Kriminalprävention. Weil man in den Behörden einen Teil der Annahmen über »Zigeuner« mit den nationalsozialistischen Verfolgern teilte, erschien die NS-Politik in einem milden Licht. Die Überlebenden des Völkermords bekamen das auf zweierlei Weise zu spüren: zum einen in den Kommunen, wo die Verwaltungen ihre Ansiedlung zu verhindern suchten; zum anderen bei den Entschädigungsbehörden, die Sinti und Roma nur zu einem geringen Maß als Verfolgte anerkannten.

Das Vorgehen der Stadt- und Gemeindeverwaltungen traf die Überlebenden existentiell, weil es ihre soziale und wirtschaftliche Lage und den Alltag prägte. Ein Beispiel dafür war die Nachkriegspraxis der Stadt Freiburg im Breisgau. Dort beschlossen Vertreter städtischer Ämter und der Polizei im Jahr 1949, »Zigeuner« nach dreitägigem Aufenthalt auf dem Verordnungsweg aus der Stadt zu weisen. Bei den Beratungen zu

---

13 Bayerisches Gesetz- und Verordnungsblatt Nr. 27 (1953), S. 199–206, hier S. 202.
14 Ebenda, S. 197 f.

der Regelung übernahm ein Polizeivertreter die Federführung mit dem Verweis auf seine »langjährigen praktischen Erfahrungen auf diesem Sachgebiet«. Das konnte nur in einer Atmosphäre als Qualitätsmaßstab gelten, in der das Bewusstsein für die Verfolgungsgeschichte fehlte. Begriffe wie »Zigeunerplage« und »Zigeunerunwesen« verwandte man in den städtischen Ämtern weiter.[15]

Neben der Kommunalpolitik wirkte sich in der Entschädigungspraxis das verzerrte Bild der nationalsozialistischen Politik auf die Überlebenden aus. Auch die Rechtsprechung fußte nach 1945 auf der Annahme, die nationalsozialistische Verfolgung der Sinti und Roma sei zu einem guten Teil eine Vorbeugung gegen Kriminelle gewesen. Der Bundesgerichtshof fällte 1956 die Grundsatzentscheidung, dass der NS-Staat die »Zigeuner« frühestens ab März 1943 aus Gründen der Rasse verfolgt habe, als die Deportation von Sinti und Roma nach Birkenau begonnen hatte. Erst zu diesem Zeitpunkt begann demnach die Leidenszeit, für die Überlebende Entschädigung beantragen konnten.

Die Bundesrichter ließen sich von traditionellen Stereotypen leiten. In ihrer Urteilsbegründung hieß es: »Da die Zigeuner sich in weitem Maße einer Sesshaftmachung widersetzt haben, gelten sie als asozial. Sie neigen, wie die Erfahrung zeigt, zur Kriminalität, besonders zu Diebstählen und Betrügereien, es fehlen ihnen vielfach die sittlichen Antriebe der Achtung vor fremdem Eigentum, weil ihnen wie primitiven Urmenschen ein ungehemmter Okkupationstrieb eigen ist.«[16]

---

15 Widmann, Peter, An den Rändern der Städte. Sinti und Jenische in der deutschen Kommunalpolitik, Berlin 2001, S. 35–64.
16 BGH-Urteil vom 7.1.1956, AZ IV ZR 211/55 (Koblenz), zitiert nach Spitta, Arnold, Entschädigung für Zigeuner? Geschichte eines Vorurteils. In:

Die Bundesrichter dürften typische Vertreter des juristischen Berufsstandes gewesen sein: Auch sonst überging die Justiz den Völkermord. Die Täter blieben straffrei. Ein Beispiel dafür bot das Verfahren gegen Robert Ritter, den Leiter der »Rassenhygienischen Forschungsstelle«. Ermittlungen des Oberstaatsanwalts beim Landgericht Frankfurt am Main blieben ohne Folgen – man stellte sie im August 1950 ein.[17]

Informationen, die der herrschenden Sicht widersprachen, waren bis in die sechziger Jahre hinein kaum verfügbar. Suchte man nach wissenschaftlich fundierten Publikationen über Sinti und Roma und ihr Schicksal im Nationalsozialismus, stieß man auf trübe Quellen. Die erste einschlägige Monographie zur nationalsozialistischen Verfolgung der Sinti und Roma aus dem Jahr 1964 ging bezeichnenderweise aus einer Studie zur »Zigeuner-Kriminalität« hervor. Das Buch unter dem Titel »Die Zigeuner im nationalsozialistischen Staat« war eine juristische Dissertation. Ihr Autor Hans-Joachim Döring stellte darin die Leitfrage: »Hat bei Vielen mehrjährige Haft im Konzentrationslager ... zu einer Besserung ihres Verhaltens gegenüber der sesshaften Bevölkerung geführt, oder sind sie – für Jahre aus ihren arteigenen Lebensgewohnheiten gerissen – nach wiedererlangter Freiheit zu Verbrechern geworden, die auch vor schweren Gewalttaten nicht mehr zurückschrecken?«[18] Döring verurteilte die Verfolgung durchaus, hielt aber an Grundannahmen der Rassenkunde und der Kriminalbiologie fest. Vor diesem Hintergrund konnte er in

Herbst, Ludolf, und Constantin Goschler (Hrsg.), Wiedergutmachung in der Bundesrepublik Deutschland, München 1989, S. 385–401, hier S. 386.

17 Hohmann, Joachim S., Robert Ritter und die Erben der Kriminalbiologie. »Zigeunerforschung« im Nationalsozialismus und in Westdeutschland im Zeichen des Rassismus, Frankfurt/Main 1991, S. 133–185.

18 Döring, Hans-Joachim, Die Zigeuner im nationalsozialistischen Staat, Hamburg 1964, S. 12.

Himmlers Grunderlass vom Dezember 1938 »zur Regelung der Zigeunerfrage aus dem Wesen dieser Rasse heraus« und der zugehörigen Ausführungsanweisung Heydrichs lediglich »Kriminalprävention« erkennen.

Eine noch wichtigere Rolle für das Bild der »Zigeuner« und ihrer Verfolgungsgeschichte spielten die Bücher des Arztes Hermann Arnold. Bis in die frühen siebziger Jahre stand Arnold im Ruf des führenden »Zigeunerexperten« der Bundesrepublik. Bundesfamilien- und Bundesinnenministerium zogen ihn ebenso als Berater heran wie die Caritas und der Deutsche Verein für öffentliche und private Fürsorge. Arnold verurteilte zwar Verfolgung und Völkermord, verteidigte aber »rassenhygienische« und kriminalbiologische Thesen.

Zur Lage der ostdeutschen Sinti in den Nachkriegsjahren gibt es nur wenige Informationen. Der im November 2001 verstorbene Publizist Reimar Gilsenbach, der sich in der DDR für Sinti einsetzte, schätzte Ihre Zahl auf 200 oder 300. Viele, die noch die Möglichkeit hatten, sind ihm zufolge in den Westen gegangen. Gilsenbach nannte als einen Grund dafür auch den Paragraphen 249 des Strafgesetzbuches der DDR. Er drohte so genannten Asozialen, die keiner geregelten Arbeit nachgingen, mit Haft. Die Behörden betrachteten die traditionellen Gewerbe der Sinti nicht als geregelte Arbeit. Gilsenbach berichtet von Sinti, die bis zu fünf Jahre in Haft waren.[19]

Die DDR-Behörden erkannten Sinti nur dann als »Verfolgte des Naziregimes« an, wenn sie besonders strenge Bedingungen erfüllten. Nach den entsprechenden Richtlinien aus dem

---

19 Gilsenbach, Reimar, Ein paar hundert Landsleute. Sinti in der DDR-Geschichte. In: ders., Oh Django, sing deinen Zorn. Sinti und Roma unter den Deutschen, Berlin 1993, S. 276–280.

Jahr 1950 mussten »Zigeuner« nachweisen, dass die Nationalsozialisten sie nicht als »Asoziale«, sondern wegen ihrer angeblichen Rasse verfolgt hatten. Außerdem hatten nur diejenigen ein Anrecht, die sich nach 1945 vom zuständigen Arbeitsamt erfassen ließen und eine »antifaschistisch-demokratische Haltung« bewahrt hätten. Eine letzte bekannte Zahl der Sinti, die man in der DDR als »Verfolgte des Naziregimes« anerkannte, stammt aus dem Jahr 1954. Sie lag bei 122. In den nationalen Gedenkstätten fehlten Informationen zur Verfolgung der Sinti und Roma – mit Ausnahme einer Ausstellungstafel im Museum Buchenwald, die man 1985 anbrachte.

Im Westen ließen sich in den sechziger Jahren erste Zeichen einer genaueren Wahrnehmung der Verfolgungsgeschichte erkennen. Der Bundesgerichtshof korrigierte im Dezember 1963 das Grundsatzurteil zur Entschädigung aus dem Jahr 1956. Die Richter datierten nun den Beginn der generellen Verfolgung auf das Jahr 1938. Damit verlängerte sich der Zeitraum, für den Verfolgte Entschädigung beantragen konnten. 1965 orientierte sich das Schlussgesetz zur Entschädigung an dem Urteil.

Der Abschied von überkommenen Geschichtsbildern deutete sich auch indirekt an. Mit dem Generationswechsel verloren in den sechziger Jahren biologistische Thesen über den angeblichen Wandertrieb und die Unmöglichkeit einer Integration nach und nach an Boden. Greifbar wurde das zunächst auf der kommunalen Ebene. Die Städte waren mit ihren Vertreibungsversuchen gescheitert. Die angeblichen »Nomaden« hatten sich als sesshafter erwiesen, als es den Verwaltungen lieb war. Die Überlebenden der Lager und ihre Nachkommen empfanden ihre Wohnorte ebenso als Heimat wie die anderen Bürger. Ein Teil der Städte entschied, sich mit der Minderheit zu arrangieren und sich von der Politik der Abschreckung und Vertreibung zu verabschieden.

In der Zeit, in der Städte und Gemeinden schrittweise die
»Bekämpfung der Zigeunerplage« aufgaben, professionalisier-
te sich auch der kommunale Sozialsektor. Moderne sozialwis-
senschaftliche Ansätze verdrängten die alten Legenden.
Manche Städte rangen sich ab den siebziger Jahren dazu durch,
Programme des sozialen Wohnungsbaus für Sinti und andere
benachteiligte Gruppen umzusetzen. Lokale Behörden begannen, Schul- und Berufsbildung zu unterstützen und soziale Be-
ratung anzubieten. Zwar spielte dabei die Verfolgungsgeschichte als Motiv kaum eine Rolle. Doch der Politikwechsel trug dazu
bei, die Vergangenheit anders wahrzunehmen. Denn wer sich
von der Legende der nicht zu integrierenden kriminellen Minderheit verabschiedete, musste auch das milde Urteil über die
nationalsozialistische Verfolgung aufgeben.[20]

Die Entwicklungen der sechziger und siebziger Jahre brachten aber allein noch keine allgemeine Aufmerksamkeit für die
Verfolgungsgeschichte. Das erreichte erst die politisch enga-
gierte jüngere Generation deutscher Sinti. Eine größere Öffentlichkeit sprachen die Bürgerrechtler erstmals im Oktober
1979 an. Sie erinnerten mit einer Kundgebung in der Gedenkstätte Bergen-Belsen an die Opfer des Nationalsozialismus
unter ihrer Minderheit.[21] Ein Hungerstreik in der Gedenkstätte Dachau folgte im April 1980.[22]

Die jüngere Generation deutscher Sinti war erfolgreich.
1982 mündeten die Aktivitäten in die Gründung des Zentral-

---

20 Widmann, An den Rändern, S. 111–166.

21 Gesellschaft für bedrohte Völker (Hrsg.), Sinti und Roma im ehemaligen
   KZ Bergen-Belsen am 27. Oktober 1979, Göttingen 1980.

22 Widmann, Peter, Späte Einsichten. Die Bundesrepublik und der Völkermord an den Sinti und Roma. In: Graml, Hermann, Angelika Königseder
   und Juliane Wetzel (Hrsg.), Vorurteil und Rassenhaß. Antisemitismus in
   den faschistischen Bewegungen Europas, Berlin 2001, S. 375–390.

rats Deutscher Sinti und Roma. Andere Verbände kamen dazu. Von Anfang an trat der Zentralrat in der Öffentlichkeit als vergangenheitspolitischer Akteur auf. Die ersten Treffen von Vertretern des Zentralrates mit bundespolitischen Repräsentanten standen im Zeichen der Anerkennung von Sinti und Roma als Opfer des Nationalsozialismus. Im März 1982 sprach Bundeskanzler Helmut Schmidt als erster deutscher Regierungschef von einem Völkermord, dem Sinti und Roma im Nationalsozialismus zum Opfer gefallen sind.

Dass eine solche Feststellung heute als Selbstverständlichkeit erscheint, ist den Entwicklungen in den Jahren nach den Aktionen der Sinti-Bürgerrechtler zuzuschreiben. Sie trugen dazu bei, dass sich Historiker und Sozialwissenschaftler der Verfolgungsgeschichte zuwandten. Was das interessierte Publikum und die akademische Fachwelt heute über die nationalsozialistische Verfolgung der Sinti und Roma wissen, kam zum Großteil in den achtziger und neunziger Jahren an die Öffentlichkeit.

Man kann darin einen Durchbruch sehen. Misst man die Entwicklung allerdings an den Hoffnungen der Anfangszeit, bleibt es ein Teilerfolg. Sinti und Roma sind in Deutschland noch immer die Volksgruppe, der die stärkste Abwehr entgegenschlägt. 1994 lehnten 68 Prozent der Deutschen einer Umfrage des Emnid-Instituts zufolge »Zigeuner« als Nachbarn ab.[23] Die Kenntnis des Verfolgungsschicksals, so zeigte sich, ist kein verlässliches Heilmittel gegen Stereotype und Fremdenangst. Das Bearbeiten der Geschichte wird es nicht ersparen, sich mit den Vorurteilen der Gegenwart auseinander zu setzen.

---

23 Golub, Jennifer, Current German Attitudes toward Jews and Other Minorities, o. O. 1994, S. 16.

Dietmar Sedlaczek

Ihrer Jugend beraubt – Kinder und Jugendliche in nationalsozialistischen Konzentrations- und Vernichtungslagern

Kinder gelten als wehrlos und unschuldig; sie bedürfen daher eines besonderen Schutzes und der Fürsorge. Doch auch sie gerieten – wie Erwachsene – in die Fänge des nationalsozialistischen Verfolgungsapparates.[1] Mehrere Millionen Kinder starben während der Zeit des Zweiten Weltkrieges – viele von ihnen fanden den Tod in Konzentrations- und Vernichtungslagern.[2] Darüber hinaus schufen die Nationalsozialisten eigene Konzentrationslager für Kinder und Jugendliche, die beschönigend »Jugendschutzlager« hießen.

Die Geschichte der Konzentrationslager (KZ) lässt sich in drei Abschnitte unterteilen. Der erste begann mit der »Machtergreifung« der Nationalsozialisten im Jahr 1933 und endete 1939 mit dem Beginn des Zweiten Weltkrieges. In dieser Zeit wurden ungefähr sechzig KZ errichtet, die oft nur für eine kurze Zeit existierten. Sie dienten zunächst vor allem der Konsolidierung und dem Ausbau der politischen Herrschaft der

---

1 Siehe Hillberg, Raul, Täter, Opfer, Zuschauer. Die Vernichtung der Juden 1933–1945, Frankfurt/Main 1992, S. 157–168.
2 Vgl. Distel, Barbara, Kinder und Jugendliche im nationalsozialistischen Verfolgungssystem. In: Bamberger, Edgar und Annegret Ehmann (Hrsg.), Kinder und Jugendliche als Opfer des Holocaust, Heidelberg 1995, S. 53–67.

Nationalsozialisten. Deshalb wurden politische Gegner des Regimes, in erster Linie Kommunisten, Sozialdemokraten und Gewerkschafter, eingesperrt. Später folgten Juden, Sinti und Roma, Zeugen Jehovas, Homosexuelle und so genannte Asoziale. In diesem ersten Abschnitt der Geschichte der KZ sind kaum Inhaftierungen von Kindern und Jugendlichen bekannt.[3]

Zwischen 1939 und 1941/42 wurde das System der KZ ausgebaut. In nahezu allen von deutschen Truppen besetzten west- und mittelosteuropäischen Ländern errichteten die Nationalsozialisten weitere Lager. Ab Ende 1941 entstanden in Polen die Zentren der Massenvernichtung, die Vernichtungslager. Die dritte Phase setzte 1942 ein. Inzwischen überzog ein dichtes Netz von Lagern und Außenlagern das Deutsche Reich und die besetzten Gebiete, das weiterhin systematisch ausgebaut wurde. Die Lager dienten längst nicht mehr nur als politisches Terrorinstrument. Vor allem boten sie ein immenses Reservoir von Arbeitskräften für die deutsche Wirtschaft, voran die Rüstungsindustrie, die sich hier hemmungslos mit Sklavenarbeitern versorgte. In einigen KZ, insbesondere aber in den Vernichtungslagern wurde zeitgleich der systematische Mord an den europäischen Juden betrieben. Auch Angehörige der »Zigeuner«, Kriegsgefangene und Zivilisten aus osteuropäischen Ländern wurden massenhaft ermordet.

---

3 Distel, Barbara, Kinder in Konzentrationslagern. In: Benz, Ute, und Wolfgang Benz (Hrsg.): Sozialisation und Traumatisierung. Kinder in der Zeit des Nationalsozialismus. Frankfurt/Main 1992, S. 117–127, hier 118 f.

Die Grundlagen der Verfolgung von Kindern und Jugendlichen

Nationalsozialistischer Ideologie gemäß hatten Kinder und Jugendliche wie Erwachsene einem festen Ideal zu entsprechen. Sie wurden erzogen und gedrillt, beobachtet und auf ihren »Nutzen für die Volksgemeinschaft« hin überprüft. Wer dem Ideal nicht entsprach, galt als »asozial« und wurde entsprechend behandelt. Der Nationalsozialismus ging von einer biologistisch begründeten Ideologie der Hierarchisierung und Selektion von Menschen aus. Während der Begriff der Rasse die Abgrenzung nach außen beschrieb, wurde mit der Zuschreibung »asozial« eine Differenzierung innerhalb der »Volksgemeinschaft« vorgenommen. Ganze Bevölkerungsgruppen gerieten dabei ins Visier des NS-Verfolgungsapparates: Arbeitslose, Obdachlose und Bettler, Prostituierte, Homosexuelle, Sinti und Roma sowie Behinderte, aber auch sozial unangepasste Jugendliche. Sie alle wurden als entweder »Gemeinschaftsfähige« oder »Gemeinschaftsfremde« eingestuft. Diese Unterscheidung konnte für die letztgenannte Gruppe Verfolgung und Haft bedeuten, aber auch Zwangssterilisation und Vernichtung.

Körperlich und geistig behinderte Kinder und Jugendliche entsprachen dem postulierten NS-Ideal von Leistungskraft und Gesundheit am wenigsten. Unabhängig von der Euthanasie-Aktion »T 4«, dem Mord an Behinderten durch Gas in sechs großen Tötungsanstalten, wurden im Rahmen der so genannten Kindereuthanasie Kinder und Jugendliche selektiert und getötet. Von so genannten Kinderfachabteilungen ergingen Meldungen der Anstaltsärzte über als »lebensunwert« erachtete behinderte Kinder an einen entsprechenden »Reichsausschuss«, der wiederum die Weisung zur Tötung erteilen konnte. Diese erfolgte dann mit Medikamenten und durch Nahrungsentzug.[4]

Bereits lange vor der Machtübernahme der Nationalsozialisten waren Sinti und Roma diskriminiert worden: Seit der Reichsgründung 1871 hatte es Erlasse zur »Bekämpfung des Zigeunerunwesens« gegeben, die eine Einweisung von Kindern und Jugendlichen in eine Fürsorgeerziehung vorsahen.[5] Auf diese Weise sollte auf die vermeintliche körperliche Verwahrlosung und den unzureichenden Schulbesuch als Folge des »Wanderlebens der Zigeuner« reagiert werden – mit dem Ziel, ihr »Umherziehen« zu unterbinden und sie sesshaft zu machen.[6] In den Gemeinden versprachen sich die Beamten durch die Wegnahme der Kinder freilich zuallererst einen Abschreckungseffekt, um den Zuzug von Sinti und Roma in ihrer Region zu verhindern.[7] In der Zeit des Nationalsozialismus behielten diese Erlasse ihre Gültigkeit. Sinti und Roma galten den neuen Machthabern als »asoziale Rasse«. Soziale und rassistische Verfolgung können hier nicht getrennt voneinander betrachtet werden.[8]

Im Juli 1933 wurde die Zwangsvereinigung der deutschen Wohlfahrtsverbände zur – von der »Nationalsozialistischen Volkswohlfahrt« (NSV) beherrschten – »Reichsgemeinschaft der freien Wohlfahrtspflege Deutschlands« vollzogen. Damit

---

4 Müller, Jana, Kinder und Jugendliche als Opfer der NS-Verfolgung durch Euthanasie – in Erziehungsheimen – Jugendgefängnissen – Arbeitserziehungslagern – Jugend-KZ (Teil I). In: betrifft widerstand 43/02 (1999), S. 4–13, hier S. 4.

5 Fings, Karola, und Frank Sparing, »tunlichst als erziehungsunfähig hinstellen«. Zigeunerkinder und -jugendliche: Aus der Fürsorge in die Vernichtung. In: Benz, Sozialisation, S. 159–180, hier S. 159.

6 Ebenda.

7 Ebenda, S. 159 f.

8 Ayaß, Wolfgang, »Asoziale« im Nationalsozialismus, Stuttgart 1995, S. 196.

begann die Ausrichtung der Fürsorgeerziehung nach »nationalsozialistischen Erziehungsgedanken«. Früh wurde eine Unterscheidung der Zöglinge in Erfolgs- und Nichterfolgsfälle vorgenommen. Die leichten Fälle verblieben bei der NSV, während die »einwandfrei erbbiologisch minderwertigen Fälle« den Einrichtungen der kirchlichen Verbände zugeführt wurden. Damit war der Weg frei für eine Ausrichtung der Heime nach »rassenhygienischen« Maßgaben.[9] Die so genannten Zöglinge wurden nach ihrer »sozialen Brauchbarkeit« bewertet. Das Ergebnis konnte Zwangssterilisation bedeuten. Auf jeden Fall wurden die Jugendlichen als »erbgesund« bzw. »gemeinschaftsgefährdend« kategorisiert und bestimmten Heimtypen zugeordnet.[10] Darüber hinaus wurde überlegt, weiter gehende Bewertungsabstufungen der Fürsorgezöglinge einzuführen – beispielsweise die Unterteilung in acht Gruppen, die vom »erbgesunden, geistig normalen Jugendlichen aus schlechten häuslichen Verhältnissen« bis zum »verwahrlosten rassischen Fremdling« reichte.[11]

In der Praxis versuchten die zuständigen Behörden allerdings häufig, eine Einweisung von »Zigeunerkindern« in Heime zu verhindern, da deren Erziehbarkeit prinzipiell bezweifelt wurde. Diese Frage hatte unter anderem der Psychologe und Psychiater Robert Ritter aufgeworfen, der bei seinen pseudowissenschaftlichen Untersuchungen an Sinti und Roma herausgefunden haben wollte, dass diese trotz Erziehung und Lehre »Vagabunden« blieben. Die Ursache sah Ritter in der Vererbbarkeit solcher Verhaltensweisen. Ritters These hatte sehr praktische Auswirkungen. Im Rahmen seiner Tätigkeit als Leiter der 1937 beim Reichsgesundheitsamt einge-

---

9 Fings/Sparing, Zigeunerkinder, S. 161.
10 Ebenda, S. 163.
11 Ebenda, S. 163 f.

richteten »Rassenhygienischen und bevölkerungsbiologischen Forschungsstelle« begannen er und seine Mitarbeiter, sämtliche Sinti und Roma im Deutschen Reich zu erfassen. Bereits nach drei Jahren hatten sie 20 000 Gutachten angefertigt. Diese Gutachten wurden später vom Reichskriminalpolizeiamt (RKPA) als Grundlage für die Deportation von Sinti und Roma in die KZ herangezogen.[12]

Wenngleich die »Zigeuner« im Mittelpunkt der Tätigkeit von Ritters »Forschungsstelle« standen, wurden zugleich auch »Asoziale« und straffällig gewordene Jugendliche behördlich registriert.

Das Jugend-KZ Moringen

Im September 1939 hatte Reinhard Heydrich, Chef der Sicherheitspolizei und des Sicherheitsdienstes der SS (SD), erstmals eigene Lager außerhalb der Fürsorgeerziehung zur Internierung »verwahrloster« und sozial unangepasster Jugendlicher gefordert. Prominente Unterstützung erfuhr Heydrichs Forderung von Heinrich Himmler, dem Reichsführer-SS und Chef der Deutschen Polizei. Im Frühjahr 1940 wurde das RKPA mit der Errichtung so genannter Jugendschutzlager beauftragt. Damit endete die Debatte über die Erziehbarkeit bzw. vermeintliche »Unerziehbarkeit« von Jugendlichen in der Fürsorgeerziehung.[13]

---

12 Ebenda, S. 166. Siehe hierzu den Beitrag von Peter Widmann im vorliegenden Band, S. 203–221.

13 Hierzu ausführlich Guse, Martin, und Andreas Kohrs, Zur Entpädagogisierung der Jugendfürsorge in den Jahren 1922 bis 1945. In: Otto, Hans-Uwe, und Heinz Sünker (Hrsg.), Soziale Arbeit und Faschismus. Frankfurt/Main 1989, S. 228–249, hier 228–234.

Diese Diskussion hatte bereits in der Weimarer Republik begonnen: Als unerziehbar eingestufte Jugendliche sollten in »Bewahranstalten« eingewiesen werden. Und diese Einrichtungen sollten keine erzieherischen Aufgaben mehr wahrnehmen, sondern lediglich die Verwertung der Arbeitskraft der betreffenden Personen ermöglichen. Die ideologische Basis der gesamten Debatte bildeten »erb- und rassenhygienische« Vorstellungen des frühen 20. Jahrhunderts. Die brutale Unterscheidung der in Betracht genommenen Personengruppen in »Gemeinschaftsfähige« und »Gemeinschaftsfremde« ließ die Errichtung der Jugend-KZ als zweckmäßigen Ersatz für das seit Jahren geforderte Bewahrungsgesetz erscheinen. Entsprechend positiv waren die Äußerungen aus der Fürsorge: »Wir begrüßen es nun als einen großen Fortschritt, dass wir die zu bewahrenden männlichen Zöglinge seit einigen Monaten in das neu eingerichtete Jugendschutzlager Moringen einweisen können ... Die neue Einrichtung bedeutet für die Fürsorgeerziehungsarbeit eine wesentliche Entlastung und bedeutsame Verbesserung.«[14] Beinahe zeitgleich mit der Errichtung der Jugend-KZ setzten die Vorarbeiten für ein so genanntes Gemeinschaftsfremdengesetz[15] ein, das die KZ-Haft gesellschaftlicher Außenseiter legitimieren sollte. Zu einer Verwirklichung dieses Gesetzes kam es kriegsbedingt allerdings nicht mehr.[16]

Moringen – das erste »polizeiliche Jugendschutzlager« – wurde im August 1940 bei Göttingen eingerichtet. Hier waren

---

14 Zitiert nach ebenda, S. 234.

15 Dazu ausführlich Guse, Martin, und Andreas Kohrs, Die Bewahrung Jugendlicher im NS-Staat. Ausgrenzung und Internierung am Beispiel der Jugendkonzentrationslager Moringen und Uckermark. o. O., o. J. (Diplomarbeit an der Fachhochschule Hildesheim), S. 57–61.

16 »Wir hatten noch gar nicht angefangen zu leben«. Eine Ausstellung zu den Jugend-Konzentrationslagern Moringen und Uckermark 1940–1945. Realisation und Texte: Martin Guse. Moringen und Liebenau 1997 (dritte Auflage), S. 14.

männliche Jugendliche im Alter von etwa 13 bis 22 Jahren interniert. 1942 entstand nahe dem Frauen-KZ Ravensbrück in Brandenburg ein weiteres Jugend-KZ: das Lager Uckermark für weibliche Jugendliche. Annähernd 3 000 Häftlinge waren aus den unterschiedlichsten Gründen in den beiden Jugend-KZ Moringen und Uckermark inhaftiert. Sie kamen nicht allein aus dem Reichsgebiet, sondern auch aus den militärisch besetzten Ländern, so aus Luxemburg, Polen und Norwegen, aber auch aus Slowenien und Österreich.[17] Die Häftlinge erreichten ihrem Bestimmungsort mit der Reichsbahn. In den Fahrplänen für Gefangenentransporte wurden auch die Jugend-KZ Moringen und Uckermark aufgeführt.[18]

Das Lager Moringen befand sich mitten im Zentrum dieser niedersächsischen Kleinstadt. Untergebracht war es in den Gebäuden des bis 1944 parallel bestehenden Werkhauses. Das Moringer Werkhaus[19] war eines von rund fünfzig Arbeitshäusern im Deutschen Reich. Hier wurden seit dem 19. Jahrhundert sozial missliebige Personen interniert – vor allem Männer, denen man »Landstreicherei« oder »Bettelei« vorwarf, aber auch Frauen, die im Verdacht standen, der Prostitution nachzugehen. 1933 wurde in diesem Gebäudekomplex eines der ersten KZ der Nazis errichtet.[20] Bis zum Herbst 1933 waren hier politische Gegner des Systems inhaftiert. Aus einer

---

17   Guse, Ausstellung, S. 20.

18   Ebenda, S. 16.

19   Zum Moringer Werkhaus Meyer, Cornelia, »Abschreckung, Besserung, Unschädlichmachung«. Die Disziplinierung gesellschaftlicher Randgruppen im Werkhaus Moringen (1871–1944). Hausarbeit zur Erlangung des Magistergrades (M. A.) im Fach Mittlere und Neuere Geschichte, Göttingen 2000.

20   Zum Moringer Männer-KZ Hesse, Hans; Mitarbeit Jens Christian Wagner, Das »frühe« KZ Moringen (April 1933–November 1933).«»... ein an sich interessanter Psychologischer Versuch ...«, hrsg. von der Lagergemeinschaft und Gedenkstätte KZ-Moringen e. V. (im Druck).

»Schutzhaftabteilung« für Frauen in diesem Lager entstand bald darauf das erste Frauen-KZ in Moringen.[21] Die größte Gruppe der Insassinnen bildeten die Zeuginnen Jehovas. Darüber hinaus waren Frauen aus dem politischen Widerstand interniert, so genannte Rassenschänderinnen, jüdische Remigrantinnen, Frauen, die einen Schwangerschaftsabbruch vorgenommen hatten und als Berufsverbrecherinnen bezeichnet wurden. Auch Prostitution konnte ein Einweisungsgrund sein. Moringen entwickelte sich zum zentralen Frauen-KZ Preußens. Es bestand bis 1938.

Im August 1940 kamen die ersten jugendlichen Häftlinge nach Moringen. Die Einweisung erfolgte über die Jugend- und Landesjugendämter sowie die Kriminalpolizei vom RKPA, die über ein Vorschlagsrecht zur Inhaftierung »asozialer« und »krimineller« Jugendlicher verfügten. Später erfuhr der Kreis der Einweisungsberechtigten eine erhebliche Ausweitung auf Vormundschaftsrichter, Justizstellen oder die jeweilige Gebietsführung der Hitlerjugend (HJ). Sie alle waren berechtigt, die Haft in einem Jugend-KZ zu beantragen.[22] Vor allem Erziehungsheime und Jugendämter machten von dieser Möglichkeit Gebrauch, um sich missliebiger Zöglinge zu entledigen.

Die Gründe für eine Einweisung in die Jugend-KZ waren vielschichtig:

– die Verweigerung des Dienstes bei der HJ oder dem Bund Deutscher Mädel (BDM) bzw. der Ausschluss aus einer der Organisationen,

---

21 Zum Moringer Frauen-KZ Hesse, Hans, Das Frauen-KZ Moringen 1933–1938. »... und wir daher an diesen Frauen verhältnismäßig gut verdienen. Es wäre daher erwünscht, möglichst viel weibliche Polizeigefangene aufzunehmen«, hrsg. von der Lagergemeinschaft und Gedenkstätte KZ-Moringen e. V., Hürth 2002 (zweite Auflage).

22 Guse/Kohrs, Entpädagogisierung, S. 236.

- so genannte Arbeitsverweigerung, »Arbeitsbummelei«
  oder Sabotage,
- so genannte Unerziehbarkeit, Renitenz oder Kriminalität,
- »Sippenhaft«, zum Beispiel bei politischen Vergehen der
  Eltern,
- die Zugehörigkeit zur »Swing-Jugend«,
- Homosexualität und »sittliche oder sexuelle Verwahrlosung«,
- eugenische Gründe (Behinderte, psychisch Kranke),
- religiöse Gründe (Zeugen Jehovas),
- rassistische Gründe (Juden, Sinti und Roma),
- »Rassenschande«,
- oppositionelles Verhalten und Widerstand.[23]

Diese sehr unterschiedlichen Haftgründe müssen vor dem
Hintergrund der rassistisch geprägten Gemeinschaftsideolo-
gie im Nationalsozialismus gesehen werden. Bereits geringste
Auffälligkeiten im Verhalten wurden als Anzeichen für Asozialität oder Kriminalität gewertet. Widerspenstigkeit und
Auflehnung wurden als »gemeinschaftsfremdes« Verhalten
definiert.[24] Ein solch dehnbarer Begriff ließ den staatlichen
Stellen genug Spielraum für willkürliche Maßnahmen, um
sich missliebiger oder tatsächlich verhaltensauffälliger Jungen
und Mädchen zu entledigen.[25]

Zwischen 1940 und 1945 waren in Moringen etwa
1400 männliche Jungendliche im Alter zwischen 13 und

---

23 Guse, Ausstellung, S. 26.
24 Ebenda.
25 Vgl. Erlass über die »vorbeugende Verbrechensbekämpfung« vom 14.10.1937
   bei Jocheim, Gernot, Die Jugendkonzentrationslager Moringen und Uckermark. In: Berliner Institut für Lehrerfort- und -weiterbildung (Hrsg.), »...
   die vielen Morde ...« Dem Gedenken an die Opfer des Nationalsozialismus.
   Berlin 1999, S. 181–188, hier 183.

22 Jahren aus einem der genannten Gründe inhaftiert. Zunächst waren die Häftlinge in den Gebäuden des Werkhauses untergebracht. 1941 wurde aufgrund der hohen Belegung des Lagers ein zusätzliches Barackenlager mit doppelter Stacheldrahtumzäunung und Wachtürmen errichtet. Außerdem verfügte das Lager über zwei Außenkommandos; seit Juli 1944 eines in einer unterirdischen Munitionsfabrik in Volpriehausen, etwa zwölf Kilometer von Moringen entfernt, und bereits seit Sommer 1943 eines in Berlin-Weißensee.

In seiner Organisationsstruktur glich das Jugend-KZ Moringen den KZ für Erwachsene. An seiner Spitze stand ein Lagerkommandant; bis 1944 war es der Kriminalrat und SS-Sturmbannführer Karl Dieter. Die Blockführer des Lagers gehörten der Waffen-SS und dem SD an. Die 120 Mann starke Wachmannschaft bestand aus Angehörigen der SS-Totenkopfverbände. In der Verwaltung des Lagers arbeiteten Zivilpersonen, aber auch SS-Verwaltungsbeamte. Zwischen 1942 und 1943 unterstand das Jugend-KZ für die Dauer von 15 Monaten der »Inspektion für die Konzentrationslager« beziehungsweise dem Wirtschafts-Verwaltungshauptamt – Amtsgruppe D – Konzentrationslager in Oranienburg.[26]

Robert Ritter, bereits im Zusammenhang der »rassenhygienischen« Erfassung der Sinti und Roma erwähnt, war 1941 zum Leiter des »Kriminalbiologischen Institutes der Sicherheitspolizei und des SD« (KBI) aufgerückt. Die Aufgabe des KBI bestand darin, die mit sicherheitspolizeilichen Aufgaben betrauten staatlichen Einrichtungen im »Kampf gegen Gemeinschaftsfremde« »wissenschaftlich« zu beraten. Des Weiteren sollte ein Archiv mit Daten über alle »asozialen und kriminellen Sippen innerhalb des Reichsgebietes« eingerichtet werden.

---

26 Guse, Ausstellung, S. 28.

Darüber hinaus arbeitete Ritter auch als »Leitender Krimi-
nalbiologe« in den Jugend-KZ Moringen und Uckermark.[27]
Den Jugend-KZ kam dabei die Aufgabe zu, »ihre Insassen
nach kriminalbiologischen Gesichtspunkten zu sichten, die
noch Gemeinschaftsfähigen so zu fördern, dass sie ihren Platz
in der Volksgemeinschaft ausfüllen können, und die Uner-
ziehbaren bis zu ihrer endgültigen anderweitigen Unterbrin-
gung (in Heil- und Pflegeanstalten, Bewahranstalten, Konzentrationslagern usw.) unter Ausnutzung ihrer Arbeitskraft zu
verwahren.«[28] Wie Ende der dreißiger Jahre die Sinti und Roma, unterzogen Ritter und seine Mitarbeiter nun die jugendlichen Häftlinge in Moringen und Uckermark einer »kriminalbiologischen Erfassung«. Diese bestand aus Befragungen zu
den Familienverhältnissen über mehrere Generationen, zum
Verlauf der Pubertät, zu Freizeitgestaltung und Krankheiten,
zu Schulbildung und Beruf. Außerdem wurden die Körper der
Jungen und Mädchen vermessen. Zu den Folgen dieser Untersuchungen gehörten auch Zwangssterilisierungen: So sind für
Moringen 22 solcher Eingriffe nachgewiesen, die in der Chir-
urgie der Göttinger Universitätsklinik durchgeführt wurden.[29]
    Ritter entwickelte im Rahmen seiner Tätigkeit in den beiden
Jugend-KZ ein differenziertes Blocksystem. Es basierte auf
»sozialdarwinistisch und rassenbiologisch orientierten Vorstellungen von einer erblich bedingten Kriminalität oder Asozialität«.[30] Nach diesem System wurden die jugendlichen
Häftlinge in bestimmte Typen unterteilt, nach denen auch die
Gliederung der Blöcke vorgenommen wurde. So gab es im La-

---

27 Guse/Kohrs, Entpädagogisierung, S. 237.
28 Zit. nach ebenda, S. 237 f.
29 Guse, Ausstellung, S. 31.
30 Ebenda, S. 238.

ger Blöcke der »Untauglichen«, der »Störer«, der »Dauerversager«, »Gelegenheitsversager«, der »fraglich Erziehungsfähigen« und der »Erziehungsfähigen«.[31] Des Weiteren gab es einen »Beobachtungsblock« für die Neuankömmlinge im Lager und einen »Stapo-Block« für Häftlinge, die als politisch-oppositionell eingestuft wurden – wie beispielsweise die Anhänger der so genannten Swing-Jugend aus Hamburg oder Jugendliche aus dem österreichisch-slowenischen Grenzgebiet, die im Verdacht standen, den Partisanen anzugehören oder diese zu unterstützen. Die Zuordnung zu bestimmten Blöcken konnte für die jugendlichen Häftlinge die Überstellung in andere KZ oder die Einberufung ins Militär im Erwachsenenalter zur Folge haben, aber auch die Einweisung in eine geschlossene Heil- und Pflegeeinrichtung oder eine »Bewahranstalt«.[32]

Der Tagesablauf der Moringer Häftlinge war normiert und präzise geregelt: Im Mittelpunkt stand eine straffe und militärisch ausgerichtete »Erziehungsbewahrung«. Arbeit, Sauberkeit, Ordnung, Pünktlichkeit und Disziplin wurden durch Anordnungen, Appelle und Strafen brutal und erbarmungslos durchgesetzt. Neben dem Entzug von Vergünstigungen (zum Beispiel Postsperre) und Ordnungsstrafen, wie das Essen stehend einnehmen zu müssen, wurden vor allem der Essensentzug, das »harte Lager« (Entfernung des Strohsacks), das Strafstehen, der Dauer- und Bunkerarrest (nur alle drei Tage volle Beköstigung, ansonsten Wasser und Brot), die Stockhiebe und das Strafexerzieren (so genannter Strafsport, der nicht selten zum völligen physischen Zusammenbruch führte) von den Häftlingen als besonders schmerzlich empfunden.[33]

---

31 Ebenda S. 238 f.
32 Ebenda, S. 240.
33 Guse/Kohrs, Entpädagogisierung, S. 241 f.

Erwin Rehn aus Heide in Schleswig-Holstein verfasste einen Bericht über seine Haftzeit im Moringer Jugend-KZ. Rehn hatte Kontakt zu einer Gruppe holländischer und dänischer Zwangsarbeiter, die ein Nachrichtennetz aufgebaut hatten. Für diese Gruppe übernahm er Botendienste und half bei der Verbreitung antifaschistischer Flugblätter. Die Gruppe flog auf, und Rehn kam nach einer misslungenen Flucht in die Niederlande nach Moringen. Am Beispiel des »Stapo-Blocks« beschreibt er den Lageralltag in Moringen: »Bewegung war nur im Laufschritt möglich. Es verging kein arbeitsfreier Tag, an dem sich die Häftlinge nicht ›sportlich‹ betätigten, ohne Rücksicht auf die Witterung. Abends, nach Einschluss, blieb der Blockführer E. noch im Block, und dann ging es weiter bis teilweise zwei Uhr in der Nacht. Bestrafungen wurden schon für geringfügige Sachen, für die es sonst nur ein paar Faustschläge gab, ausgesprochen. Appelle wurden durchgeführt, darunter der menschlich so entwürdigende ›Gesundheitsappell‹, bei dem der Blockführer die Geschlechtsteile der Häftlinge inspizierte. Es gab keinen Sonntag und keinen Feiertag.«[34]

Einen wesentlichen Bestandteil des Moringer Lageralltags bildete die Arbeit, die als Erziehungsmittel verbrämt wurde. Tatsächlich sollte die Arbeitskraft der Heranwachsenden rücksichtslos ausgebeutet werden: Bei unzureichender Ernährung und mangelnder Hygiene mussten die Jungen einen mehr als zehnstündigen täglichen Arbeitseinsatz in einer Vielzahl unterschiedlicher Kommandos leisten – beispielsweise in der betriebseigenen Landwirtschaft, in der betriebseigenen Schlos-

---

34 Rehn, Erwin, Gedächtnisbericht über das SS-Sonderlager (Jugendschutzlager) MORINGEN und über das Außenlager VOLPRIEHAUSEN. In: Mitteilungen der Dokumentationsstelle zur NS-Sozialpolitik 9/10 (1985), S. 91 ff.

serei, in einer Strickerei, Sattlerei, Schneiderei sowie einer Weberei. Vor allem für die Wehrmacht wurde produziert. Auch Betriebe aus der Umgebung nutzten das Jugend-KZ als Arbeitskräftereservoir. Die beiden größten Arbeitgeber waren die Firma Piller, die sich nur aufgrund der billigen Arbeitskräfte in Moringen angesiedelt hatte, und die Heeresmunitionsanstalt in Volpriehausen, die in einem alten Kalibergwerk unter Tage Munition herstellte. Darüber hinaus waren die jugendlichen Häftlinge unter anderem in einer Zementfabrik, beim Autobahnbau, bei Flussregulierungen, beim Kabelverlegen für die Reichspost und zum »Schwellenstopfen« bei der Reichsbahn eingesetzt.

Der ehemalige Moringer Häftling Friedrich Axt erinnert sich an die verschiedenen Kommandos, in denen er Zwangsarbeit leisten musste: »Über der Weberei befand sich (bis 1942 – D. S.) die Sackkleberei. In ihr wurden Tüten für das in der Nähe befindliche Zementwerk hergestellt ... Die Tütenkleberei war ein reines Strafkommando und so waren auch die meisten Jungen vom Block S (der ›Störer‹ – D. S.) dort beschäftigt ... Ich musste die Böden der Zementtüten falzen; verlangt wurden Hundert Stück in der Stunde, Tausend am Tag, das normale Pensum.

In einem großen Kessel im Nebenraum wurde Kleister gekocht. Der bestand aus Mehl, mit chemischen Zusätzen. Manche Jungen haben das Zeug vor Hunger gegessen ... Dreißig Jungen falzten, 15 klebten die Böden zu ... Nach der hundertsten Tüte fingen die Fingerspitzen an zu bluten. Man behalf sich mit Klebeband, denn die Tüten durften ja nicht blutig werden. Nach einem Vierteljahr hatte ich keine Papillarlinien mehr an meinen Fingerspitzen; die Haut dort war ohne jede Rille ...

In der Sackkleberei war ich ein halbes Jahr ... Vom Bahnhof Moringen wurde ein neues Gleis zu einem kriegswichtigen

Betrieb gelegt, der in einer Turnhalle provisorisch eingerichtet wurde. Da der Moringer Bahnhof ca. zwei Kilometer außerhalb der Stadt liegt und die Turnhalle am Stadtausgang in entgegengesetzter Richtung, war eine Strecke von fast sechs Kilometer zu verlegen. Der Damm war schon aufgeschüttet, aber wir mussten den Schotter herankarren, Schwellen und Schienen legen und den Schotter dann mit einer Art Pickel unter den Schwellen ›kuffern‹. So nannte man diese Arbeit. Diese Arbeit war viel zu schwer für uns halbe Kinder ...

Mein drittes Außenkommando war der Autobahnabschnitt Kassel – Göttingen. Wir fuhren jeden Tag mit dem Zug nach Northeim und von dort mit Lastwagen zur Baustelle. Wir arbeiteten unter den Firmen Wayss & Freytag und Franke – Pfahl. Wir gossen riesige Betonpfeiler, auf denen die Autobahn gebaut wurde ...

Auf einer anderen Baustelle arbeiteten wir als Planierkolonne. Als Fundament für den Autobahnbau verwendete man gemahlenen Glasabfall. Wenn das Zeug in die Schuhe eindrang, waren die Füße bis zu den Knöcheln aufgescheuert. Deshalb arbeiteten wir lieber barfuß, trotz der glühenden Hitze; die Füße gewöhnten sich daran ... Die Arbeitszeit betrug wie überall zehn Stunden, ohne An- und Abfahrt ...

Mein letzter Arbeitsplatz war eine Munitionsfabrik, Heeres-MUNA genannt. Sie befand sich im Salzbergwerk Wittekind in Volpriehausen. Dort waren über Tage zehn bis zwölf mechanische Werkstätten eingerichtet, die mit automatischen Drehbänken ausgestattet waren. Nach einer Anlernzeit von etwa einer halben Stunde mussten wir Schrauben und Muttern verschiedener Größe herstellen ...

Im Bergwerk selbst waren unter Tage eine riesige Fabrik und Lagerhallen für Pulver und Granaten eingerichtet. Hier wurden Flak-Granaten und die dazu gehörenden Kartuschen hergestellt und in Kisten verpackt. Wir standen unter der Anleitung von Munitionsspezialisten und unsere ›Ausbildung‹ war doch um vieles besser als über Tage. Es bestand ja auch die Gefahr, dass bei unsachgemäßer Handhabung das ganze Bergwerk in die Luft fliegen konnte ... Wir füllten die Kartuschen mit Röhrenpulver, sogenannten ›Makkaronis‹, denen sie ähnlich sahen. Wir drehten Zünder auf die Granaten und stellten sie ein, teilweise wenigstens.«[35]

Das Ende des Moringer Jugend-KZ kam erst mit der Niederlage des NS-Staates. Noch im März 1945 wurden 250 Häftlinge in die Wehrmacht eingezogen. Anfang April 1945 ordnete das RKPA die Räumung des Lagers an. Zurück blieben nur die Schwerstkranken. Für die anderen etwa 500 Häftlinge begann ein hundert Kilometer langer »Evakuierungsmarsch«, der sie in den Harz führte. Das Ende ihrer Haft kam für die völlig entkräfteten Jugendlichen, als die SS in den Ortschaften Lochtum und Appenrode vor den heranrückenden amerikanischen Truppen floh und die Häftlinge einfach sich selbst überließ.

Nicht alle Häftlinge erlebten die Befreiung. Aufgrund der hygienischen Verhältnisse und der katastrophalen Ernährungslage bei gleichzeitiger Schwerstarbeit starben viele Jungen; die SS registrierte 89 Todesfälle. Die tatsächliche Todesrate dürfte weitaus höher liegen. Heute erinnern ein Gedenkstein und ein Gräberfeld an die in Moringen zu Tode gekommenen jugendlichen Häftlinge.

---

35 »Lagerzögling Nr. 316 (Friedrich Axt) Gedächtnisbericht über das Jugend-Konzentrationslager Moringen/Solling (Jugendschutzlager)«, Archiv der KZ-Gedenkstätte Moringen. Der Bericht ist auszugsweise veröffentlicht in: KZ-Moringen. Männerlager. Frauenlager. Jugendschutzlager. Eine Dokumentation, hrsg. von der Gesellschaft für christlich-jüdische Zusammenarbeit Göttingen e.V., S. 31–43.

Verschleppung in Konzentrationslager und zur Zwangsarbeit – das Beispiel Polen

Eine massenhafte Deportation von Kindern und Jugendlichen in KZ erfolgte ab 1939 beziehungsweise 1942, also während der zweiten und dritten Phase des Ausbaus des Lagersystems. In fast allen Lagern befanden sich zeitweise größere oder kleinere Gruppen von Kindern. Ihre genaue Zahl lässt sich nicht ermitteln. Zuallererst waren jüdische Kinder betroffen, gefolgt von Kindern der Sinti und Roma. Schließlich wurden in hohem Maß auch polnische und russische Kinder in KZ verschleppt.

Durch die Kriegsereignisse und den Terror der deutschen Besatzungsmacht haben viele polnische Kinder ihre Eltern verloren. Allein stehende und obdachlose Jungendliche wurden interniert, damit sie die öffentliche Fürsorge nicht belasteten. Im Dezember 1942 wurde in Lodz hierfür das »Polen-Jugendverwahrlager Litzmannstadt« errichtet.[36] Gründe für die Einweisung, die ohne richterlichen Beschluss und ohne Festlegung der Haftdauer erfolgte, konnten darüber hinaus die Verweigerung der Zwangsarbeit, der Verdacht einer Mitarbeit in der Widerstandsbewegung, Widerstand gegen Germanisierungsversuche und Inhaftierung oder Tod der Eltern sein.[37] Durchschnittlich waren in diesem Lager etwa 1 500 Jungen und Mädchen im Alter von zwei bis 16 Jahren interniert.[38] Diese mussten in lagereigenen Werkstätten bei unzureichen-

---

36 Siehe Hepp, Michael, Denn hier ward die Hölle. Kinder und Jugendliche im »Polenverwahrlager Litzmannstadt«. In: Mitteilungen der Dokumentationsstelle zur NS-Sozialpolitik 2, 11/12 (1986), S. 49–71.

37 Hrabar, Roman, Zofia Tokarz und Jacek E. Wilczur, Kriegsschicksale polnischer Kinder, Warschau 1981, S. 81 f.

38 Siehe Weinmann, Martin (Hrsg.), Das nationalsozialistische Lagersystem (CCP), Frankfurt/Main 1990, S. XLVIII (48); Kozlowicz, Tatiana, Das Arbeits-

der Ernährung Zwangsarbeit leisten und waren zudem den Übergriffen der Bewacherinnen und Bewacher ausgesetzt.

Polen hatte besonders stark unter der nationalsozialistischen Gewaltherrschaft zu leiden: Über sechs Millionen Menschen verloren ihr Leben, das entsprach 22 Prozent der Bevölkerung. Über ein Drittel der Opfer waren Kinder.[39] Sie waren von der Brutalität der deutschen Besatzungspolitik besonders stark betroffen. Wie viele Erwachsene mussten auch sie Zwangsarbeit leisten. Im so genannten Generalgouvernement galt die Arbeitspflicht vom 14. Lebensjahr und in den dem Reich eingegliederten Gebieten sogar vom zwölften Lebensjahr an. Die Altersgrenzen wurden jedoch oft unterschritten.[40] Ab Februar 1943 bestand absoluter Arbeitszwang; er galt für zehnjährige Kinder wie für schwangere Frauen und stillende Mütter. Je stärker der Arbeitskräftemangel spürbar wurde, desto intensiver versuchte man auch, polnische Kinder und Jugendliche als Arbeitskräfte ins Reich zu verschleppen.[41]

Zu diesen polnischen Zwangsarbeitern gehörte auch Moritz T.[42] Er war beides: Pole und Jude. Moritz wurde 1928 in Wielun geboren, einer polnischen Kleinstadt, nahe der Grenze zum damaligen Deutschen Reich. Seine Familie war – wie ein großer Teil der ortsansässigen Bevölkerung – jüdischen Glau-

---

straflager für polnische Kinder und Jugendliche in Lodz. In: Hauptkommission zur Untersuchung der Naziverbrechen in Polen (Hrsg.), Verbrechen an polnischen Kindern 1939–1945, München/Salzburg 1973, S. 64.

39 Hrabar/Tokarz/Wilczur, Kriegsschicksale, S. 214.

40 Ebenda, S. 37.

41 Ebenda, S. 39.

42 Zu Moritz T.: Sedlaczek, Dietmar, »Das Lager läuft dir hinterher ...« Leben mit nationalsozialistischer Verfolgung, Berlin/Hamburg 1996, darin S. 256–296. Kennen gelernt hatte ich Moritz T. im Sommer 1988 in einer Kleinstadt in der Nähe von Hamburg, wo er bis zu seinem Tod im Jahr 1989 lebte.

bens. Sein Vater hatte im Ersten Weltkrieg in der deutschen Artillerie gekämpft und arbeitete als Handwerker. Seit dem vierten Lebensjahr lernte Moritz Hebräisch und wurde in der jüdischen Religion unterwiesen. 1935 erfolgte seine Einschulung. Mit dem Überfall der Deutschen auf Polen endete vier Jahre später abrupt die Schulzeit. Im November 1939 wurden die jüdischen Jungen des Ortes zusammengetrieben und anschließend deportiert. Seine Eltern und seine beiden Schwestern sollte Moritz nie wieder sehen. Er kam in verschiedene Arbeitslager in der Nähe von Posen, die die deutschen Besatzer entlang der geplanten Autobahnstrecke von Berlin nach Stalingrad errichtet hatten. Im August 1943 wurden die Häftlinge der Posener Arbeitslager nach Auschwitz deportiert. Nach einigen Wochen im Stammlager musste Moritz in verschiedenen Außenlagern arbeiten wie ein Erwachsener, unter anderem in der Kohlengrube Jaworzno. Nach einem Luftangriff wurde das Außenlager im Januar 1945 »evakuiert«. Es folgte ein mehrwöchiger Fußmarsch der Häftlinge, der Moritz in das KZ Leitmeritz führte, nahe Theresienstadt. Im Mai 1945 befreite die Rote Armee das Lager. Damit endete für den 17 Jahre alten Moritz eine sechsjährige Haftzeit in deutschen KZ.

Doch die slawischen Völker sollten den »arischen Herren« nicht nur als Arbeitssklaven dienen. Die »rassisch wertvollen Elemente«, wie es die NS-Rasseideologen nannten, sollten »germanisiert« werden – nicht zuletzt um den Geburtenrückgang und die Kriegsverluste im Reich auszugleichen.[43] Schätzungen zufolge sind 200 000 polnische Kinder zu diesem Zweck verschleppt worden.[44]

---

43 Johansen, Erna M., »Ich wollt', ich wäre nie geboren«. Kinder im Krieg, Frankfurt/Main 1986, S. 155 ff.
44 Hrabar/Tokarz/Wilczur, Kriegsschicksale, S. 214.

Kinder in Auschwitz

Jüdische Kinder und Jugendliche waren in Deutschland seit der »Machtergreifung« 1933 Opfer der antisemitischen Diskriminierung durch die Nationalsozialisten gewesen. Mit der Ausweitung des deutschen Herrschaftsbereiches verschärfte sich diese Politik im Reich, aber vor allem in den besetzten Gebieten weiter. Die Verfolgung mündete in dem Plan, das europäische Judentum zu vernichten. Hierzu errichteten die Deutschen im Osten Vernichtungszentren. 1940 wurde nahe Auschwitz im besetzten Polen ein KZ errichtet und ab Oktober 1941 um das Vernichtungslager Auschwitz II (Birkenau) erweitert. 1942 begannen erste Transporte von Familien, unter ihnen zahlreiche Kinder, dorthin: Aus fast allen Ländern unter deutscher Besetzung und den Satellitenstaaten kamen Züge an. Die meisten Kinder wurden gleich nach ihrer Ankunft durch Giftgas ermordet.

Illegal angefertigte Abschriften von Unterlagen der Lagerbehörden und Aussagen ehemaliger Häftlinge geben Auskunft über diese Transporte: Aus der Sowjetunion leiteten die »Einsatzkommandos« der SS oftmals ganze Familien nach Auschwitz – einige direkt, andere über die Zwischenstation Majdanek. Ende März 1942 setzten die Transporte aus der Slowakei ein.[45] Unter dem Datum des 16. August 1942 ist ein Transport aus dem polnischen Sosnowiec mit 2 000 jüdischen Frauen, Männern und Kindern nach Auschwitz-Birkenau verzeichnet, die sämtlich in den Gaskammern getötet wurden. Am selben Tag erreichte auch der 19. Transport des Reichssicherheitshauptamtes aus dem französischen Drancy das Vernichtungslager Auschwitz. Er bestand aus 991 französischen Juden.

---

45 Meyer, Alwin, Die Kinder von Auschwitz, Göttingen 1990, S. 20 f.

Nach der Selektion wurden 876 von ihnen ins Gas geführt, darunter vor allem Frauen und Kinder.[46]

Viele jüdische Kinder wurden aus dem tschechischen Theresienstadt nach Auschwitz deportiert. Der erste Zug erreichte das Lager am 28. Oktober 1942. Von den 1866 Männern, Frauen und Kindern wurden 1619 sofort durch Giftgas ermordet. Mit einem dieser Transporte kam auch Ruth Klüger als Kind gemeinsam mit ihrer Mutter nach Auschwitz. In ihrem Buch »Weiter leben. Eine Jugend« berichtet sie über diese Fahrt: »Noch jetzt, wenn ich Güterwaggons sehe, überläuft es mich. Es ist üblich, Viehwaggon zu sagen, aber auch Tiere werden ja normalerweise nicht so befördert, und wenn, so sollte es nicht sein ... Die Türen waren hermetisch abgeschlossen, Luft kam nur durch ein kleines Viereck von einem Fenster ... Ich weiß nicht, wie lange die Reise gedauert hat. Wenn ich auf die Landkarte schaue, ist es gar nicht so weit von Theresienstadt nach Auschwitz. Aber diese Fahrt war die längste je. Vielleicht hat der Zug auch mehrmals gehalten und ist herumgestanden. Bestimmt nach der Ankunft in Auschwitz, doch wohl schon vorher standen die Waggons, und die Temperatur drinnen stieg. Panik. Ausdünstung der Körper, die es nicht mehr aushielten in der Hitze und in einer Luft, die mit jeder Minute zum Atmen ungeeigneter wurde. Von daher glaube ich eine Ahnung zu haben, wie es in den Gaskammern gewesen sein muss. Das Gefühl, verlassen zu sein, und damit meine ich nicht, vergessen zu sein; vergessen waren wir nicht, denn der Wagen stand ja auf Schienen, hatte eine Richtung, würde ankommen; aber verworfen, abgetrennt, in eine Kiste gepfercht, wie unnützer Hausrat.«[47]

---

46 Ebenda, S. 12.

47 Klüger, Ruth, Weiter leben. Eine Jugend, Göttingen 1992, S. 107 f.

Im September 1943 wurde in Auschwitz-Birkenau das »Familienlager Theresienstadt« errichtet. Auch Ruth Klüger und ihre Mutter kamen dorthin. Die Menschen im »Familienlager« wurden aufgefordert, ihren Angehörigen und Freunden vorbereitete Postkarten zu schicken. So sollte die Öffentlichkeit über den wahren Charakter des Lagers getäuscht und somit der Völkermord an den Juden vertuscht werden.[48] Der Alltag der Kinder war grausam, wie Ruth Klüger berichtet: »›Was habt ihr Kinder in Auschwitz gemacht?‹ hat mich neulich jemand gefragt. ›Habt ihr gespielt?‹ Gespielt! Appell gestanden sind wir. In Birkenau bin ich Appell gestanden und hab Durst und Todesangst gehabt. Das war alles, das war es schon.«[49]

Von März 1943 bis zum August 1944 rollten Transporte mit griechischen Juden nach Auschwitz. Am 15. Mai 1944 begannen die Deportationen der ungarischen Juden in das Vernichtungslager. In einem dieser Transporte befand sich Frau S., gemeinsam mit ihren Eltern und ihrer fünfjährigen Tochter Alice.[50] Nach ihrer Ankunft im Lager Auschwitz-Birkenau begann die Selektion. Hier wurden sie getrennt: Frau S. musste nach rechts und Eltern und Tochter wurde befohlen, nach links zu gehen. Mit großer Verzweiflung machte sich Frau S. auf die Suche nach ihrer Tochter. Sie ahnte nicht, was die Selektion bedeutete. Nach zwei Tagen sprach sie eine ältere Frau an, die schon länger im Lager war, ob sie ihr nicht erklären könne, wo man jene hingeführt habe, die bei der Selektion nach links gehen mussten. Die alte Frau wies nur mit dem Kopf zu den Schornsteinen der Krematorien. So wie Frau S.

---

48 Meyer, Kinder von Auschwitz, S. 20.
49 Klüger, Weiter leben, S. 117.
50 Zu Frau S: Sedlaczek, »Das Lager«, S. 209–255.

erging es vielen Frauen. Jene, die sich nicht von ihren Klein-
kindern trennen wollten, wurden mit ihnen gemeinsam ins
Gas geführt. Und jene, die ihre Kinder den Großeltern anver-
trauten, wurden zur Arbeit eingeteilt, während Großeltern
und Kinder zur Vernichtung geführt wurden.

Besonders furchtbar erging es schwangeren Frauen. In der
ersten Zeit wurden sie sofort durch Giftgas ermordet, später
kam es auch zu Entbindungen – manches Mal im Verborge-
nem. Viele dieser Frauen starben an Blutvergiftungen. Die
Säuglinge hatten keine Überlebenschance; sie wurden ihren
Müttern weggenommen und sofort getötet. Oder die Neuge-
borenen starben bereits wenige Tage nach ihrer Geburt an
Krankheiten und Unterernährung.

Die genaue Zahl von Entbindungen im Lager lässt sich
nicht ermitteln, von mindestens 448 registrierten Fällen – in
der Mehrzahl Sinti und Roma – ist jedoch auszugehen.[51]
Einen erschütternden Bericht über die Verhältnisse im Kran-
kenbau des so genannten Zigeunerlagers liefert der ehemalige Auschwitz-Häftling Hermann Langbein: »In der Nachbar-
baracke liegen die Frauen und Kinder. Hier gebären sie auch.
Da liegen auf dem Strohsack sechs Babys, sie können erst ein
paar Tage alt sein. Wie schauen sie aus! Dürre Glieder und einen aufgetriebenen Bauch. Auf den Pritschen nebenan liegen
ihre Mütter, ausgezehrt, brennende Augen ... Auf der Rück-
wand (der Baracke – D. S.) ist ein Holzverschlag angebaut, es
ist die Leichenkammer. Ich habe schon viele Leichen im KZ
gesehen. Hier schrecke ich zurück. Ein Berg von Leichen, gut
zwei Meter hoch. Fast lauter Kinder, Babys, Halbwüchsige,
darüber huschen Ratten.«[52]

---

51 Meyer, Kinder von Auschwitz, S. 16.
52 Zitiert nach ebenda, S. 17.

Kinder und Jugendliche waren in allen KZ inhaftiert: in Auschwitz, Bergen-Belsen, Buchenwald, Dachau, Groß-Rosen, Majdanek, Mauthausen, Neuengamme, Ravensbrück, Stutthof und Theresienstadt. Ebenso wurden viele Kinder in die Vernichtungszentren deportiert und dort ermordet: nach Auschwitz-Birkenau, Belzec, Kulmhof, Sobibor und Treblinka.

Leben nach dem Lager

Wer von diesen Kindern die Befreiung erlebte, fand sich nur schwer in der Welt außerhalb der Lager zurecht. Die Spuren von Haft und Unterdrückung, die Erfahrung von sozialer Ausgrenzung und Entrechtung, von tiefster Demütigung und brutaler Misshandlung prägten fortan ihr Leben; Angst blieb ein ständiger Begleiter.

Alwin Meyer beschreibt in seinem Buch »Die Kinder von Auschwitz« die psychische Situation der Kinder nach ihrer Befreiung: »Kinder, die längere Zeit im Konzentrationslager gewesen waren, hatten nach ihrer Befreiung keinerlei Verhältnis zu den Dingen des täglichen Lebens. Sie kannten sie nicht. Tische dienten ihnen als Sitzgelegenheiten, Stühle als Wurfgeschosse. Essbestecke als Instrumente ... Die Kinder waren auffallend reizbar. Ihre Stimmungen waren stark schwankend. Gegenüber ihrer neuen Umgebung verhielten sie sich lange misstrauisch, oft sogar feindselig. Sie waren immer in Furcht, dass Ihnen etwas entrissen wird: Kleidungsstücke, Essen, Spielsachen. Sie verteidigten es, als ginge es um ihr Leben. Wenn sie jemand verließ, setzten sie das mit ›Tod‹ gleich – eine Erfahrung, die sie im Lager täglich hatten machen müssen.«[53]

---

53 Ebenda, S. 34.

Mit der Rückkehr aus den Lagern war dennoch die Hoffnung verbunden, an das Leben vor der Verfolgung anknüpfen beziehungsweise erstmals ein eigenes Leben aufbauen zu können. Doch dies gelang nur wenigen. Viele hatten ihre nächsten Angehörigen, ihre Eltern und Geschwister, manche die gesamte Familie verloren. Das Zuhause war ihnen genommen und eine neue Heimat nur schwer zu finden.

Als Beispiel sei abermals Moritz T. aus dem polnischen Wielun angeführt: Er war 17, als er nach sechs Jahren Haft in deutschen KZ befreit wurde. Moritz hatte weder eine abgeschlossene Schul- noch eine Berufsausbildung. Was sollte er tun? Nach Polen konnte er zunächst nicht zurück. Er wusste auch nicht, ob Eltern und Geschwister noch am Leben waren. So nutzte er die Gelegenheit, mit Hilfe eines christlich-jüdischen Flüchtlingskomitees nach England zu emigrieren. Hier kam er allerdings nicht zurecht und ging zwei Jahre später nach Uruguay, wo ein Bruder seiner Mutter in Montevideo lebte. 1952 heiratete er eine jüdische Frau und hoffte, mit der Familiengründung endlich zur Ruhe zu kommen. Moritz versuchte sich in verschiedenen Berufen, gelangte sogar zu einer eigenen Bäckerei. Doch letztlich stellte sich weder das ersehnte familiäre Glück noch der erhoffte wirtschaftliche Erfolg ein. Die Ehe zerbrach, dem Geschäft ging es schlecht, und Moritz drängte es fort aus seiner neuen Heimat. Er heuerte als Koch auf einem deutschen Schiff an. Jahre später setzte eine schwere Operation seiner Berufstätigkeit auf See ein vorzeitiges Ende. Der Zufall wollte es, dass dies bei einem Aufenthalt in Hamburg geschah. Von diesem Zeitpunkt an lebte er bis zu seinem Tod in Deutschland. Als ich ihn im Sommer 1988 kennen lernte, erlebte ich einen Menschen, der allein schon sprachlich zeigte, dass er nirgendwo wirklich zu Hause war. Bei meinen Besuchen stand die Wohnungstür stets weit geöffnet. Moritz ertrug es nicht, in geschlossenen Räumen zu sein, ebenso wenig konnte er im Dunkeln sitzen. So brannte auch nachts ständig eine Lampe auf seinem Nachttisch. Seiner Umwelt begegnete Moritz mit Misstrauen, und er vermutete stets antisemitische Ressentiments bei seinen Mitmenschen. Am Ende seines Lebens war Moritz einsam und frustriert. Er war zutiefst enttäuscht über den Verlauf, den sein Leben genommen hatte. Er konnte nicht begreifen, warum er Auschwitz überlebt hatte, aber danach in der »Freiheit« nicht in der Lage gewesen war, sein Leben so zu gestalten, dass sich Glück und Zufriedenheit einstellen konnten.

Der amerikanische Psychiater William G. Niederland hat sich intensiv mit den seelischen Verfolgungsschäden auseinandergesetzt. Er meint: »Die schauerlich-grotesken Formen, die der nationalsozialistische Terror annahm, hatten ebenso schauerlich-groteske Folgen für die Gesundheit der Verfolgten. An Millionen wurde, wie wir heute wissen, tatsächlicher Mord verübt. An den meisten derjenigen, die entkamen und überlebten, war es Seelenmord.«[54]

Erinnerung und Gedenken an die Opfer nationalsozialistischer Herrschaft und Verfolgung heißt auch, erinnern an die zahllosen Kinder, die in Konzentrations- und Vernichtungslagern dahinvegetierten, starben oder ermordet wurden. Erinnern bedeutet darüber hinaus, der Kinder und Jugendlichen zu gedenken, die den Terror überlebten, jedoch nie wieder ein unbeschwertes Leben führen konnten. Ihrer Jugend beraubt, waren sie allzu früh erwachsen geworden – mit Leid und Gewalt konfrontiert, körperlich und seelisch zerstört.

---

54 Niederland, William G., Folgen der Verfolgung. Das Überlebenden-Syndrom Seelenmord, Frankfurt/Main 1980, S. 234.

Georg Lilienthal

NS-»Euthanasie«-Mordopfer
und Wege des Gedenkens

Die »Euthanasie«-Mord-Aktionen

Am 13. Mai 1941 erhielt der Landwirt und Tuchmacher Franz
aus einem Dorf im Hunsrück die Mitteilung, dass seine Tochter Karoline »auf Grund ministerieller Anordnung gemäß
Weisung des Herrn Reichsverteidigungskommissars« von der
Provinzial-Heil- und Pflegeanstalt Andernach nach Hadamar
verlegt worden sei. Eine Woche später bekam er wieder Post
aus Hadamar. In dem Schreiben wurde er unterrichtet, dass
Karoline am 20. Mai 1941 »an Furunkulose, Wundinfektion
mit anschließender Sepsis« verstorben sei. Die »zuständige
Ortspolizeibehörde« habe zur Vermeidung eines Ausbruchs
und der Übertragung »ansteckender Krankheiten« »gemäß
§ 22 der Verordnung zur Bekämpfung übertragbarer Krankheiten die sofortige Einäscherung der Leiche ... verfügt. Einer
Einwilligung der Angehörigen ... bedarf es in diesem Falle
nicht«. Unterzeichnet wurde das Schreiben mit »Dr. Fleck«.[1]
Karoline war 46 Jahre alt, als sie starb.

Alle entscheidenden Angaben des Schreibens und des bei-
gefügten Totenscheins waren gefälscht: Das Todesdatum war
nicht der 20., sondern der 8. Mai – an diesem Tage war ein

---

[1] Schreiben der Landes-Heil- und Pflegeanstalt Hadamar vom 20. 5. 1941 an
F. Franz (Privatbesitz).

Transport mit neunzig Personen aus Andernach in Hadamar angekommen. Karoline war nicht an Furunkulose mit Sepsis verstorben, sondern durch Giftgas ermordet worden. Die Leiche war nicht wegen Seuchengefahr eingeäschert worden, sondern um Spuren zu verwischen. »Dr. Fleck« hieß in Wirklichkeit Dr. Günther Hennecke (er ist später gefallen). Hinzu kommt, dass beide Briefe geschrieben wurden, nachdem Karoline bereits getötet worden war.

Ein anderes Beispiel: Am 13. August 1942 wurde Theophil H. mit einem Sammeltransport von Bremen nach Hadamar verlegt. Im Dezember berichtete er einem Freund: »Von 127 Personen, die von Ellen hier angekommen sind, liegen bloß 82 auf dem Anstaltsfriedhof, da kannst Du Dir einen Begriff machen, also noch 45 über bis jetzt, wenn das so weitergeht, kommt kein einziger mehr zurück, es sterben hier bald mehr als Soldaten im Felde.«

Am 23. Februar 1943 schrieb er: »Der Friedhof wird hier immer voller ... Gut, dass wir wissen, das wir hier keine bleibende Stadt haben, sondern Pilger und Fremdlinge sind auf der Reise nach Neu-Jerusalem ... Welche Freude wird das sein, wenn nach der Erdeleid, Arbeit und Pein wir in den goldenen Gassen gehen ein, und dann wird Jesus, ja Jesus allein uns Alpha und Omega sein.«

Drei Monate später, am 25. Mai, wurde sein angeblich natürlicher Tod durch Schlaganfall in Hadamar beurkundet.[2]

Karoline und Theophil sind nur zwei Beispiele von Zehntausenden ähnlicher Fälle. Die »Euthanasie«-Verbrechen des Nationalsozialismus, denen sie zum Opfer fielen, wurden in

---

2 Hessisches Hauptstaatsarchiv Wiesbaden: Abt. 461 (Hadamar-Prozess Frankfurt am Main 1947), VI 1892–1895 a; Archiv des Landeswohlfahrtsverbandes (LWV) Hessen: Best. 12, K 4407.

mehreren unterschiedlich organisierten Mord-Komplexen ab
1939 verübt.³

Hungersterben

Das große Sterben der Psychiatriepatienten während des Dritten Reiches setzte nicht erst mit den »Euthanasie«-Mord-Ak-
tionen ein. Schon einige Jahre zuvor begann das Hungersterben. Um die Betriebskosten zu senken, wurden Patienten aus
kirchlichen in staatliche Anstalten verlegt. Dadurch entstanden zum Teil drastische Überbelegungen. Gleichzeitig verringerte man die täglichen Verpflegungssätze und baute
Personal ab. Die Folge war eine Vernachlässigung der medizinischen Betreuung, ein Absinken des hygienischen Standards
und eine qualitative Verschlechterung der Ernährung. Dies
führte zu einer Erhöhung der Sterblichkeit – über 87 000 Patienten verloren ihr Leben.⁴

»Kinder- und Jugendlicheneuthanasie«

Den Anstoß zu der oftmals als »Kindereuthanasie« bezeichneten Aktion gab der unter dem irrtümlichen Namen »Knau-
er« bekannt gewordene Fall des Jungen Kretzschmar: Sein Vater hatte im Frühjahr 1939 an Hitler das Gesuch gerichtet,
dass seinem mehrfach behinderten Sohn der »Gnadentod«
gewährt werden dürfe. Nach einem Besuch von Hitlers Begleitarzt Karl Brandt bei den Eltern wurde das Kind am 25. Juli
1939 »eingeschläfert«. Bald darauf organisierten die Kanzlei

---

3 Grundsätzlich siehe Klee, Ernst, »Euthanasie« im NS-Staat. Die »Vernichtung lebensunwerten Lebens«, Frankfurt/Main 1983; Friedlander, Henry,
Der Weg zum NS-Genozid. Von der Euthanasie zur Endlösung, Darmstadt
1997.

4 Faulstich, Heinz, Hungersterben in der Psychiatrie 1914–1949. Mit einer
Topographie der NS-Psychiatrie, Freiburg im Breisgau 1998.

des Führers und das Reichsinnenministerium (RMI) eine generelle Regelung zur Tötung behinderter Kinder unter der Tarnbezeichnung »Reichsausschuss zur wissenschaftlichen Erfassung von erb- und anlagebedingten schweren Leiden«. Am 18. August 1939 gab das RMI einen vertraulichen Runderlass des Inhalts heraus, dass Kinder bis zum dritten Lebensjahr mit »schweren angeborenen Leiden« von Hebammen, Geburtshelfern und Allgemeinärzten für die Gesundheitsämter mit einem »Meldebogen« erfasst werden sollten. Nach Eingang wurden die Meldebogen von drei Ärzten des »Reichsausschusses« begutachtet. Diese fällten die Entscheidung, ob das Kind getötet oder lediglich beobachtet werden solle. Sowohl Tötungs- als auch Beobachtungsfälle kamen in eine der circa dreißig Kinderfachabteilungen im Reich. Etwa 5000 bis 6000 Kinder fielen diesem Mordprogramm zum Opfer.[5]

Noch eine Bemerkung zum Begriff »Kindereuthanasie«: Er ist irreführend. Denn er suggeriert, dass Kinder und Jugendliche nur im Rahmen der Aktivitäten des »Reichsschusses« Opfer der NS-»Euthanasie« geworden seien. In Wirklichkeit sind Tausende weiterer Kinder und Minderjähriger im Verlauf der noch zu schildernden »Euthanasie«-Aktionen ermordet worden.[6]

---

5 Benzenhöfer, Udo, Bemerkungen zur Planung der NS-»Euthanasie«. In: Arbeitskreis zur Erforschung der nationalsozialistischen »Euthanasie« und Zwangssterilisation (Hrsg.), Der Sächsische Sonderweg bei der NS-»Euthanasie«, Ulm 2001, S. 21–53, hier S. 28–35; ders.: Kinderfachabteilungen und »NS-Kindereuthanasie« (Studien zur Geschichte der Medizin im Nationalsozialismus, Band 1), Wetzlar 2000.

6 Benzenhöfer, Udo, und Thomas Oelschläger, Methodische Bemerkungen zur empirisch-statistischen Erforschung der »NS-Kinder- und Jugendlicheneuthanasie«. In: Arbeitskreis zur Erforschung der nationalsozialistischen »Euthanasie« und Zwangssterilisation (Hrsg.), Psychiatrie im Dritten Reich – Schwerpunkt Hessen, Ulm 2002, S. 7–24.

»T4«- oder Gasmord-Aktion

Die bekannteste Mordaktion im Rahmen der NS-»Euthanasie«-Verbrechen trägt den Namen »T4«, benannt nach dem Sitz ihrer Zentrale in Berlin, Tiergartenstraße 4. Sie fand zwischen Januar 1940 und August 1941 statt. Die »T4«-Aktion beruhte auf der berüchtigten Ermächtigung Hitlers, die er im Oktober 1939, zurückdatiert auf den 1. September, auf privatem Briefbogen ausstellte: »Reichsleiter Bouhler (Leiter der Kanzlei des Führers – G. L.) und Dr. med. Karl Brandt sind unter Verantwortung beauftragt, die Befugnisse namentlich zu bestimmender Ärzte so zu erweitern, dass nach menschlichem Ermessen unheilbar Kranken bei kritischster Beurteilung ihres Krankheitszustandes der Gnadentod gewährt werden kann.«[7] Diese Formulierung, die den Eindruck erweckte, als ob es sich um einzelne Extremfälle handele, sollte vertuschen, dass in Wirklichkeit ein organisierter Massenmord geplant war. Die Auswahl der Opfer und die Geheimhaltung erforderten eine eigene Bürokratie. Sie war personell wieder eng mit der Kanzlei des Führers, der Medizinalabteilung des RMI und mit der Person von Hitlers Begleitarzt Brandt verbunden. Die »T4«-Zentrale führte die Ermittlung und Verlegung der Patienten durch. Sie verschickte Meldebogen, die von den Anstalten auszufüllen waren. Mit ihnen wurden Patienten einzeln erfasst, die an bestimmten Geisteskrankheiten litten, sich seit mindestens fünf Jahren in dauernder Anstaltsbehandlung befanden, als »kriminelle Geisteskranke« eingewiesen worden waren oder »nicht die

---

7 Winter, Bettina, Die Geschichte der NS-»Euthanasie«-Anstalt Hadamar. In: Landeswohlfahrtsverband Hessen (Hrsg.), »Verlegt nach Hadamar«. Die Geschichte einer NS-»Euthanasie«-Anstalt (Historische Schriftenreihe des Landeswohlfahrtsverbandes Hessen, Kataloge, Band 2), Kassel 2002 (dritte Auflage), S.29–187, hier S. 69.

deutsche Staatsangehörigkeit besitzen oder nicht deutschen oder artverwandten Blutes sind unter Angabe von Rasse und Staatsangehörigkeit«. Auf diesem Wege beabsichtigte die »T4« arbeitsunfähige, als unheilbar betrachtete und im Sinne der NS-Rassenideologie »minderwertige« Patienten auszusondern. Eigens bestellte ärztliche Gutachter entschieden anhand der Meldebogen, ob der Patient getötet werden sollte oder ob er weiterleben durfte. Anschließend wurden von der »T4« anhand der begutachteten Meldebogen Verlegungslisten erstellt und die Mordopfer mit den berüchtigten grauen Omnibussen abgeholt.

Die »T4«-Zentrale veranlasste die Errichtung von insgesamt sechs Tötungsanstalten, in denen die Patienten ab Januar 1940 durch Kohlenmonoxydgas erstickt und ihre Leichen anschließend sofort eingeäschert wurden. Brandenburg war in dieser Funktion von Januar bis September 1940 in Betrieb, Grafeneck in Württemberg von Januar bis Dezember 1940,[8] Schloss Hartheim bei Linz/Donau von Januar 1940 bis Ende 1944,[9] Sonnenstein bei Pirna von April 1940 bis August 1941,[10] Bernburg an der Saale von November 1940

---

8 Stöckle, Thomas, Grafeneck 1940. Die Euthanasie-Verbrechen in Südwestdeutschland, Tübingen 2002.

9 Wert des Lebens. Gedenken, lernen, begreifen. Begleitpublikation zur Ausstellung des Landes Oberösterreich in Schloss Hartheim 2003, Linz/Donau 2003.

10 Schilter, Thomas, Unmenschliches Ermessen. Die nationalsozialistische »Euthanasie«-Tötungsanstalt Pirna-Sonnenstein 1940/41 (Schriftenreihe der Stiftung Sächsische Gedenkstätten zur Erinnerung an die Opfer politischer Gewaltherrschaft, Band 5), Leipzig 1999; Böhm, Boris, Pirna-Sonnenstein. Von einer Heilanstalt zu einem Ort nationalsozialistischer Tötungsverbrechen. Begleitband zur ständigen Ausstellung der Gedenkstätte Pirna-Sonnenstein, hrsg. von der Stiftung Sächsische Gedenkstätten, Dresden/Pirna 2001.

bis April 1943[11] und Hadamar bei Limburg von Januar bis August 1941.[12] Jede dieser Gasmordanstalten hatte ihr regionales Einzugsgebiet. Auch waren jeder Tötungsanstalt mehrere so genannte Zwischenanstalten zugeordnet. Dies waren normale Heil- und Pflegeanstalten, welche die für den Tod bestimmten Patienten aus ihren Ursprungsanstalten für einige Wochen aufnahmen, bis sie in die jeweilige Tötungsanstalt weitertransportiert wurden. Das System der »Zwischenanstalten« sollte die Verlegungswege der Mordopfer verschleiern helfen und die Organisation des Massenmordes effizienter gestalten.

Als Hitler am 24. August 1941 den Stopp der Gasmordaktion verfügte, waren ihr bereits 70 000 Menschen zum Opfer gefallen.

Ermordung jüdischer Patienten

Im Rahmen der »T4«-Gasmorde wurde eine Sonderaktion durchgeführt, die nur jüdische Patienten betraf. Mit Verfügung des RMI vom 15. April 1940 wurden Anstalten und Heime im gesamten Reich aufgefordert, jüdische Anstaltsinsassen anzuzeigen. Anschließend erhielten die Träger der Anstalten die Anweisung, die jüdischen Patienten in so genannten Sammelanstalten zusammenzufassen. Von dort sollten sie angeblich in eine jüdische Anstalt im »Generalgouvernement«, einem Teil des besetzten Polen, gebracht werden. Kaum dass sie

---

11 Hoffmann, Ute, Todesursache »Angina«. Zwangssterilisation und »Euthanasie« in der Landes-Heil- und Pflegeanstalt Bernburg, Magdeburg 1996; Schulz, Dietmar, »Euthanasie« in Bernburg. Die Landes-Heil- und Pflegeanstalt Bernburg/Anhaltinische Nervenklinik in der Zeit des Nationalsozialismus, Essen 1999.

12 Roer, Dorothee, und Dieter Henkel (Hrsg.), Psychiatrie im Faschismus. Die Anstalt Hadamar 1933 – 1945, Frankfurt/Main 1996 (zweite Auflage); Landeswohlfahrtsverband Hessen: »Verlegt nach Hadamar«.

abtransportiert worden waren, trafen Nachrichten ein, dass sie in der »Irrenanstalt Cholm« bei Lublin verstorben seien. Doch auch das war wieder nur ein Täuschungsmanöver. Die in Mitteilungen an Angehörige und Behörden immer wieder auftauchende »Irrenanstalt Cholm« als Sterbeort jüdischer Patienten gab es nicht. Sie war zu diesem Zeitpunkt geschlossen. Die Sterbeurkunden und Begleitschreiben wurden von der »T4« in Berlin ausgestellt und per Kurier in die Poststelle Lublin befördert, um mit Hilfe dieses »Briefkastens« bei den Adressaten die Fiktion einer »Irrenanstalt Cholm« zu erzeugen. In Wirklichkeit wurden sie in Tötungseinrichtungen der »T4« ermordet. Dieser Sonderaktion, die im Juli 1940 in Berlin und Brandenburg begann und sich bis 1941 über weitere Reichsgebiete erstreckte, fielen mindestens tausend Patienten zum Opfer. Bemerkenswert an ihr ist, dass keine Auswahlkriterien wie bei den nichtjüdischen Patienten angewandt wurden: Es genügte die Feststellung jüdischer »Rassenzugehörigkeit« auf dem Meldebogen.[13]

Die »T4«-Tötungsanstalt Hadamar

Die »T4« hatte in der Nachfolge von Grafeneck, wo die Gasmorde wegen der großen Unruhe in der Bevölkerung im Dezember 1940 eingestellt worden waren, die ehemalige Landesheilanstalt Hadamar als letzte der insgesamt sechs Tötungsanstalten Ende 1940 eingerichtet.

---

13 Friedländer, Der Weg, S. 437–442, 445; Hinz-Wessels, Annette, Das Schicksal jüdischer Patienten in brandenburgischen Heil- und Pflegeanstalten im Nationalsozialismus. In: Hübener, Christina (Hrsg.), Brandenburgische Heil- und Pflegeanstalten in der NS-Zeit (Schriftenreihe zur Medizin-Geschichte des Landes Brandenburg, Bd. 3), Berlin-Brandenburg 2002, S. 259–286, hier S. 275–279.

Die Gasmorde in Hadamar begannen am 13. Januar 1941. An diesem Tag fuhren zum ersten Mal die grauen Busse mit den verhängten Scheiben durch Hadamar. Sie fuhren den Mönchberg hinauf, um das damalige Hauptgebäude der Landesheilanstalt herum, hinein in die neu errichtete große hölzerne Garage im Innenhof. Unter dem Vorwand, sich duschen zu müssen, wurden die Patienten in den als Duschraum getarnten Vergasungsraum im Keller geführt und ermordet. Anschließend wurden ihre Leichen sofort in den Krematorien des Nachbarraums verbrannt. Innerhalb weniger Stunden waren alle Spuren der dreißig Menschen dieses ersten Transports beseitigt – als hätte es sie niemals gegeben, als wären sie niemals geboren worden. Der dunkle Rauch, der am 13. Januar 1941 erstmals vom Anstaltsgebäude in den Himmel aufstieg, und der Geruch von verbranntem Fleisch signalisierten den Beginn des Massenmords in Hadamar, der erst mit dem Einmarsch der Amerikaner im März 1945 enden sollte.

Neun Einrichtungen dienten Hadamar als »Zwischenanstalten«, über die Patienten aus dem Gebiet der heutigen Bundesländer Hessen, Rheinland-Pfalz, Niedersachsen, Baden-Württemberg und Nordrhein-Westfalen (damals die Provinzen Hessen-Nassau, Hannover und Westfalen, die Rheinprovinz sowie die Länder Baden, Württemberg und Hessen) in den Tod verlegt wurden. Innerhalb von etwas mehr als sieben Monaten wurden 10 070 Menschen ermordet; das bedeutete 48 Tote täglich![14]

Am 24. August 1941 ließ Hitler die Gasmorde einstellen. Er reagierte damit auf die Predigt des Bischofs von Münster, Clemens August Graf von Galen, in der er drei Wochen zuvor die »Euthanasie«-Aktion öffentlich als Mord angepran-

---

14 Winter, Die Geschichte, S. 84–89.

gert hatte. In der »T4«-Zentrale glaubte man zunächst an ein taktisches Manöver, um die Bevölkerung zu beruhigen. Erst als feststand, daß die Gasmorde nicht mehr aufgenommen würden, wurde aus Berlin angeordnet, die Tötungsanlage in Hadamar abzubauen. Daraufhin wurden bis zum Sommer 1942 die technischen Installationen für die Gaskammer entfernt, der Kamin für die Krematorien abgerissen und die beiden Verbrennungsöfen demontiert. Sie gelangten vermutlich in die Vernichtungszentren der »Aktion Reinhardt«. Die »Aktion Reinhardt«, eine Initiative des Höheren SS- und Polizeiführers im Distrikt Lublin, Odilo Globocnik, war die Tarnbezeichnung für die planmäßige Ermordung und Ausplünderung der Juden im »Generalgouvernement«.

Bis zum Frühsommer 1942 befand sich das Hadamarer Personal in einer Art Warteposition, die mit Übergangs- und Verlegenheitsarbeiten ausgefüllt war. Das Verwaltungspersonal war weiterhin mit der bürokratischen Abwicklung der zehntausend Morde beschäftigt. Ein Teil der Pflegekräfte wurde in andere Anstalten von Hessen-Nassau, zum Beispiel die Anstalten Eichberg und Weilmünster, abgeordnet. Von Januar bis März 1942 nahmen bis zu vierzig Angestellte aus Hadamar zusammen mit weiteren »T4«-Mitarbeitern an einem »Osteinsatz« teil, der von dem Krankenmordbeauftragten Karl Brandt organisiert worden war. Das Kommando hatte die Aufgabe, die Wehrmacht bei der Bergung von Verwundeten aus Schnee und Eis hinter der Front in der Region Minsk zu unterstützen.[15]

---

15 Schmidt-von Blittersdorff, Heidi, Dieter Debus und Birgit Kalkowsky, Die Geschichte der Anstalt Hadamar von 1933–1945 und ihre Funktion im Rahmen von T4. In: Roer/Henkel, Psychiatrie im Faschismus, S. 58–120, hier S.99 f.; Winter, Die Geschichte, S. 117.

Im Zuge der endgültigen Schließung der »T4«-Tötungsanstalt Hadamar im Sommer 1942 erhielten mindestens 18 männliche Angestellte (unter ihnen »Brenner«, die die Leichen der vergasten Opfer in den Krematorien einäscherten, Fahrer der grauen Busse, Pfleger und Arbeiter) einen Marschbefehl für das »Generalgouvernement«: Im Juni und Juli mussten sie sich in Belzec, Sobibor und Treblinka melden. In den drei Vernichtungskomplexen der »Aktion Reinhardt« stellte die »T4« beinahe das gesamte Personal: fast hundert Mann, die in den Gasmordanstalten nicht mehr benötigt wurden.[16] Zu ihnen gehörte auch der Verwaltungsleiter Christian Wirth. 1939/40 war er zur »T4« gestoßen. Er hatte die Büros in den Tötungsanstalten Brandenburg und Grafeneck aufgebaut. In Hadamar war er eine Zeit lang Büroleiter, bis er in derselben Funktion nach Hartheim ging. Schließlich oblag ihm die Aufsicht über die »T4«-Anstalten. Wirth kam nach Belzec und übernahm die Lagerleitung. Wenig später wurde ihm die Inspektion aller drei Tötungszentren übertragen. Wirth war bereits bei den Probevergasungen in Brandenburg im Winter 1939/40 zugegen gewesen, nun zeigte er sich an der Weiterentwicklung der Mordtechniken interessiert.[17] Sein Nachfolger als Kommandeur von Belzec wurde im August 1942 Gottlieb Hering. Er war in Bernburg und Pirna/Sonnenstein Leiter des Standesamtes. Im Sommer 1941 hielt er in Hadamar vor der Verbrennung der zehntausendsten Leiche eine zynische Rede.[18] Nach dem Ende der »Aktion Reinhardt«

---

16 Friedlander, Der Weg, S. 380 f.
17 Pohl, Dieter, Christian Wirth. In: Jäckel, Eberhard, Peter Longerich und Julius H. Schoeps (Hrsg.), Enzyklopädie des Holocaust. Die Verfolgung und Ermordung der europäischen Juden, Band 3, Berlin 1993, S. 1605 f.; Friedlander, Der Weg, S. 329, 471.
18 Winter, Die Geschichte, S. 113; Friedlander, Der Weg, S. 334.

1943 gingen die »T4«-Männer nach Italien, um in Triest ein neues Vernichtungszentrum aufzubauen, das aber bis Kriegsende nicht mehr in vollem Umfang zum Einsatz kam.

Mit der Beteiligung an der Ermordung der europäischen Juden hatte sich die »T4« ein neues Betätigungsfeld erschlossen, das ihre institutionelle Existenz sicherte. Für diese Entscheidung waren nicht nur pragmatische Gründe ausschlaggebend, sondern auch ideologische. Denn man bewegte sich weiterhin auf demselben eugenischen und rassistischen Terrain: Nach der »Vernichtung lebensunwerten Lebens« zur biologischen Aufrüstung des eigenen Volkskörpers erfolgte die Vernichtung der äußeren »Rassenfeinde« – »Euthanasie«-Morde und Genozid sind eng miteinander verschränkt.

Regionale und zentral koordinierte »Euthanasie«-Morde
Der Stopp der Gasmorde im Sommer 1941 bedeutete nicht das Ende der »Euthanasie«-Morde, sondern einen Wechsel der Tötungsmethode. Sie war jetzt subtiler beziehungsweise perfider. Statt Gas führten Vernachlässigung der medizinischen Pflege, Hungerkost oder Überdosen von Medikamenten zum geduldeten oder gezielten Tod der Patienten. Auch die Organisation hatte sich in dieser zweiten Phase der »Euthanasie«-Morde geändert. Aufgrund der neuesten Forschungen lassen sich zwei Strukturen ausmachen: Eine unnatürlich hohe Sterblichkeit in Anstalten einzelner Länder wie Hessen-Nassau und Sachsen bestätigt Hinweise, dass regionale Machthaber (Gauleiter, führende Beamte in Länderministerien) mit Wissen von »T4«-Verantwortlichen die Morde an den Kranken in ihren Zuständigkeitsbereichen weiter betrieben. Parallel zu dieser »regionalen Euthanasie« fanden dezentrale »Euthanasie«-Morde statt, die über die »T4« zentral koordiniert waren. Zu diesem Zweck wurden große Patiententransporte quer durch das Reich zu zwei Tö-

tungsanstalten geleitet – nach Hadamar und Meseritz-Obrawalde in Pommern. Allerdings sind bislang die Entscheidungsabläufe und die bürokratischen Wege der Umsetzung der neuen Mordmethode noch nicht so intensiv erforscht wie in der Gasmordphase. Fest steht, dass die »T4«-Zentrale ihre alleinige reichsweite Steuerungsfunktion und Weisungsbefugnis verloren hatte. Sie diente jetzt als Vermittlungsinstanz, wenn zum Beispiel Anstalten eines Landes wegen des Bombenkrieges geräumt wurden und für die Patienten in anderen Regionen des Reiches Aufenthaltsorte gesucht werden mussten. Des Weiteren übernahm die Berliner Zentrale auf Anforderung den reichsweiten Transport oder die Abrechnung der Pflegekosten.[19]

Eine besondere Rolle spielt in diesem Zusammenhang Hessen-Nassau. Offensichtlich gab es zwischen den Verantwortlichen in der »T4«-Zentrale (Dr. Linden, Reichsbeauftragter für die Heil- und Pflegeanstalten, Dietrich Allers und Hans-Joachim Becker als Verwaltungsleiter sowie – als Legitimationsinstanz – Prof. Karl Brandt, Reichskommissar für das Gesundheits- und Sanitätswesen) und der Landesbehörde der hessisch-nassauischen Anstalten ein Arrangement: Die Landesbehörde garantierte die permanente Abnahme Tausender Kranker aus anderen Reichsteilen, während die Berliner Zen-

19 Faulstich, Heinz, Über die Rezeption und neue Erkenntnisse zur »Aktion Brandt«. In: Arbeitskreis zur Erforschung der nationalsozialistischen »Euthanasie« und Zwangssterilisation (Hrsg.), Herbsttagung 19.–21. November 1999 in Gießen. Schwerpunktthema: Krieg und »Euthanasie«, Kassel 2000, S. 45–67; Böhm, Boris, Funktion und Verantwortung des Sächsischen Innenministeriums während der »Aktion T4«. Eine erste Annäherung. In: Arbeitskreis, Der sächsische Sonderweg, S. 63–90; Sandner, Peter, Verwaltung des Krankenmords. Der Bezirksverband Nassau im Nationalsozialismus. Gießen 2003 (Historische Schriftenreihe des Landeswohlfahrtsverbandes Hessen, Hochschulschriften, Band 2), Kapitel V. 2. a, 3. a (im Druck).

trale für ständigen »Nachschub« an Patienten sorgte. Die »Abnahme« konnte nur deshalb gewährleistet werden, weil die
verlegten Patienten in Hadamar systematisch ermordet wurden oder in den anderen hessen-nassauischen Anstalten, wie
Eichberg, Weilmünster und Scheuern, einer hohen Sterblichkeit zum Opfer fielen. Anfangs wurden noch Patienten in die
genannten Anstalten verlegt, die der Gasmordaktion durch
Hitlers Stopp 1941 entgangen waren. Spätestens ab 1943 spielten die Auswahlkriterien der »T4«-Meldebogen bei der Auswahl der abzutransportierenden Patienten ohnehin nur noch
eine untergeordnete Rolle. Der zunehmende Bombenkrieg
hatte zur Folge, dass Anstalten entweder zerstört oder für andere Zwecke, zum Beispiel Wehrmachtlazarette und Ausweichkrankenhäuser, geräumt wurden. Hastige Verlegungen
richteten sich daher nach dem aktuellen Platzbedarf. Während die abgebenden Anstalten nicht unbedingt darüber
informiert waren, dass die Verlegung in die hessisch-nassauischen Anstalten oder auch nach Meseritz-Obrawalde akute
Lebensgefahr bedeutete, legten die Verantwortlichen in Berlin
und Hessen als Maßstab für die Auswahl anscheinend nur
noch die Arbeitsfähigkeit an.[20]

Hadamar als Tötungsanstalt der zweiten »Euthanasie«-Mordphase

In Hadamar wurden die gezielten Tötungen im August 1942
wiederaufgenommen. Nicht nur die Tötungsmethode hatte sich
geändert, sondern auch die Zusammensetzung der Opfergruppen: Zu den psychisch Kranken und geistig Behinderten wur-

---

20 Sandner, Verwaltung, Kap. V. 3. b.

den nunmehr auch körperlich, etwa an Tuberkulose, erkrankte Zwangsarbeiter, durch den Bombenkrieg Verwirrte aus Frankfurt am Main, Hamburg und Köln sowie nervenzerrüttete Wehrmacht- und SS-Soldaten ermordet. Darüber hinaus Kinder und Jugendliche, deren einziger »Unwert« darin bestand, dass sie von Nationalsozialisten in Fürsorgeerziehung abgedrängt worden waren und ein Elternteil nach NS-Gesetzen jüdisch war. [21]

Eines der Opfer war der dreiundzwanzigjährige Nikolaus K. aus Russland.[22] Er war als Kriegsgefangener ins Deutsche Reich gekommen, um einige Zeit später zur Zwangsarbeit auf einem Bauernhof eingeteilt zu werden. Nach einem Sturz vom Traktor auf den Kopf war er in die Universitätsnervenklinik Marburg eingeliefert worden. Am 4. April 1944 wurde er mit der Diagnose »stuporöses Zustandsbild, Katalepsie« in die Landesheilanstalt Marburg überwiesen. Laut Krankenbericht besserte sich sein Zustand allmählich. Nachdem er wochenlang apathisch – ohne ein Wort zu sagen – im Bett gelegen hatte, begann er im Juni mit Hilfe einer Dolmetscherin zu sprechen: »Er sei traurig gewesen, wegen zu Hause und um sein Schicksal gewesen. Bei seinem Weggang seien die Eltern u. 17 Geschwister … gesund gewesen.« Er bat wiederholt um Arbeit. Der Krankenbericht beschreibt die deutlichen Fortschritte seiner Genesung, bis die angeordnete Verlegung nach Hadamar seinem Leben ein plötzliches Ende setzte:

»19. 7. Bei der Gartenarbeit hilft Pat. recht ordentlich mit – er ist nicht auffällig. …

15. 9. Nach Angaben des Kolonnenpflegers arbeitet Pat. fleißig, packt tüchtig zu, ordnet sich gut ein.

---

21   Schmidt-von Blittersdorff/Debus/Kalkowsky, Die Geschichte der Anstalt Hadamar, S.105.

22   Archiv des LWV Hessen: Bestand 12, K 379.

29. 9. Pat. wird laut Verfügung über die Anstaltsunterbringung geisteskranker Ostarbeiter nach Hadamar verlegt.«

Der erste Eintrag in Hadamar am 1. November lautet »rapider Verfall«, der letzte am 3. November: »Heute exitus an Marasmus.«

Das Beispiel von Nikolaus K. führt drastisch vor Augen, dass das Leben psychisch oder somatisch erkrankter Zwangsarbeiter nicht allein von der Wiederherstellung ihrer Arbeitsfähigkeit abhing. Nikolaus war noch am 15. September ein guter Arbeiter, und trotzdem wurde er zwei Wochen später unter Berufung auf die Verordnung des Reichsinnenministers vom 6. September 1944 zur Tötung nach Hadamar verlegt. Zwei Gründe waren dafür maßgebend: Der Reichsinnenminister hatte am 6. September 1944 eine Verordnung erlassen, wonach alle psychisch erkrankten Zwangsarbeiter in elf so genannte Sammelanstalten überwiesen werden sollten, falls sie nicht innerhalb von sechs Wochen ihre Arbeitsfähigkeit wiedererlangten. Eine hessen-nassauische Weisung, die sechs Tage später erging, verschärfte die Regelung, indem sie vorschrieb, dass alle »geisteskranke Ostarbeiter und Polen ..., auch wenn sie nicht unheilbar sind«, in die Sammelanstalt Hadamar zu verlegen seien. Offensichtlich spielten hier rassenideologische Überlegungen eine Rolle. Nikolaus K. hatte also trotz der deutlichen Besserung seines Gesundheitszustandes keine Chance zu überleben.[23]

Beinahe sechzig Jahre nach den Ereignissen sprechen immer noch Angst und Schrecken aus den Erzählungen eines Pa-

---

23 Vgl. Lilienthal, Georg, Die Opfer der NS-»Euthanasie«-Verbrechen. In: Sandner, Peter, Gerhard Aumüller und Christina Vanja (Hrsg.), Heilbar und nützlich. Ziele und Wege der Psychiatrie in Marburg an der Lahn (Historische Schriftenreihe des Landeswohlfahrtsverbandes Hessen, Quellen und Studien, Band 8), S. 276–304, hier S. 293–295.

tienten der Heime Scheuern, der Zeuge war, wie zwischen 1941 und 1944 1300 Pfleglinge nach Hadamar in den Tod geschickt wurden: »Dann kam der Zweite Weltkrieg auf in der Anstalt ... Wir Kinder wussten schon, dann waren die schönen Zeiten aus gewesen ... Nach zwei Jahren gingen in allen Anstalten die Vergasungen los ... In der Anstalt Mönchberg bei Hadamar Limburg hat es angefangen mit der Vergasung. Die Herren kamen nach der Anstalt jeden Tag ... Das war für die Anstalt ein großer Schrecken gewesen. Für alle Kinder der Anstalt Scheuern ... Das war ... eine böse Zeit gewesen in der Anstalt ... Dann kam jeden Tag der Herr Direktor Todt mit den Herren in das Krankenhaus, und haben sich die kranken Kinder ausgesucht. Und dann kamen die Autos. Dann mussten wir ... die Kleinen von der Krankenabteilung herunterholen und an das Auto bringen. Das war eine böse Zeit gewesen. Wir wollten es nicht ... Der Hausvater hat gesagt: ... das müsst ihr machen, wenn es nicht läuft, dann seid ihr dran ... So ging es drei Jahre in der Anstalt Scheuern ... Wir zehn Jungen sind stiften gegangen vor lauter Angst ...«[24]

Bis Kriegsende starben in Hadamar noch einmal fast 5 000 Menschen.

»Aktion 14 f 13«

Da es in den Konzentrationslagern noch keine Vorrichtungen zur Massenvernichtung gab, regte Himmler im Frühjahr 1941 an, zur Verringerung des hohen Krankenbestandes entkräftete Häftlinge in die »T4«-Tötungsanstalten zu transportieren. In Berlin willigte man ein, und so bereisten ab April 1941 »T4-Ärz-

---

24 Heime Scheuern (Hrsg.), »Vergiss mich nicht und komm ...«. Eine Dokumentation anläßlich der Einweihung des Denkmals »... Damit wir nicht vergessen« für die Opfer der nationalsozialistischen Euthanasieverbrechen am 19. November 2000 in den Heimen Scheuern, Bad Ems 2000, S. 47.

tekommissionen« die Konzentrationslager, um kranke und nicht mehr arbeitsfähige Gefangene zu selektieren. Unter Verwendung der »T4«-Meldebogen, die aber nicht mehr begutachtet wurden, wurden Transportlisten zusammengestellt. Die Aktion verlief in drei Phasen: In der ersten wurden von Frühjahr bis August 1941 etwa 2500 Häftlinge in Hartheim und Sonnenstein ermordet. In der zweiten Phase, nach dem Stopp der Gasmorde im August 1941, wurden hauptsächlich Juden, auch wenn sie arbeitsfähig waren, zur Ermordung nach Hartheim und Bernburg gebracht. Zwar galt die »Aktion 14 f 13« im März 1943 offiziell als beendet. Doch in Hartheim wurden noch bis zum Winter 1944/45 weitere 8 000 Häftlinge ermordet. Diese Zeitspanne markiert die dritte Phase.[25] Zeitlich und organisatorisch-technisch stellt die »Aktion 14 f 13« den Übergang von den Krankenmorden zur Vernichtung der Juden Europas dar.

Nutznießer des »Euthanasie«-Programms

Alle diese in verschiedene Aktionen aufteilbaren »Euthanasie«-Morde wurden aus ideologischen und praktischen Gründen durchgeführt: Das »rassenhygienische« Postulat der »Ausmerzung« aller »Minderwertigen«, dessen Umsetzung mit der Zwangssterilisation begonnen hatte und mit der »Vernichtung lebensunwerten Lebens« fortgeführt worden war, wurde mit der Dauer des Krieges zunehmend von ökonomischen Überlegungen begleitet, wenn nicht sogar überlagert. Bereits vor 1933 hatten verantwortliche Politiker im psychiatri-

---

25 Grode, Walter, Die »Sonderbehandlung 14 f 13« in den Konzentrationslagern des Dritten Reiches. Ein Beitrag zur Dynamik faschistischer Vernichtungspolitik, Frankfurt/Main 1987; Schilter, Unmenschliches Ermessen, S. 158–160.

schen Anstaltswesen Einsparpotentiale erkannt. Die Nazis
legten dann immer härtere Maßstäbe bei den Verpflegungs-
geldern und der Belegstärke der Anstalten an. Sie nahmen eine Erhöhung der Sterblichkeit infolge der Vernachlässigung
der Verpflegungsqualität und der Hygiene bewusst in Kauf.
Das Leermorden kompletter Anstalten ab 1940 setzte hoch-
willkommene Kapazitäten an Ärzte- und Pflegepersonal sowie
Betten frei.

Von diesem Massenmord profitierten nicht nur Wehrmacht,
Staat und Partei, die sich die nunmehr leer stehenden großen
Gebäudekomplexe für verschiedenste Zwecke aneigneten –
beispielsweise als Reservelazarette, Ausweichkrankenhäuser,
Kasernen und Umsiedlerlager. Auch die Wissenschaft war
Nutznießerin. Die Psychiatrie versprach sich durch die Ermordung der aus ihrer Sicht nicht heilbaren Patienten und der
damit verbundenen Freisetzung von personellen und finanzi-
ellen Ressourcen eine Intensivierung der Therapie heilbarer
Fälle. Sie glaubte, damit die auf weite Strecken empfundene
Hilflosigkeit psychiatrischen Handelns überwinden zu können. Die Hirnpathologie erhoffte sich von den »Euthanasie«-
Maßnahmen wissenschaftlichen Fortschritt. Zu Tausenden
ließ sie sich ausgesuchte Gehirne Ermordeter aus den Tötungsanstalten in ihre Labors schicken. Sie war überzeugt, mit
Hilfe dieses massenhaft anfallenden »ausgezeichneten« Mate-
rials verschiedenen Geisteskrankheiten auf die Spur zu kommen.[26]

---

26 Schmuhl, Hans-Walter, Hirnforschung und Krankenmord. Das Kaiser-Wilhelm-Institut für Hirnforschung 1937 – 1945 (Forschungsprogramm »Geschichte der Kaiser-Wilhelm-Gesellschaft im Nationalsozialismus«, Ergebnisse 1), Berlin 2000; Peiffer, Jürgen, Die Prosektur der brandenburgischen
   Landesanstalten und ihre Einbindung in die Tötungsaktionen. In: Hübener,
   Brandenburgische Heil- und Pflegeanstalten, S. 155–168.

Gedenken an die Mordopfer der »Euthanasie« –
das Beispiel Hadamar

In fünf der sechs »T4«-Tötungsanstalten existieren heute aktive Gedenkstätten: Bernburg, Grafeneck, Hadamar, Hartheim und Sonnenstein. In diesem Jahr, 2003, blickt die Gedenkstätte Hadamar auf ihr zwanzigjähriges Bestehen und auf fünfzig Jahre Gedenken an die NS-»Euthanasie«-Opfer in Hadamar zurück. Die Gedenkstätte Hadamar verdankt ihre Entstehung dem Willen ihres Trägers, des Landeswohlfahrtsverbandes Hessen (LWV), der 1953 die Rechtsnachfolge der Bezirksverbände Wiesbaden und Kassel angetreten hatte. Die Geschichte des Gedenkens an die hessischen Opfer der NS-Psychiatrie begann im Psychiatrischen Krankenhaus – jetzt Zentrum für Soziale Psychiatrie – in Hadamar.

Im März 1953 wurde im Haupteingang der damaligen Landesheilanstalt Hadamar ein Relief zum Gedenken an die rund 15 000 Opfer der NS-»Euthanasie«-Verbrechen enthüllt. Es war – soweit bekannt – das erste Mahnmal dieser Art in der Bundesrepublik. 1964 wurde der Anstaltsfriedhof in Hadamar, der 1942 angelegt worden war, um 3 000 bis 4 000 Opfer der zweiten Mordphase in Massengräbern zu bestatten, vom LWV neu gestaltet und als Gedächtnisort durch den damaligen evangelischen Kirchenpräsidenten Martin Niemöller eingeweiht.

1983 wurden auf Initiative einer studentischen Gruppe die Kellerräume, in denen noch heute die ehemalige Gaskammer, der Standort der Verbrennungsöfen und der Sektionsraum besichtigt werden können, dem Publikum zugänglich gemacht und eine vorläufige »Gedenkausstellung für die Opfer der Euthanasiemorde« ebendort eröffnet.

Aus dieser Tradition des Erinnerns heraus entstand der Gedanke, in Hadamar eine aktive Gedenkstätte zu errichten. Auf

Beschluss des LWV Hessen wurde 1989 im Erdgeschoss die Gedenkstätte Hadamar eröffnet, ausgestattet mit Ausstellungsfläche, Film- und Seminarräumen, Archiv, Bibliothek und Büros. Die Aufbauphase fand ihren vorläufigen Abschluss mit der Präsentation einer neu konzipierten Dauerausstellung 1991.[27]

Was wie eine zielgerichtete Entwicklung erscheint, war in Wirklichkeit das Ergebnis eines unterschiedlichen, zeitbedingten Gedenkens an die Opfer. Die Enthüllung des Reliefs und die Einweihung der »Gedenkstätte« auf dem Anstaltsfriedhof 1964 waren keine Ereignisse, die eine große Aufmerksamkeit in der Öffentlichkeit fanden. Die für das Krankenhaus Verantwortlichen sahen ihre moralische Pflicht darin, an die Opfer zu erinnern. Doch man wollte das in aller Stille und ohne Aufsehen zu erregen tun. Die schlichten Texte auf dem Relief »1941 – 1945. Zum Gedächtnis« und der Stele »Mensch achte den Menschen« wirken heute mehr als Verschleierung von Tatsachen denn als Aufklärung und empathisches Erinnern. Es wird nämlich nicht gesagt, wer die Opfer waren, wie sie starben und wie groß ihre Zahl war. Die Grabhügel auf dem Anstaltsfriedhof wurden zu einer parkähnlichen Rasenfläche eingeebnet. Stünde heute kein Schild an diesem Ort, der Besucher würde nicht einmal bemerken, dass er sich auf einem Friedhof befindet und über Massengräber geht. Die Opfer wurden anonymisiert, verschwiegen. Pastor Niemöller, selbst NS-Verfolgter, sah dies, als er den neu gestal-

---

27 Chroust, Peter, Herwig Groß, Matthias Hamann und Jan Sörensen (Hrsg.), »Soll nach Hadamar überführt werden«. Den Opfern der Euthanasiemorde 1939 bis 1945. Gedenkausstellung in Hadamar. Katalog, Frankfurt/Main 1989; Winter, Bettina, Gedenkstätte Hadamar. Ort des Gedenkens und der historisch-politischen Bildung. In: Landeswohlfahrtsverband Hessen, »Verlegt nach Hadamar«, S. 189–198.

teten Anstaltsfriedhof 1964 einweihte, ganz anders: Das Denkmal »mahnt uns, tiefer zu blicken und daran zu denken, dass der Mensch keine Zahl ist. Je größer die Zahl, desto weniger bedeutet nämlich eine Eins ... Gerade das war die Ursünde des Nationalsozialismus ..., die Menschen zu zählen und irgendwie als Zahl zu behandeln. Je mehr da sind ..., um so weniger gilt der Mensch desto weniger gilt die einzelne Person.« Die christliche Glaubenslehre verkünde aber, dass »der Mensch alles ist; denn er ist Gottes geliebtes Kind. – Kinder werden nicht gezählt, sondern geliebt.« Aus diesem Grunde betrachtete Niemöller auch das Mahnmal »als frohe Botschaft«, wenn der Künstler »heute zu uns und in Zukunft zu allen, die an die Stätte kommen, mahnend spricht ...: Mensch achte den Menschen!«[28]

Als die studentische Gruppe 1983 die Kellerräume für Besucher herrichtete, war die Zeit angebrochen, in der das bewusste oder unbewusste Schweigen über die NS-Verbrechen in der Psychiatrie und ihre Opfer nicht mehr hingenommen wurde. Zentrales Anliegen der Studenten in Hadamar war es, den Tatort – im wahrsten Sinne des Wortes – aufzuschließen und an ihm der Opfer zu gedenken. Dies ging aber nicht, ohne über den historischen Ablauf zu informieren. Infolgedessen stellten sie die Ausstellung in den originalen Kellerräumen auf. Damit fing aber das Dilemma an. Die Erfahrungen mit den Besuchern zeigten in den nächsten Jahren, dass Erinnern an die Opfer und Aufklärung über die Verbrechen, das heißt

---

28 Niemöller, Martin, Ansprache zur Einweihung der Gedenkstätte für die Opfer der nationalsozialistischen Euthanasieverbrechen am 18. Juni 1964 im Psychiatrischen Krankenhaus Hadamar. In: Landeswohlfahrtsverband Hessen (Hrsg.), Mensch achte den Menschen. Frühe Texte über die Euthanasieverbrechen der Nationalsozialisten in Hessen. Gedenkstätten für die Opfer, Kassel 1985, S. 7–11, hier S. 10 f.

Emotion und Information, nicht gleichzeitig und nicht am authentischen Ort stattfinden konnten, ohne sich gegenseitig massiv zu behindern. Daraus entstand im Zuge der Neukonzeption der Gedenkstätte der Plan, am Sterbeort in den Kellerräumen nur der Opfer zu gedenken, während über die historischen Geschehnisse, ihre gedanklichen und politischen Vorstufen, ihr Nachwirken über das Kriegsende hinaus im darüber gelegenen Erdgeschoss unterrichtet werden sollte.

Damit wurde die Gedenkstätte Hadamar zu einem Ort des Gedenkens und der historisch-politischen Bildung. Sie ermöglicht darüber hinaus eine Begegnung mit den Opfern in einem doppelten Sinne: als Ort der biografischen Informationsvermittlung und als Ort des Gedenkens. Sie weckt im Besucher das Verständnis für die Personalität der Opfer. Diese waren fähig, die Gefahr für ihr Leben zu erkennen. Durch Flucht oder Verstecken versuchten sie, ihrem Schicksal zu entkommen. Sie waren keine leeren Menschenhülsen, wie eifrige »Rassenhygieniker« schon seit der Wende vom 19. zum 20. Jahrhundert behaupteten, oder »Endzustände«, wie die Täter und ihre Richter nach 1945 argumentierten. Sondern sie waren hilfsbedürftige, deshalb aber nicht minder lebenswürdige Menschen.

Die nachhaltigen Erschütterungen, welche die »Euthanasie«-Morde in den Familien auslösten, belegt die Erzählung eines älteren Herrn, der vor einem Jahr die Gedenkstätte Hadamar besuchte. Er sei nach Hadamar gekommen, weil sein jüngerer Bruder 1941 hier mit 16 Jahren gestorben sei. Schon damals habe die Familie die Überzeugung gehabt, dass er ermordet worden sei. Der älteste der drei Brüder habe es daraufhin voller Empörung abgelehnt, Offizier zu werden, und sei bald an vorderster Front vor Leningrad gefallen. Erst jetzt, nach über sechzig Jahren, habe der Besucher als einziger überlebender Bruder die Kraft gefunden, Nachforschungen anzustellen. Er erzählte stockend, dass »Josefchen«, so nennt er seinen Bruder noch heute zärtlich, wegen seiner Lernbehinderung und damals fehlender Fördermöglichkeiten in eine Heil- und Pflegeanstalt gekommen sei. Von dort habe er ihn in den Schulferien regelmäßig abgeholt und sei mit ihm mit der Bahn nach Hause gefahren. »Josefchen« war ihm immer ein lieber Spielkamerad. Eines Tages wurde er »verlegt in eine andere Anstalt«. Das war regelmäßig der letzte Eintrag in der Krankenakte, eine Formel für den Transport in eine Tötungsanstalt, in diesem Falle nach Hadamar.[29]

Diese Begebenheit sowie viele weitere Aussagen widerlegen die Behauptung, dass es sich bei den Opfern um empfindungslose, kaum noch als Menschen zu bezeichnende Wesen gehandelt habe. Und sie machen ein Zweites deutlich: Opfer der NS-Verbrechen werden normalerweise nur als eine unbegrenzte, sich der Vorstellungskraft entziehende Anzahl namenloser Verstorbener wahrgenommen. Dabei wird aber vergessen, dass sie zuvor ein Leben mit all seinen Hoffnungen und Enttäuschungen, mit seinen Freuden und Ängsten gelebt hatten. Im Keller der Gedenkstätte mit der ehemaligen Gaskammer und dem Standort der Verbrennungsöfen oder auf dem Anstaltsfriedhof soll vermittelt werden, dass es sich um Menschen handelte, deren individuelle Lebenswege an dieser Stelle gewaltsam beendet wurden.

Eine aktive Gedenkstätte ist – dies zeigt auch die Geschichte der »Euthanasie«-Gedenkstätte Hadamar – kein einmal errichtetes, fertiges Denkmal. Sie befindet sich in einem Zustand permanenter Ausformung und Weiterentwicklung, da sie den sich wandelnden Anforderungen der Gesellschaft un-

---

29 Bericht vom Autor.

terworfen ist. Sie muss in einer sich ändernden Gesellschaft
ihren Platz behaupten, damit sie ihrer Verpflichtung nachkommen kann, der Opfer zu gedenken sowie die historischen
Erfahrungen am authentischen Ort zu sammeln, zu bewahren und an die nachfolgenden Generationen weiterzugeben,
um für eine menschenwürdige rechtstaatliche Gesellschaft zu
wirken. Sie hat auch Zeichen der Hoffnung zu setzen: So be-
richteten Einwohner in Hadamar über die Morde auf dem
Mönchberg und wurden dafür mit Gestapo- und KZ-Haft bestraft. Nachbarn versteckten Patienten, die von einem Todes-
transport nach Hadamar geflohen waren, und gaben ihnen
Brot und Arbeit, damit sie die Verfolgung überleben konnten.
Familien erreichten durch ihre Unerschrockenheit die Entlassung ihrer bereits für den Tod bestimmten Angehörigen aus
Hadamar. Durch ihre Arbeit bleiben die »Euthanasie«-Ge-
denkstätten den Besuchern nicht nur als Ort des Massenmords im Gedächtnis, sondern auch als Ort der Achtung vor
der Würde benachteiligter und behinderter Menschen.

Abschluss

Der rassistisch motivierte Wille der Nazis, »Minderwertige«
auszulöschen, das heißt Menschen zu ermorden, offenbarte
sich erstmals in den »Euthanasie«-Verbrechen:
Die Stätten des industriellen Massenmords befanden sich
nicht nur im »fernen« Osten, im unbekannten Polen, in den
dortigen Vernichtungszentren. Es gab sie auch in Deutschland, praktisch vor der eigenen Haustüre. Die Morde in Hadamar waren Gegenstand des ersten Kriegsverbrecherprozesses.
In den Verhandlungen eines Verfahrens vor einem amerikanischen Militärgericht im Oktober 1945 in Wiesbaden erfuhr die

Öffentlichkeit erstmals offiziell von den »Euthanasie«-Verbrechen. Seitdem symbolisiert Hadamar die Krankenmorde wie Auschwitz den Holocaust. Die sechs »Euthanasie«-Tötungsanstalten waren Vorstufen für Auschwitz: Der industrielle Massenmord wurde in der »T4«-Gasmord-Aktion entwickelt und getestet. Und der erste Massenmord an deutschen Juden wurde in der »T4«-Tötungsanstalt Brandenburg im Sommer 1940 verübt.

In den Tötungsanstalten wurde erprobt, was sich in Auschwitz bewähren sollte:

– die Selektion der Opfer durch Ärzte,
– der Massenmord durch Giftgas,
– die Täuschung der Opfer durch Tarnung der Gaskammer als Duschraum,
– das Fleddern der Leichen durch Ausbrechen des Zahngoldes und die wissenschaftliche Verwertung innerer Organe,
– die Beseitigung der Leichen in den Verbrennungsöfen,
– die Täuschung der Angehörigen durch Sterbedokumente mit falschen Daten.

Die NS-»Euthanasie«-Aktionen hatten eine europaweite Dimension: Auch in österreichischen Anstalten wurde systematisch gemordet; außerdem befand sich dort eine der sechs Tötungsanstalten, in Hartheim bei Linz/Donau. Nach dem Überfall auf Polen im September 1939 wurden polnische Patienten zusammen mit ihren Ärzten und Pflegern vielfach ermordet. Das selbe geschah ab Sommer 1941 in den besetzten Gebieten der Sowjetunion (so in Lettland, der Ukraine und Weißrussland). »T4«-Personal wurde nicht nur in die Mordzentren auf polnischem Gebiet geschickt, sondern 1944 auch nach Italien in das geplante Vernichtungslager Risiera di San

Sabba in Triest. Ebenso gab es in der besetzten Tschechoslo-
wakei Anstalten, in denen systematisch gemordet wurde. In
elsass-lothringischen Einrichtungen wurden Patienten dem
Hungertod ausgesetzt.

In ganz Europa starben im Rahmen des NS-»Euthanasie«-
Programms rund 300 000 Menschen.[30] Sie wurden nicht nur
heimtückisch ermordet: Auch ihre Namen wurden aus der Erinnerung gelöscht. Sie bekamen keine Gräber und keine
Grabsteine. Ihre Menschenwürde erhalten sie nur zurück,
wenn sie der Anonymität entrissen werden, in die sie von
ihren Mördern gestoßen wurden.

---

30 Faulstich, Heinz, Die Zahl der »Euthanasie«-Opfer. In: Frewer, Andreas,
   und Clemens Eickhoff (Hrsg.), »Euthanasie« und die aktuelle Sterbehilfe-
   Debatte. Die historischen Hintergründe medizinischer Ethik, Frank-
   furt/Main/New York 2000, S. 218–229.

Gisela Bock

Zwangssterilisation
im Nationalsozialismus

Ende Juni 1933 hielt der Reichsinnenminister Wilhelm Frick eine programmatische, oft publizierte und zitierte Rede zum Thema »Bevölkerungs- und Rassenpolitik«. Sie sollte das deutsche und außerdeutsche Publikum auf das Gesetz zur Sterilisation von Erbkranken einstimmen, das manche schon seit der Jahrhundertwende und viele seit Mitte der zwanziger Jahre gefordert hatten.

»Das düstere Bild, das ich vor Ihnen entrollen muss«, verkündete Frick, zeige den »kulturellen und völkischen Niedergang« – abzulesen an einer halben Million »schwerer« Fälle von »körperlichen und geistigen Erbleiden« und an über einer halben Million von »leichten Fällen«, von denen »Nachwuchs nicht mehr erwünscht« sei.

Er schätzte, dass rund zwanzig Prozent der deutschen Bevölkerung als Väter und Mütter unerwünscht seien. »Gerade schwachsinnige und minderwertige Personen« wiesen angeblich »eine überdurchschnittliche Fortpflanzung auf«, die um der Erhaltung der »deutschen Kultur« willen gestoppt werden müsse.

Neben dieser inneren Gefahr drohe die »doppelte Gebärkraft« der »Nachbarn im Osten«. Fricks Resultat: »Zur Erhöhung der Zahl erbgesunder Nachkommen haben wir zunächst die Pflicht, die Ausgaben für Asoziale, Minderwertige und hoffnungslos Erbkranke herabzusetzen und die Fortpflanzung der schwer erblich belasteten Personen zu verhindern.«[1]

Dieses Programm der Geburtenverhinderung, des Antinatalismus, wurde am 14. Juli 1933, unmittelbar nach der Umwandlung der Republik in einen Einparteistaat, zum Gesetz. Das Reichsministerium des Innern und das Reichsjustizministerium waren verantwortlich für seine Durchführung. Die amtliche Begründung erläuterte die Sterilisation als ein Mittel, »minderwertiges Erbgut auszuschalten«, nämlich bei den »unzähligen Minderwertigen und erblich Belasteten«, die sich »hemmungslos fortpflanzen«. Darüber hinaus sollte sie »eine allmähliche Reinigung des Volkskörpers« bewirken; mittelfristig sollten zu diesem Zweck anderthalb Millionen Menschen sterilisiert werden.[2] Die kurzfristigen Pläne sahen 400 000 Sterilisationen vor, und dieses Ziel wurde in den elf Jahren nach Inkrafttreten des Gesetzes im Januar 1934 trotz mancher Hindernisse erreicht: Mit etwa 360 000 gesetzlichen Sterilisationen im Deutschen Reich (Grenzstand 1937) – das entspricht einem Prozent der Bevölkerung im gebär- und zeugungsfähigen Alter –, davon die meisten in den Jahren von 1934 bis 1939, und vermutlich 40 000 jenseits dieser Grenzen (weiterhin eine beträchtliche Anzahl außerhalb des

---

1 Frick, Wilhelm, Bevölkerungs- und Rassenpolitik. Ansprache auf der ersten Sitzung des Sachverständigenbeirats für Bevölkerungs- und Rassenpolitik am 28. Juni 1933, Berlin 1933 (Schriften des Reichsausschusses für Volksgesundheitsdienst im Reichsministerium des Innern, Heft 1). Zum Folgenden vgl. auch Bock, Gisela, Zwangssterilisation im Nationalsozialismus, Opladen 1986 (obiges Zitat S. 85 f.).

2 Gütt, Arthur, Ernst Rüdin und Falk Ruttke, Gesetz zur Verhütung erbkranken Nachwuchses vom 14. Juli 1933 mit Auszug aus dem Gesetz gegen gefährliche Gewohnheitsverbrecher und über Maßnahmen der Sicherung und Besserung vom 24. November 1933, München 1934 (zweite erweiterte Auflage 1936), S. 60.

Gesetzes). Noch nie zuvor in der Geschichte hatte ein Staat eine solche Politik der massenhaften Geburtenverhinderung propagiert und praktiziert; noch nie zuvor waren derart umfassende, gewaltsame und wirksame Maßnahmen zu antinatalistischen Zwecken ergriffen worden.

Sterilisationszwang und Diktatur

Alle Sterilisationen nach dem Gesetz von 1933 waren Zwangssterilisationen, keine wurde aufgrund des freien Willens der Betroffenen durchgeführt. Dies war im Gesetz selbst festgelegt. Paragraph 2 räumte den Betroffenen zwar ein Antragsrecht ein, aber keinen eigenen Willen: »Antragsberechtigt ist derjenige, der unfruchtbar gemacht werden soll« – nicht etwa »will«. Der Paragraph war aber ohnehin bedeutungslos, denn sterilisiert wurde fast immer aufgrund von Anträgen anderer (Paragraphen 2 und 3). Dies waren an erster Stelle die staatlichen Amtsärzte, die 1934 eingesetzt wurden und die Aufgabe hatten, in der Bevölkerung nach Sterilisationskandidaten zu fahnden; an zweiter Stelle die Leiter oder Ärzte verschiedener, vor allem psychiatrischer und Fürsorgeanstalten. Ein Vorstadium der Antragstellung war die Anzeige: Alle Ärzte und anderen Heilberufe hatten die Pflicht und so gut wie jedermann das Recht, mögliche Kandidaten anzuzeigen, und im Jahr 1934 waren unter den Anzeigenden 21 Prozent beamtete Ärzte, 24 Prozent nicht beamtete Ärzte und 35 Prozent Anstaltsleiter; in späteren Jahren stieg der Anteil der Amtsärzte. Bei all diesen Fremdanträgen wurden verschiedene Formen von direktem und indirektem Zwang eingesetzt. Eine davon lag in der wissenschaftlichen, medizinischen und psychiatrischen Administrations- und Definitionsmacht. Seit 1933 wurden An-

staltsbewohner nur noch dann entlassen, wenn zuvor sterilisiert bzw. die »Dringlichkeit« einer Sterilisation geprüft worden war. Dies entsprach einem Grundprinzip der Sterilisationspolitik. Denn sie zielte prinzipiell nicht – wie später die
»Euthanasie«-Aktion – auf Schwerkranke, da diese selten Kinder bekamen, sondern auf die »leichten Fälle«, bei denen Geschlechtsverkehr vermutet wurde: also Menschen, die gesund
oder geheilt waren, frei lebten und arbeiteten, aus einer Anstalt beurlaubt oder entlassen wurden oder schon vor Jahren
entlassen worden waren. Denn gemäß der Doktrin der
»menschlichen Erblehre«, Eugenik, »Rassenhygiene«, »Erb-
und Rassenpflege« betraf ihre Gesundheit oder Heilung nur
ihr Äußeres, nicht ihr Inneres, nur das »Erscheinungsbild«
(den Phänotyp), nicht das »Erbbild« (den Genotyp). Eine von
zahlreichen amtlichen Broschüren, die 1934 die Sterilisation
propagierten, wandte sich speziell an Frauen und hielt diesen
Krankheitsbegriff fest: »Alle mehr oder weniger kranken
Menschen sollten dem Kampf ums Dasein verfallen, wobei
krank im biologischen Sinne anzuwenden ist. Krank heißt alles, was dem Leben, wie immer es auch gestaltet sei, natürlich
oder zivilisiert, nicht mehr angepasst ist, die Lebensbürde
nicht mehr tragen kann. Ich bitte wohl darauf zu achten, dass
der Begriff ›biologisch krank‹, ›erbkrank‹ weit davon entfernt
ist, sich mit dem allgemeinen Begriff ›krank‹ zu decken.«[3]

Der Paragraph 12 des Gesetzes verordnete direkten Zwang –
durch Polizeigewalt. Sie konnte an vier Stellen des Verfahrens
eingesetzt werden: zu Beginn die zwangsweise Vorführung
beim Amtsarzt, der einen Antrag stellen wollte, dann die poli-

---

3 Barsewisch, Elisabeth von, Die Aufgaben der Frau für die Aufartung (Schriften des Reichsausschusses für Volksgesundheitsdienst, Heft 5), Berlin 1933,
S. 11.

zeiliche Fahndung nach geflohenen Sterilisationskandidaten, des Weiteren die polizeiliche Einweisung in eine psychiatrische Anstalt, wenn eine vermutete Erbkrankheit genauer diagnostiziert und vor allem Flucht sowie Geschlechtsverkehr verhindert werden sollten. Schließlich wurde Polizei eingesetzt, um die Sterilisanden auf den Operationstisch zu schaffen, wenn sie nicht »freiwillig« kamen; dies betraf zwischen drei und dreißig Prozent der Betroffenen, je nach Region und Jahr.

Vervollständigt wurden diese Formen von Zwang durch Paragraph 14, der freiwillige Sterilisation verbot. Als »missbräuchliche« oder »Gefälligkeitssterilisation« definiert, war ihr Verbot in den Debatten, die dem Sterilisationsgesetz vorausgegangen waren, immer wieder gefordert worden. Dieses Verbot war vielfach motiviert, unter anderem durch eine Politik der Geburtenförderung beziehungsweise des Pronatalismus gegenüber Menschen, deren Kinder erwünscht waren und dem säkularen Geburtenrückgang ein Ende setzen sollten. Die umfassendste und wichtigste Art von Zwang war jedoch im Paragraphen 1 niedergelegt: Sie betraf die Sterilisationsdiagnosen und damit die medizinisch-psychiatrische Definitionsmacht. Hier wurde diejenige Art von »Minderwertigkeit« beschrieben, die zum Zweck der »Aufartung des Volkes«, des »Volkskörpers« oder der »Rasse« durch Sterilisation »ausgemerzt« werden sollte. In rund 95 Prozent der Fälle wurde sterilisiert (in der Reihenfolge der Häufigkeit) aufgrund von wirklichem oder angeblichem Schwachsinn, Schizophrenie, Epilepsie, manisch-depressivem »Irresein«. Die übrigen fünf Prozent waren Menschen mit wirklicher oder angeblicher Blindheit, Taubheit, »körperlicher Missbildung«, Veitstanz, schwerem Alkoholismus. Die quantitativ und strategisch wichtigste Gruppe waren diejenigen, die als schwachsinnig diagnostiziert wurden: Sie stellten rund zwei Drittel aller Sterilisierten; unter ihnen waren fast zwei Drittel Frauen.

Zum Zweck des Sterilisierens wurden eigens neue staatliche Institutionen geschaffen. An 234 Sterilisations(ober)gerichten (»Erbgesundheitsgerichte« genannt) sprachen nicht nur Juristen »Recht«; auch Mediziner, Psychiater und Anthropologen wurden nun zu Richtern über die »Fortpflanzungs(un)würdigkeit« der Angeklagten. Rund tausend staatliche Gesundheitsämter mit staatlichen Amtsärzten und »Ämtern für Erb- und Rassenpflege« betrieben unter dem Titel »erbbiologische Bestandsaufnahme des deutschen Volkes« eine systematische Erfassung des »Erbwertes« der Bevölkerung. Einige hundert Krankenhäuser waren zum Sterilisieren ermächtigt.

Die Politik der Zwangssterilisation und der Fahndung nach Sterilisationskandidaten richtete sich auf die »Minderwertigen« in der Bevölkerung insgesamt, doch in ihren Anfangsjahren insbesondere auf die ehemaligen und gegenwärtigen Bewohner von Heil- und Pflegeanstalten; diese machten vermutlich ein Drittel aller Sterilisierten aus. Regionale Unterschiede, zum Beispiel in Bezug auf städtisches beziehungsweise ländliches, protestantisches beziehungsweise katholisches Milieu traten zurück gegenüber einer relativ homogenen Durchführung – trotz der Tatsache, dass der Katholizismus dieser Politik ablehnend oder zumindest offiziell distanziert gegenüberstand. Neuere lokalgeschichtliche Studien haben die Sterilisationspraxis in verschiedenen Regionen, Städten und Anstalten erforscht.[4] Überall wirkten die damals

---

4 Klüppel, Manfred, »Euthanasie« und Lebensvernichtung 1933–1945. Auswirkungen auf die Landesheilanstalten Haina und Merxhausen. In: Heinemeyer, Walter, und Tilman Pünder (Hrsg.), 450 Jahre Psychiatrie in Hessen, Marburg 1983, S. 321–348; Dickel, Horst, »Die sind ja doch alle unheilbar.«

renommiertesten Theoretiker und Praktiker der Eugenik beziehungsweise »Rassenhygiene« mit. In den Anstalten, die später der »Euthanasie«-Aktion zuarbeiteten, ging dem Töten das Sterilisieren voraus. Seit 1939 ging die Zahl der Sterilisationen zurück, und es begann das planmäßige Töten der wirklich oder angeblich Unheilbaren.

Zwangssterilisation und Tötung der »Minderwertigen« im Rheingau, 1934–1945, Wiesbaden 1988, S. 7 ff.; Jakobi, Helga, Peter Chroust und Matthias Hamann, Aeskulap und Hakenkreuz. Zur Geschichte der medizinischen Fakultät in Gießen zwischen 1933 und 1945, Frankfurt/Main 1989, bes. S. 24–49; Riess, Volker, Auswirkungen der NS-Psychiatrie auf Einrichtungen im ehemaligen Gebiet Hessen-Darmstadt. In: Psychiatrie im Nationalsozialismus. Ein Tagungsbericht des Landeswohlfahrtsverbandes Hessen, Kassel 1989, S. 106; Fuchs, Gerhard, Zwangssterilisation im Nationalsozialismus in Bremen, Hamburg 1988; Berger, Andrea, und Thomas Oelschläger, »Ich habe sie eines natürlichen Todes sterben lassen«. Das Krankenhaus in Kalmenhof und die Praxis der nationalsozialistischen Vernichtungsprogramme. In: Schrapper, Christian, und Dieter Sengling (Hrsg.), Die Idee der Bildbarkeit. 100 Jahre sozialpädagogische Praxis in der Heilerziehungsanstalt Kalmenhof, Weinheim/München 1988, S. 269–333; Hoser, Cornelia, und Birgit Weber-Diekmann, Zwangssterilisation an Hadamarer Anstaltsinsassen. In: Roer, Dorothee, und Dieter Henkel (Hrsg.), Psychiatrie im Faschismus. Die Anstalt Hadamar 1933–1945, Bonn 1986, S. 121–172; Daum, Monika, und Hans-Ulrich Deppe, Zwangssterilisation in Frankfurt am Main 1933–1945, Frankfurt/Main 1991; Kramer, Sabine, »Ein ehrenhafter Verzicht auf Nachkommenschaft«. Theoretische Grundlagen und Praxis der Zwangssterilisation im Dritten Reich am Beispiel der Rechtsprechung des Erbgesundheitsobergerichts Celle, Baden-Baden 1999; Fenner, Elisabeth, Zwangssterilisation im Nationalsozialismus. Zur Rolle der Hamburger Sozialverwaltung, Ammersbek 1990; Koch, Thomas, Zwangssterilisation im Dritten Reich: das Beispiel der Universitätsklinik Göttingen, Frankfurt/Main 1994; Link, Gunther, Eugenische Zwangssterilisationen und Schwangerschaftsabbrüche im Nationalsozialismus, dargestellt am Beispiel der Universitätsfrauenklinik Freiburg, Frankfurt/Main 1999; Angerstorfer, Andreas, und Annemarie Dengg, Sterilisationspolitik unterm Hakenkreuz. Zwangssterilisationen in Regensburg und in Oberpfalz/Niederbayern, Regensburg 1999.

»Rassenhygienische« Forderungen, speziell zur Sterilisation »Minderwertiger«, hatte es auch schon vor 1933 gegeben,
und auch seitens Nicht-Nationalsozialisten. Aber stärker als
jede andere politische Gruppierung war es der Nationalsozialismus, der jene Forderungen vertrat und vor allem umsetzte,
indem er sie zur staatlich-gesetzlichen Politik machte. Das
Sterilisationsgesetz war deshalb ein spezifisch nationalsozialistisches Gesetz und – wie Nationalsozialisten immer wieder
betonten – Ausdruck der »nationalsozialistischen Grundauf-
fassung«, der »nationalsozialistischen Weltanschauung«.[5]
»Rassenhygienische« beziehungsweise eugenische Forderungen, Bewegungen und Gesetze zur Sterilisation von »Minderwertigen« gab es zu jener Zeit auch in anderen Ländern,
selbst in demokratischen wie den USA und den skandinavi-
schen Ländern (in England gab es zwar eine eugenische Bewegung, aber die vermochte nicht, ein Sterilisationsgesetz zu
bewirken); auch in diesen Ländern waren sie eine der mannig-
fachen Formen des Rassismus. Es gab sie aber nicht in den
gleichzeitigen Diktaturen Europas, im faschistischen Italien
und unter dem Franco-Regime in Spanien. Unterschied sich
die nationalsozialistische Diktatur in dieser Hinsicht deutlich
von den übrigen Diktaturen, so auch nicht weniger von der
eugenischen Praxis in den demokratischen Ländern. Denn
nur Deutschland kannte derartige Sterilisationsziffern (hier
wurden 1933–1945 vierzehnmal so viele Menschen sterilisiert
wie in den USA mit ihrer doppelt so hohen Zahl von Einwoh-
nern); nur hier wurde Zwang so konsequent angewandt; nirgendwo anders gab es eine derart umfassende und effiziente

---

5 Ruttke, Falk, Erb- und Rassenpflege in Gesetzgebung und Rechtsprechung
   des 3. Reiches. In: Juristische Wochenschrift 64 (1935), S. 1374; Frank,
   Hans, Nationalsozialistisches Handbuch für Recht und Gesetzgebung,
   München 1935, S. 815.

»rassenhygienische« Bürokratie; ausschließlich hier wurde die Eugenik in die umfassende Theorie und Praxis einer zentralisierten und institutionalisierten Rassenpolitik integriert. Vor allem wurde lediglich in Deutschland der Sterilisationsrassismus zu einer Vorstufe von Mordpolitik und Genozid.

Die Sterilisationspolitik als Rassenpolitik

Die Sterilisationspolitik galt ihren Vertretern als eine »wahrhaft revolutionäre Maßnahme« (Hitler), als »Herzstück des Nationalsozialismus, des Rassegedankens«, als das erste der »Gesetze über Blut und Boden«. Seit 1933 – so jubelte man damals – erhob der Nationalsozialismus »diese rassenhygienische Politik geradewegs zum Regierungsgrundsatz«.[6] Zwangs- und Massensterilisation wurde zum Zweck der »rassischen Aufartung« eingeführt. »Wert«, »Unwert« und »Minderwertigkeit« waren die wichtigsten Kategorien des nationalsozialistischen (wie auch jedes anderen) Rassismus, und die diskriminierende Behandlung von Menschen nach diesen Kategorien war der gemeinsame Nenner all seiner verschiedenen Formen. Das Sterilisationsgesetz realisierte, ebenso wie die antijüdischen Gesetze seit 1933, die klassische rassistische Forderung, die in Deutschland speziell in der Propaganda für die Sterilisation formuliert wurde: »Ungleicher Wert, ungleiche Rechte.«[7] Es schuf doppeltes

---

6 Die Rede des Führers Adolf Hitler am 30. Januar 1934 im Deutschen Reichstag, Leipzig o. J., S. 35; Grunau, Martin, Ein Jahr Gesetz zur Verhütung erbkranken Nachwuchses. In: Juristische Wochenschrift 64 (1935), S. 3; Siemens, Hermann Werner, Vererbungslehre, Rassenhygiene und Bevölkerungspolitik, Berlin 1934, S. 3.

7 Burkhardt, Hans, Der rassenhygienische Gedanke und seine Grundlagen, München 1930, S. 93.

Recht, Sonderrecht. In einer Hinsicht ging es noch über die gleichzeitige antijüdische Gesetzgebung hinaus: Es verletzte nicht nur das Grundrecht der Gleichheit nach Artikel 109 der Reichsverfassung, sondern auch das Grundrecht der Freiheit bzw. Freiwilligkeit des Artikels 114 und das in ihm enthaltene Recht auf körperliche Unversehrtheit. Es war die erste der nationalsozialistischen Maßnahmen, die soziale Fragen mit »biologischen« Mitteln zu lösen suchte, und indem das Regime solche »Lösungen« für Recht erklärte, legte es auch eine der Grundlagen für spätere und außerrechtliche Eingriffe in Leib und Leben, die mit dem Interesse von »Volk und Rasse« begründet wurden.

Das Sterilisationsgesetz sah nicht vor, Juden, »Zigeuner«, Schwarze und Angehörige anderer »fremder Rassen« zu sterilisieren. Dennoch war die Sterilisationspolitik – und die »Rassenhygiene« insgesamt – eine Form von Rassismus und ein integraler Bestandteil des nationalsozialistischen Rassismus. Denn Rassismus bedeutet nicht nur Diskriminierung »fremder« Völker, sondern auch die »Aufartung« des eigenen Volks, falls sie durch Diskriminierung von »Minderwertigen« in der eigenen ethnischen Gruppe angestrebt wird. Die gelobte »Rasse«, das »Herrenvolk«, war nicht gegeben, sondern sollte produziert werden. So schrieb ein maßgeblicher Jurist im Reichsinnenministerium über die »Erb- und Rassenpflege«: »Die deutsche Rassenfrage ist in erster Linie durch die Judenfrage umschrieben. In weitem Abstand hiervon, aber nicht minder wichtig, steht die Zigeunerfrage ... Zersetzende Einwirkungen auf den deutschen Volkskörper können nicht nur von außen her durch Fremdrassige erfolgen, sondern auch von innen her durch hemmungslose Vermehrung der minderwertigen Erbmasse.«[8] Ähnlich hatte schon Hitler um die Mitte der zwanzi-

---

8 Feldscher, Werner, Rassen- und Erbpflege im deutschen Recht, Berlin/Leipzig/Wien 1943, S. 26 und 118.

ger Jahre in seinem Buch »Mein Kampf« eine gängige zeitgenössische Lehre zusammengefasst: Zu der »Feststellung, dass
Volk nicht gleich Volk« sei, gehörte auch die andere, dass »die
einzelnen Menschen innerhalb einer Volksgemeinschaft« nach
ihren »blutsmäßigen Bestandteilen« unterschiedlich zu »be-
werten« seien – und zwar insbesondere hinsichtlich des Kin-
derkriegens. Hitler empfahl die Sterilisation von »Millionen«.
SS-Chef Himmler pries 1936 das Sterilisationsgesetz vor der
Hitlerjugend: »Die deutschen Menschen ... haben wieder gelernt, ... Körper zu sehen und nun nach dem Wert oder Unwert
diesen uns vom Herrgott gegebenen Leib und das uns vom
Herrgott gegebene Blut und unsere Rasse heranzuziehen.«[9]

Die »Rassenhygiene« beziehungsweise Eugenik war gleichsam der intra-rassische Teil des nationalsozialistischen Rassismus, das komplementäre Gegenstück zu seinem inter-rassi-
schen Teil, der sich gegen Juden, Slawen, Roma und Schwarze
richtete. Der eugenische wie der ethnische Rassismus begründete den Wert der Menschen in menschlichen Beziehungen,
die zu »Biologie« umdefiniert wurden: in »Erbe«, »Abstammung«, »Fortpflanzung«, in Herkommen und Nachkommen.
Unter anderem bedeutete dies, dass ungefähr seit der Jahrhundertwende die Geburtenpolitik eine zentrale Rolle für den
Rassismus spielte; in den Worten eines Historikers des europäischen Rassismus: »Die Zeugung gesunder Menschen wurde zu einer fixen Idee des Rassismus.«[10] Diese fixe Idee ver-
deutlichte der Psychiater Ernst Rüdin, einer der wichtigsten
Sterilisationsaktivisten von 1903 bis 1945, als er im Jahr 1935

---

9 Hitler, Adolf, Mein Kampf, Bd. 1, München 1928, S. 270; Bd. 2, S. 49 und
   80 f.; Smith, Bradley F., und Agnes F. Peterson (Hrsg.), Heinrich Himmler:
   Geheimreden 1933–1945 und andere Ansprachen, Frankfurt/Main/Ber-
   lin/Wien 1974, S. 54 f.
10 Mosse, George L., Rassismus, Königstein 1978, S. 70.

anlässlich der Gründung der Gesellschaft Deutscher Neurologen und Psychiater einen neuen »kategorischen Imperativ« verkündete: »Zeuge für dein Volk solche Nachkommen, dass sie der ganzen Menschheit zum Vorbilde dienen können.«[11] Der Sterilisationspolitik lag die Vorannahme zugrunde, dass sich »Minderwertigkeit« genetisch vererbe (und im Übrigen galt die Lehre, dass sich »Minderwertigkeit« stärker vererbe beziehungsweise »durchschlage« als »Hochwertigkeit«). Deshalb wurde in den Sterilisationsprozessen die Erblichkeit eines Defekts nicht bewiesen, sondern vorausgesetzt – insbesondere bei den beiden wichtigsten Diagnosen Schwachsinn und Schizophrenie. Und meist genügte die richterliche Konstatierung einschlägiger Defekte und Abweichung von kulturellen Normen, um auch deren Erblichkeit als erwiesen gelten zu lassen.

Die Selektion der zu sterilisierenden Menschen richtete sich nach dem Ziel einer »allmählichen Reinigung des Volkskörpers«. Demgemäß stammten die Sterilisierten aus allen Klassen und Schichten, proportional zu ihrem Anteil an der Bevölkerung: Wie auch in der Gesamtbevölkerung stellten die ärmeren Schichten einen höheren Anteil an der Gesamtzahl der Sterilisierten, und auffällig bei ihnen ist – hinsichtlich des Familienstandes der Betroffenen –, dass sie durchschnittlich nicht etwa mehr Kinder hatten, als es in der Gesamtbevölkerung üblich war, sondern dass sie vorwiegend aus kinderreichen Familien stammten. Allerdings gelang es wohlhabenderen Familien zuweilen, eine Sterilisation zu verhindern, zum Beispiel dadurch, dass sie beziehungsweise das zu sterilisierende Familienmitglied – gemäß einer Verord-

---

11 Rüdin, Ernst. In: Psychiatrisch-neurologische Wochenschrift 37 (1935), S. 445.

nung von 1933 – der Sterilisation einen möglichen, aber kost-
spieligen Aufenthalt in einer von der Umwelt abgeschirmten
»geschlossenen Anstalt« vorzogen. Es waren gerade auch diese Menschen, die seit 1940 den Tod in der Euthanasie-Aktion
fanden.[12]

Aber es ging natürlich nicht nur um das »eigene« Volk. Die
Sterilisationspolitik richtete sich gegen die eugenisch »Minderwertigen« jeglicher ethnischer Zugehörigkeit, also auch
gegen Angehörige diskriminierter ethnischer Minderheiten.
Interessanterweise lehnte Hitler eine Zeit lang die Sterilisation von Angehörigen nichtdeutscher Gruppen ab, weil sie es
nicht verdienten, »aufgeartet« zu werden. Aber diese Einstellung war bald überwunden, und hinsichtlich der Geburtenverhinderung waren die »minderwertigen« Deutschen und die
geistig oder seelisch behinderten Angehörigen anderer ethnischer Gruppen gleichgestellt. Überdies machte die ethnische
Zugehörigkeit einen Unterschied. Die psychiatrische Theorie
und Praxis hatte schon seit längerem behauptet, dass westliche Juden eher zur Schizophrenie neigten als nichtjüdische
Menschen, Ostjuden mehr zu Schwachsinn. Auch zahlreiche
Roma wurden unter der Diagnose Schwachsinn sterilisiert.[13]
Im Jahr 1937 wurden alle Afrodeutschen (»Mischlinge«), deren man habhaft werden konnte, sterilisiert. 1941 wurde eine
jüdische Berlinerin wegen Schizophrenie sterilisiert, und ihre
seelische Störung wurde damit belegt, dass sie Depressionen
und Suizidneigung habe – in ebendem Jahr, als die Deportationen nach Osten begannen. Im März 1942, kurz nach der
»Wannseekonferenz«, wurde die Sterilisation von Juden un-

---

12 Fuchs, Zwangssterilisation, S. 64 ff.; Bock, Zwangssterilisation, S. 71–74,
    262–264, 420–431.
13 Siehe Beitrag von Peter Widmann im vorliegenden Band, S. 203–221.

tersagt. Angesichts der nun angelaufenen Massenmorde an Juden war sie gleichsam überflüssig geworden.[14]

Sterilisation als Geschlechterpolitik

Weder Frauen noch Männer wurden im Sterilisationsgesetz erwähnt; es schien geschlechterneutral zu sein und damit »minderwertige« Frauen und Männer gleich zu behandeln. Allerdings wurde unter Experten noch 1933 debattiert, ob es nicht ungerecht oder unklug sei, ebenso viele Frauen wie Männer zu sterilisieren. Denn die Operation von Frauen (Salpingektomie), die Vollnarkose und Leibschnitt erforderte, war ungleich dramatischer als diejenige an Männern (Vasektomie), und man befürchtete, dass die höhere weibliche Komplikations- und Todesrate Widerstand hervorrufen könnte. Das Ergebnis der Debatte war dann der Beschluss, Frauen und Männer gleichermaßen zu sterilisieren, und tatsächlich waren die Sterilisationsopfer fast zur Hälfte Frauen.

Gleichwohl machte die Geschlechtszugehörigkeit einen Unterschied, und die Sterilisationspolitik war alles andere als geschlechtsneutral. Das Sterilisationsgesetz wurde bei seinem Erlass offiziell als »das Primat und die Autorität des Staates, die er sich auf dem Gebiet des Lebens, der Ehe und der Familie endgültig gesichert hat« definiert.[15] Der Nationalsozialismus schaffte die Geburtenkontrolle nicht etwa ab, sondern verstaatlichte sie. In Bezug auf Frauen bedeutete dieses Primat in mancherlei Hinsicht anderes als gegenüber Männern. Das betraf insbesondere die entscheidenden Charakteristika der Sterilisation – den kör-

---

14 Bock, Zwangssterilisation, S. 352–360.
15 Gütt/Rüdin/Ruttke, Gesetz zur Verhütung, S. 5.

perlichen Eingriff, die Kinderlosigkeit und die Trennung zwischen Sexualität und Fortpflanzung –, des Weiteren die psychiatrischen Selektionskriterien und die Sterilisationspropaganda.

Die zwangsweise Massensterilisation von Frauen bedeutete einen gewaltsamen Eingriff nicht nur in den weiblichen Körper, sondern auch in weibliches Leben. Tausende, möglicherweise rund 5 000, starben infolge der Sterilisation, und rund neunzig Prozent von ihnen waren Frauen. Die meisten starben, weil sie sich bis hin auf den Operationstisch gegen die Sterilisation wehrten und sich auch nach der Operation gegen das Geschehene auflehnten. Eine unbekannte Zahl von Menschen, hauptsächlich Frauen, beging wegen der Sterilisation Selbstmord. Die Sterilisationstoten erregten damals in der Bevölkerung Aufsehen und Empörung; die verantwortlichen Politiker suchten zu beschwichtigen. Auf der einen Seite forcierte Hitler selbst die »unblutige« Sterilisation bestimmter Gruppen von Frauen durch Röntgenstrahlen, zum anderen reduzierte man die registrierte Anzahl der Toten dadurch, dass man aus der Statistik diejenigen Fälle ausschloss, die durch »eigene Schuld« oder durch zugestandene Schuld von Ärzten gestorben waren. Außerdem leugnete man einen Zusammenhang mit der Operation und nannte als Todesursache beispielsweise »Herzschwäche« oder »Fieberdelirium«. Nicht registriert wurden auch Todesfälle, bei denen nach medizinischer Auskunft »keine Todesursache« vorlag oder angenommen wurde, dass »der Tod auch ohne Operation eingetreten wäre«. Auf der Grundlage solcher Argumentation und partiellen Registration wurde damals in der Regierungs- und Fachpresse immerhin ein Todesrisiko von einem halben Prozent für Frauen (also rund 1 000 weibliche Tote) zugegeben.[16]

---

16 Bock, Zwangssterilisation, S. 372–381, bes. Anm. 18 und 19.

Kinderlosigkeit bedeutet etwas anderes für Frauen als für Männer, ebenso wie Mutterschaft und Vaterschaft. Deshalb unterschieden sich auch die Reaktionen und Widerstandsformen von Frauen und Männern gegenüber der Sterilisation in mancherlei Hinsicht. Während sie gleichermaßen gegen die Sterilisation protestierten – in Tausenden von erhaltenen Briefen an die Sterilisationsgerichte –, beklagten sich Frauen über die bevorstehende Kinderlosigkeit weitaus häufiger als Männer, und zwar vor allem junge Frauen. Manche versuchten, noch vor der Operation schwanger zu werden, und dieser Widerstand war immerhin so bedeutend, dass die zuständigen Behörden dem Phänomen einen Namen gaben: »Trotzschwangerschaften«. So betonte ein Mädchen, sie sei schwanger geworden, »um dem Staat zu zeigen, ich mache das nicht mit«.[17] Die »Trotzschwangerschaften« waren ein wichtiger Grund dafür, dass im Jahr 1935 das Sterilisationsgesetz zu einem Abtreibungsgesetz erweitert wurde: Jetzt konnte aus eugenischen Gründen auch abgetrieben werden (außerdem wurde nun erstmals die medizinische Indikation zur Abtreibung gesetzlich eingeführt, nämlich ins Sterilisationsgesetz). Im Fall einer eugenischen Abtreibung wurde auch zwangsweise sterilisiert.

Zehntausende Frauen, die – wie eine von ihnen versicherte – »von Männern nichts wissen« wollten und keinen Geschlechtsverkehr hatten, wurden sterilisiert, weil man mit Vergewaltigung rechnen müsse – jedenfalls nach Meinung der zeitgenössischen Sterilisationsjuristen und -mediziner. Deshalb betonte der Gesetzeskommentar, dass »eine unterschiedliche Beurteilung der Fortpflanzungsgefahr bei Männern und Frauen nötig« sei, und regelmäßig hieß es in den

---

17 Ebenda, S. 384, 96–100, 158–163, 384–389.

Sterilisationsurteilen, ab 1936 auch aufgrund regierungsamt-
licher Verordnung: »Bei weiblichen Erbkranken ist mit Missbrauch gegen ihren Willen zu rechnen.«[18] Das Problem der
Vergewaltigung »minderwertiger« Frauen wurde auf die Gefahr der Schwängerung reduziert, und oft wurde die Zwangssterilisation von Frauen als ein Mittel propagiert, diese Folge
einer Vergewaltigung verhindern zu wollen. Auch wurden aus
demselben Grund viele sterilisierte Frauen, nicht aber Männer, in Anstalten verwahrt. Tatsächlich wurden sterilisierte
Frauen nicht selten Objekte sexuellen Missbrauchs, sowohl
auf dem Land, wo sich eine Sterilisation besonders schnell
herumsprach, als auch in der Stadt.

Die psychiatrischen Diagnosen, vor allem im Fall von
Schwachsinn, wo eine Intelligenzprüfung vorgenommen
wurde, aber auch bei Schizophrenie, benutzten unterschiedliche Kriterien für die beiden Geschlechter. Diejenigen für
Frauen maßen ihre Abweichung von der »Normalität« an geltenden Normen für das weibliche Geschlecht, diejenigen für
Männer legten Normen für das männliche Geschlecht zugrunde. Um weibliche »Minderwertigkeit« zu bestimmen,
wurde regelmäßig das Sexualverhalten erforscht und besonders negativ beurteilt, wenn irregulärer Geschlechtsverkehr
vorlag oder vermutet wurde; dies geschah bei unverheirateten
Müttern und vor allem in den Fällen, wo der Kindsvater unbekannt war. An Männern fanden solche Untersuchungen weitaus seltener statt, und ihr Ergebnis hatte kein Gewicht für das
Sterilisationsurteil. Frauen wurden nach ihrer Fähigkeit oder
Neigung zu Hausarbeit beurteilt, zu Kindererziehung – auch
im Fall kinderloser Frauen – und nach ihrer Fähigkeit zu Er-

---

18 Gütt/Rüdin/Ruttke, Gesetz zur Verhütung, S. 121; Bock, Zwangssterilisati-
    on, S. 398 f., 389–401.

werbsarbeit. Vor allem bei bloß »mechanischer Arbeit« und bei mangelnder »Lebensbewährung« wurde sterilisiert. Männer wurden nur nach ihrem Erwerbsverhalten beurteilt, allerdings mit einem Kriterium, das bei Frauen keine Rolle spielte: Neben der »Lebensbewährung« ging es um ihre Fähigkeit zu »sozialem Aufstieg«. Bei all diesen Untersuchungen handelte es sich also nicht um eine genetische Diagnose, sondern um eine kulturelle: Denn die Geschlechter sind kulturelle Größen (wie auch »Rassen« beziehungsweise ethnische Gruppen). Diese kulturell bestimmten Diagnosen – zusammen mit der genannten Regel, dass Frauen auch dann sterilisiert werden sollten, wenn sie keinen Geschlechtsverkehr hatten – waren der Grund dafür, dass mehr Frauen als Männer wegen Schwachsinn sterilisiert wurden (bei Schizophrenie war das Verhältnis ausgeglichen, bei Epilepsie überwogen Männer und weit mehr noch bei Alkoholismus).

Das Beispiel von Margarete F., einem polnisch-jüdischen Dienstmädchen in einem Berliner jüdischen Krankenhaus, zeigt die Verschränkung von ethnischer, eugenischer und geschlechtsbestimmter Diagnostizierung von »Minderwertigkeit«. Im Jahr 1939 stand sie wegen Schwachsinns vor dem Sterilisationsgericht und wurde von Frau Dr. Ilse »Sarah« A., einer deutsch-jüdischen Ärztin, energisch verteidigt (»Sarah« beziehungsweise »Israel« mussten sich alle deutschen Juden seit 1938 nennen). Im Antrag betonte der Amtsarzt, Margarete F. arbeite »nur mechanisch« und sei »unfähig zu selbständiger Arbeit«. Als sie vor Gericht ausführlich über ihre häusliche Arbeit vernommen wurde, musste sie diese Diagnose bestätigen. Laut Protokoll sagte sie: »Ich stehe um sechs Uhr auf, dann hat jeder seinen Dienst, Wäsche legen und auch mal an die Heißmangel, dann legt man sich eine Stunde hin, dann müssen wir wieder arbeiten, wieder Wäsche legen, auch mal

Mäntel für die Ärzte bringen, um sechs Uhr ist die Arbeit vorbei.« Die Richter fragten, was sie mit ihrer Freizeit mache? »Ach, die Zeit vergeht schon.« Dr. A. wies darauf hin, dass Margarete ihren Lebensunterhalt mit dreißig bis vierzig Reichsmark pro Monat selbst verdiene und »dass die meisten Menschen ihr ganzes Leben lang hauptsächlich mechanische Arbeit verrichten«. Dies galt offensichtlich auch für die Richter, als sie die Sterilisation beschlossen, und für das Zusatzgutachten des Leiters der »Erbpathologischen Abteilung« der Berliner Charité, Prof. Friedrich Curtius, der nach mehrwöchiger Begutachtung die Sterilisation für gesetzeskonform erklärte. In der Begründung vermerkte das Gericht, was schon der amtsärztliche Antrag festgehalten hatte: Sie verwechsle »mir« und »mich« (was in Berlin bekanntlich öfter vorkommt) und spreche galizischen Dialekt. Als Jüdin sei sie an ihrer Sprache zu erkennen, als »Schwachsinnige« habe sie nur »mechanische Arbeit« zu bieten, als Frau versagte sie in der Hausarbeit, jedenfalls nach Meinung der Herren des Gerichts.[19]

Die bevölkerungspolitische Propaganda des Nationalsozialismus, speziell von Goebbels' Propagandaministerium, wies die damals (wie auch heute noch) verbreitete Annahme, dass »der Staat Kinder um jeden Preis« wolle, entschieden zurück: »Die Parole lautet also nicht: ›Kinder um jeden Preis‹, sondern: ›eine möglichst große Kinderschar aus der erbgesunden deutschen Familie‹.« Ebenso entschieden wurde der biblische Imperativ »Seid fruchtbar und mehret euch« zurückgewiesen. Je nach Radikalität des jeweiligen Vertreters der Rassenpropaganda galten zehn bis dreißig Prozent der Deutschen als »fort-

---

19 Landesarchiv Berlin A Rep. 356, Nr. 43 878; vgl. Bock, Zwangssterilisation, S. 357 f.

pflanzungsunwürdig« und zehn bis dreißig Prozent als »fort-
pflanzungswürdig«. Oft richtete sich diese Propaganda speziell an das weibliche Geschlecht. Broschüren in Millionenauf-
lage erklärten, dass nicht Kinderkriegen, sondern »Aufartung
das Ziel des Staates« sei und dass Frauen sich selbst oder ihre
Kinder zur Sterilisation melden sollten, wenn etwas mit ihnen
nicht in Ordnung sei. »Mütterlichkeit« galt als »Humanitäts-
duselei« und wurde zum Objekt rassistischer Polemik, ebenso
wie christliche Caritas und Marxismus. Agnes Bluhm, eine
»Rassenhygienikerin« der ersten Stunde, schrieb in einer
Frauenzeitschrift für die Sterilisation und gegen die »Gefahr,
die der Frau gerade aus ihrer Mütterlichkeit erwächst«, da sie
»wie jeder Egoismus rassefeindlich wirkt«. Besonders bedrohlich erschien ihr der weibliche »eingeborene Trieb zur Pflege
alles Hilfsbedürftigen«. Eine andere Frauenzeitschrift, die
fürs Sterilisieren warb, meinte, dass »die Frau durch ihre körperliche und seelische Eigenart allem Lebendigen besonders
nahe steht und zu allem Lebendigen eine besondere Hinnei-
gung hat«, und betonte, dass es »kaum eine schlimmere Sün-
de gegen die Natur« gäbe.[20] Auf den Einwand, dass mit der
Sterilisationspolitik »der nationalsozialistische Staat gegen
die Gesetze der Natur« verstoße, wurde geantwortet: »Das
deutsche Volk hat bis zur Herrschaft des Nationalsozialismus
... die Naturgesetze missachtet ... Es hatte nicht nur die Gesetze der Vererbung, der Auslese, der Ausmerze missachtet, sondern es hatte sich direkt gegen sie aufgelehnt, nicht nur alles
Lebensuntüchtige auf Kosten des Gesunden wahllos erhalten,
sondern auch noch seine Fortpflanzung sichergestellt ... Jede
erbkranke deutsche Frau wird, wenn ihr dieses klar geworden

---

20 Johanna Haarer, Die rassenpolitischen Aufgaben des Deutschen Frauen-
    werks. In: Neues Volk 6/4 (1938), S. 17–19.

ist, diese Operation auf sich nehmen, um ihr ganzes Volk gesund zu erhalten. ›Versündigt sie sich nicht gerade damit gegen das Leben?‹ ... Was heißt denn Leben? Gehen Sie doch einmal in eine Irrenanstalt ...«[21]

Der Massenmord an den Bewohnern psychiatrischer Anstalten, der 1939 in Gang gesetzt wurde, knüpfte in vielerlei Hinsicht an die vorausgegangene Sterilisationspolitik an. Wenngleich bei weitem nicht alle Befürworter der Sterilisationspolitik auch den Mord an den psychisch Kranken billigten, so setzten doch gerade sie ihm keinerlei Widerstand entgegen – und die Mörder waren auch aktive Befürworter und Praktiker der Geburtenverhinderung gewesen. Der seit 1933 hunderttausendfach geübte zwangsweise Eingriff in den Leib – und vor allem bei Frauen auch ins Leben – senkte die Hemmschwelle gegenüber den Eingriffen ins Leben, die seit 1939 zum Schwerpunkt der Rassenpolitik wurden. Der Antinatalismus war eine Vorstufe der Mordpolitik vor allem in deren erster Phase: der Tötung kranker Kinder unter drei Jahren. Hier ging es also um solche Kinder, deren Geburt mit den Mitteln der nationalsozialistischen Sterilisations- und Abtreibungspolitik nicht hatte verhindert werden können und deren Leben nun ein Ende gesetzt wurde. An demselben Tag, als eine viel debattierte Änderung des Sterilisationsgesetzes zu den Akten gelegt wurde (sie hätte zur Mäßigung des Sterilisationseifers beitragen sollen), am 18. August 1939, erging vom Reichsinnenministerium auch ein geheimer Erlass, dem zufolge – unter Berufung auf die Anzeigepflicht des Sterilisationsgesetzes – Ärzte und Hebammen den Amtsärzten alle

---

21 Anna Ebert, Das Sterilisationsgesetz und seine Auswirkung auf die Frau. In: *Völkischer Beobachter* vom 31. Januar 1934. Vgl. zur Problematik Bock, Zwangssterilisation, S. 122, 129–131, 164, 193 f., 456–461.

Kinder zu melden hatten, die bestimmter Leiden »verdächtig« waren. Die Amtsärzte hatten die Meldungen an den »Reichsausschuss zur wissenschaftlichen Erfassung erb- und anlagebedingter schwerer Leiden« weiterzugeben, der die Tötungen besorgte. Rund 5 000 Kinder fielen ihm zum Opfer.

Auch in den Jahren der Massenmorde an den Juden und anderen ethnisch »Minderwertigen« spielten der sterilisationspolitische Antinatalismus und die Sonderbehandlung von Frauen eine bedeutende Rolle. Seit 1941 suchte Himmler nach neuen Sterilisationsmethoden, die effizienter als die alten sein und außerdem auf weniger Widerstand stoßen sollten; sie wurden an Gefangenen in Konzentrationslagern erprobt. Der erste Versuch, mit Medikamenten, brachte keine Ergebnisse. Der zweite basierte auf Röntgenstrahlen; sie wurden an Hunderten von Männern und Frauen erprobt, die dabei unsäglich litten, und schließlich 1944 aufgegeben, weil sich das Mittel als unpraktikabel für den geplanten Zweck erwies. Die realistischsten Experimente waren solche, die ausschließlich an Frauen durchgeführt wurden, und zwar bis April 1945. Das Verfahren, das auf vaginaler Injektion in den Uterus beruhte, wurde von dem »Rassenhygieniker« und Arzt Carl Clauberg entwickelt, der seit 1934 und innerhalb des Gesetzes speziell Frauen sterilisiert hatte und schon länger nach einer Methode suchte, Frauen »unblutig« zu sterilisieren – also ohne Operationen, Komplikationen, Tod. Im Auftrag Himmlers experimentierte er an Hunderten von Frauen in Auschwitz und Ravensbrück. Es waren die »minderwertigsten« von allen: Jüdinnen und Roma-Frauen. Viele Dokumente berichten von ihrem Leiden. Im Jahr 1943 war Claubergs Methode schließlich so weit, dass er meinte, mit einem Team von zehn Männern bis zu tausend Frauen pro Tag sterilisieren zu können. Seine Methode sollte einerseits speziell die Sterilisation von

Frauen unter denjenigen »Judenmischlingen«, die vom Morden ausgenommen waren, ermöglichen, andererseits die Massensterilisation von eugenisch »minderwertigen« Frauen. Man hoffte, Frauen »bei der üblichen, jedem Arzt bekannten gynäkologischen Untersuchung« sterilisieren zu können.[22] In dieser Hinsicht wurden die Frauen-Konzentrationslager gleichsam zu Zeugungsstätten einer erneuerten Politik der Geburtenverhinderung. Eine Minderheit von Frauen unerwünschter ethnischer Minderheiten wurde zum Modell für das Schicksal, das nach einem »Endsieg« Hunderttausenden von jüdischen, zigeunerischen, slawischen und von nichtjüdischen, nichtzigeunerischen, nichtslawischen Frauen zugedacht war.

22 Ebenda, S. 453–456.

Rolf Winau

Versuche mit Menschen in Konzentrationslagern

In der Zeit des Nationalsozialismus sind in deutschen Konzentrationslagern Versuche an Menschen in bis dahin nicht vorstellbarer Weise durchgeführt worden. Im Nürnberger Ärzteprozess vom 25. Oktober 1946 bis zum 20. August 1947 wurden 23 beteiligte Mediziner vor dem amerikanischen Militärgericht wegen Kriegsverbrechen, Verbrechen gegen die Menschlichkeit und Mitgliedschaft in einer für verbrecherisch erklärten Organisation angeklagt.[1] In den Verhandlungen ging es jedoch nur um einen Teil der Experimente in den Konzentrationslagern (KZ) Auschwitz, Buchenwald, Dachau, Mauthausen, Neuengamme, Ravensbrück und Sachsenhausen, aber immerhin um

---

1 Über den Ärzteprozess haben die Beobachter der Arbeitsgemeinschaft der westdeutschen Ärztekammern, Alexander Mitscherlich und Fred Mielke, schon ab 1947 berichtet: Mitscherlich, Alexander, und Fred Mielke, Das Diktat der Menschenverachtung, Heidelberg 1947; dies., Wissenschaft ohne Menschlichkeit, medizinische und eugenische Irrwege unter Diktatur, Bürokratie und Krieg, Heidelberg 1949; ab 1960 unter dem Titel: Medizin ohne Menschlichkeit in mehreren Auflagen erschienen. Zum fünfzigsten Jahrestag des Prozesses fand in Nürnberg ein Kongress statt, dessen Beiträge veröffentlicht wurden: Kolb, Stephan, und Horst Seithe (Hrsg.), Medizin und Gewissen, Frankfurt/Main 1998. Finanziert durch die Spenden deutscher Ärztinnen und Ärzte erschien erst 1999 die Quelledition als Mikrofiche-Ausgabe in deutscher und englischer Sprache: Der Nürnberger Ärzteprozess, Wortprotokolle, Anklage und Verteidigungsmaterial, München 1999, und ein Begleitbuch: Ebbinghaus, Angelika, und Klaus Dörner (Hrsg.): Vernichten und Heilen. Der Nürnberger Ärzteprozess und seine Folgen, Berlin 2001.

die furchtbarsten. In allen KZ hat es solche Versuche gegeben, wenn sie auch nicht so spektakulär waren und nicht immer zum Tod der Betroffenen führten. Die Gruppe der Menschen, an denen experimentiert wurde, stellt im strengen Sinne keine klar definierte Opfergruppe dar. Es handelte sich um Menschen, die aus anderen Gründen in den KZ inhaftiert waren.

Die Ziele der Versuche waren sehr unterschiedlich. Zum größten Teil dienten sie der militärischen Zweckforschung. Darüber hinaus gab es Menschenversuche, die zur Erforschung des »rassenhygienischen« Grundkonzepts der nationalsozialistischen Ideologie dienen sollten, und schließlich Versuche an Menschen im Rahmen einer groß angelegten Bevölkerungspolitik, Siedlungsraum im Osten zu gewinnen.

Im Folgenden sollen zu jedem dieser drei Komplexe einige wichtige Versuchsreihen dargestellt werden.

Die militärische Zweckforschung

Zur militärischen Zweckforschung gehörten die Höhen- und Kälteversuche, die im KZ Dachau durchgeführt wurden, ebenso wie die Immunisierungsversuche im KZ Buchenwald und die Sulfonamidversuche im KZ Ravensbrück.

Höhen- und Kälteversuche im Konzentrationslager Dachau
Im KZ Dachau wurden 200 Häftlinge für Höhen- und Kälteversuche unter Zwang missbraucht, darunter etwa 170 Polen, sowjetische Staatsbürger und Juden: Mindestens siebzig bis achtzig von ihnen starben. Verantwortlich war der SS-Arzt Sigmund Rascher.[2] Rascher wollte mit seinen Experimenten

2 Vgl. Roth, Karl-Heinz, Tödliche Höhen. In: Ebbinghaus/Dörner, Vernichten und Heilen, S. 110–151.

an diesen wehrlosen Menschen Fragen beantworten, die die Höhenflugphysiologie mit ihren damaligen Versuchsanordnungen nicht mehr bewältigte: Flugzeuge konnten mittlerweile so hoch aufsteigen, dass eine Rettung beim Leckwerden der Überdruckflugzeugkanzel zum Problem wurde. Und Versuche in Unterdruckkammern mit Freiwilligen waren ergebnislos geblieben.

Sigmund Rascher entstammte einer Ärztefamilie, war Stabsarzt der Luftwaffe und SS-Untersturmführer. Über seine Frau, Nini Diehl, gelang es ihm, Reichsführer-SS Heinrich Himmler davon zu überzeugen, dass er die Höhenversuche im KZ Dachau an Häftlingen ohne jedwede Rücksichtnahme fortsetzen könne. Schon in seinem ersten Brief an Himmler vom 15. Mai 1941 hatte er vorgeschlagen, solche Experimente an Berufsverbrechern durchzuführen, »bei denen selbstverständlich Versuchspersonen sterben können«.[3] Durch Vermittlung von August Welz vom Institut für Luftfahrtmedizin in München wurde Rascher mit Siegfried Ruff von der Deutschen Versuchsanstalt für Luftfahrt Berlin und dessen Assistent Hans-Wolfgang Romberg bekannt gemacht. Noch Ende 1941 wurden die baulichen Veränderungen im KZ Dachau durchgeführt und eine Unterdruckkammer von der Deutschen Versuchsanstalt für Luftfahrt von Berlin nach Dachau transportiert. Dann wählte Rascher die zweihundert Häftlinge aus. Den deutschen nichtjüdischen Häftlingen wurde spätere Hafterleichterung, vielleicht sogar Entlassung in Aussicht gestellt. Der Tod der Opfer wurde von Ruff und Romberg zumindest billigend in Kauf genommen, von Rascher hingegen in die Versuchsplanung einbezogen. Er sprach bewusst von »terminalen« Versuchen, die er dann durchführte, wenn Rom-

---

3 Mitscherlich/Mielke, Wissenschaft, S. 12.

berg im KZ Dachau nicht anwesend war. In dieser Zeit setzte er Dutzende seiner Opfer einer Höhe von mehr als 12 000 Metern aus, beobachtete ihren Todeskampf und ließ die Häftlinge unmittelbar nach dem Tod sezieren. Die Ergebnisse sollten auch zur Habilitation Raschers führen, die jedoch weder in Marburg oder Frankfurt noch – als geheime Reichssache – an der Reichsuniversität Straßburg zustande kam.

Bei einer Besprechung mit Rascher im Juli 1941 hatte Himmler auf die Notwendigkeit von Menschenversuchen an KZ-Häftlingen hingewiesen, um die Frage lang andauernder Unterkühlungen bei ins Meer abgestürzten Fliegern zu klären. An dieser Fragestellung arbeitete ab Februar 1942 dann der Kieler Physiologe Ernst Holzlöhner, dem Rascher zugeordnet wurde. Deshalb verlegte man auch diese Versuche in das KZ Dachau. Vom 15. August 1942 bis Anfang 1943 wurden etwa dreihundert Häftlinge Opfer dieser unmenschlichen Experimente; ein Drittel von ihnen kam dabei qualvoll zu Tode. Diese waren – ebenso wie die Höhenversuche – auf die Beobachtung »terminaler« Zustände angelegt. Im abschließenden Bericht der Arbeitsgruppe heißt es beispielsweise: »Im allgemeinen trat der Tod bei einer Senkung der Temperatur auf Werte zwischen 24, 2° und 25, 7° ein.«[4] Schon im Oktober 1942 referierten Holzlöhner und Rascher auf einer Tagung in Nürnberg über ihre Tätigkeit, wobei sie auch auf Versuche eingingen, bei denen es zu Todesfällen gekommen war. Offene Kritik an Holzlöhner und Rascher über ihr Experimentieren wurde von keinem der Tagungsteilnehmer, unter ihnen immerhin 19 Universitätsprofessoren, geübt. Dennoch scheint sich Holzlöhner nach der Nürnberger Tagung von Ra-

---

4 Mitscherlich/Mielke, Wissenschaft, S. 47.

scher distanziert zu haben. Die Versuche zur Wiedererwärmung unterkühlter Personen, ganz offensichtlich ein persönlicher Wunsch Himmlers, hat Rascher in Dachau nämlich allein durchgeführt.

Als Teil ihres perfiden Lagersystems hatte die SS in verschiedenen KZ – so in Buchenwald, Dachau und Mauthausen – Bordelle eingerichtet, in denen Frauen zur Prostitution gezwungen wurden; für die männlichen Häftlinge galt das als »Prämie«. Die Frauen stammten aus dem KZ Ravensbrück. Auch Rascher forderte für seine Versuchsreihe, bei der Himmler teilweise persönlich zugegen war, in Ravensbrück weibliche Häftlinge an: Er platzierte die vor Kälte bewusstlosen Versuchspersonen jeweils zwischen zwei nackte Frauen und registrierte das Ansteigen der Körpertemperatur. In einem Brief an Himmler schlug Rascher bald darauf vor, diese Versuche in Auschwitz fortzusetzen, weil – so seine perverse Argumentation – dort niedrigere Außentemperaturen herrschten, das Gelände weitläufiger sei und die Schreie der Gequälten nicht so zu hören seien.

Sigmund Rascher war ein skrupelloser Sadist, der ausschließlich seine Karriere verfolgte; selbst den eigenen Vater denunzierte er bei der Geheimen Staatspolizei (Gestapo). Zusammen mit seiner Frau machte er sich der mehrfachen Kindesunterschiebung schuldig, die schließlich zur Verhaftung beider führte. Nun wurde Rascher in Dachau und Nini Diehl in Ravensbrück interniert. Ihn fanden die Amerikaner erschossen in einer Zelle auf, sie wurde in Ravensbrück auf persönlichen Befehl Himmlers ermordet.

Versuche mit Impfstoffen im Konzentrationslager Buchenwald
Zur wehrwirtschaftlichen Zweckforschung gehörten ebenfalls Versuche im KZ Buchenwald, bei denen Fleckfieberimpfstoffe

an Menschen erprobt wurden.[5] Fleckfieber war im Zuge der Eroberungen im Osten und des »Russlandfeldzuges« zu einer Gefahr geworden. Deshalb trafen sich am 29. Dezember 1941 im Reichsinnenministerium Vertreter der Heeressanitätsinspektion, des Robert-Koch-Instituts, der Waffen-SS, des Reichsgesundheitsamtes und der Reichsgesundheitsführer, um eine Koordination der Impfstoffproduktion und eine experimentelle Überprüfung der Wirksamkeit der Impfstoffe zu diskutieren. Übereinstimmend wurde festgestellt, »dass die Notwendigkeit vorliegt, die Verträglichkeit und Wirksamkeit von Fleckfieberimpfstoffen zu prüfen. Da der Tierversuch keine ausreichende Wertung zulässt, müssen Versuche am Menschen durchgeführt werden. Zur Prüfung wird das K. L. Buchenwald gewählt. SS-Hauptsturmführer Dr. Ding wird mit der Durchführung beauftragt.«[6] Im Block 46 des Lagers wurde daraufhin die »Abteilung für Fleckfieber- und Virusforschung« errichtet, die zum Hygiene-Institut der Waffen-SS in Berlin gehörte. Hier erprobte man Impfstoffe im Menschenversuch, die von diversen Wissenschaftlern beziehungsweise Firmen auf den Markt gebracht werden sollten.

Wie willkürlich die Auswahl der Opfer erfolgte, zeigen Äußerungen des Stationsschreibers Eugen Kogon vor dem Nürnberger Gericht: »Die Auswahl der Versuchspersonen war zu verschiedenen Zeiten nicht gleich. In der allerersten Zeit wurde die Belegschaft des Lagers aufgefordert, sich freiwillig zu melden. Es handele sich um eine harmlose Sache. Die Leute würden wesentliche Zusatzkost erhalten. Nach ein oder zwei Versuchen war es unmöglich geworden, irgendwelche Freiwilligen zu finden. Von da ab forderte Dr. Ding den Lagerarzt

---

5 Vgl. Werther, Thomas, Menschenversuche in der Fleckfieberforschung. In: Ebbinghaus/Dörner, Vernichten und Heilen, S. 152–173.

6 Edition Ärzteprozess, Abt. 3, Anklagematerial, S. 1 524.

oder die Lagerführer auf, ihm geeignete Personen für die Versuche zur Verfügung zu stellen. Er hatte dafür keine besonderen Richtlinien. Die Lagerführung wählte beliebig nach ihrem Gefallen Leute aus ihren Gefangenen aus, ob es sich dabei um Kriminelle oder um Politische oder um Homosexuelle oder so genannte Asoziale handelte. Auch Intrigen der Gefangenen selbst aus dem Lager spielten dabei eine Rolle, und es kamen zuweilen Leute, für die kein besonderer Grund vorlag, in die Versuchsreihen hinein. Etwa ab Herbst 1943 wollten die drei Lagerführer die Verantwortung für die Auswahl der Versuchspersonen nicht mehr übernehmen. Auch Dr. Ding selbst wünschte nicht mehr nur mündliche Anweisungen von Mrugowsky[7] zur Durchführung von Versuchen zu erhalten, sondern verlangte schriftliche Befehle ... SS-Gruppenführer Nebe vom Reichspolizeiamt Berlin verfügte sodann nach einer Richtlinie Himmlers, die mir zu Gesicht gekommen ist, dass nunmehr Leute verwendet werden sollten, die mindestens 10 Jahre Zuchthaus abzubüßen hatten«.[8] Des Weiteren sagte Kogon aus: »Mir ist kein einziger Fall bekannt, in dem jemand in die Versuchsstation des Blocks 46 kam, weil er zum Tode verurteilt worden ist. Es wurde einmal bei vier russischen Kriegsgefangcncn bchauptct, sic sollten erschossen werden. Es lag aber kein Urteil vor, sondern sie gehörten zu jener Kategorie von russischen Kriegsgefangenen, von denen etwa 9500 Mann in Buchenwald teils erschossen, teils aufgehängt oder erwürgt worden sind.«[9]

---

7 Chef des Hygiene-Instituts der Waffen-SS und ab 1943 Oberster Hygieniker und Amtschef III beim Reichsarzt SS und Polizei; 1946 wurde er im Nürnberger Ärzteprozess angeklagt, der Verbrechen gegen die Menschlichkeit für schuldig befunden und 1948 gehenkt.

8 Mitscherlich/Mielke, Wissenschaft, S. 109.

9 Ebenda.

Bis Ende 1944 fanden insgesamt 24 Versuchsreihen statt. Es wurden jeweils drei Gruppen von Versuchspersonen gebildet, die man infizierte: Die erste Gruppe diente als Kontrollgruppe, die zweite wurde mit dem jeweiligen Impfstoff behandelt. Eine dritte Gruppe diente als »Passage-Personen«; in ihren Körpern wurden Fleckfieberstämme erhalten, damit die Experimentatoren jederzeit infiziertes Frischblut zur Verfügung hatten. Mindestens 127 von 537 derart missbrauchten Häftlingen sind gestorben. Die Zahl der Toten bei der Passage-Gruppe ist nicht bekannt. Nach Aussage des Häftlings Alfred Balachowsky, Bakteriologe am Institut Pasteur, wurden Überlebende durch eine Phenolinjektion ins Herz getötet. Ein verlässlicher Impfschutz konnte durch diese Versuche nicht erreicht werden.

Anfang März 1942 besuchte Gerhard Rose, Leiter der Abteilung für Tropenkrankheiten des Robert-Koch-Institutes, zusammen mit seinem Präsidenten Gildemeister die »Abteilung für Fleckfieber- und Virusforschung« in Buchenwald. Er war von diesem Besuch offensichtlich tief beeindruckt und äußerte seinem Chef gegenüber starke Bedenken: »Ich hielt auch bei Fleckfieber die Tierversuche für ausreichend. Ich bemerkte noch unwillig, wenn dieses Verfahren Schule macht, könnte man ja die ganze Immunitätslehre an den Scharfrichter abtreten und nächstens eine Scharfrichterschule am Institut aufmachen«,[10] sagte er später vor dem Nürnberger Gericht aus. Zwar sprach er sich im Mai 1943 auf einer Arbeitstagung der beratenden Ärzte der Wehrmacht in der Sektion Hygiene noch einmal unmissverständlich gegen die Impfstoffversuche aus; er unternahm allerdings nichts, um weitere zu verhindern. Im Gegenteil: Nach sieben Monaten bat Rose Mrugow-

---

10 Ebenda, S. 85.

sky um die Genehmigung, einen eigenen Impfstoff in Buchenwald erproben zu lassen. Diese Versuchsreihe fand vom 8. bis 18. März 1944 an zwanzig Menschen statt, von denen sechs starben. Der Nürnberger Gerichtshof stufte ihn als Haupt- und Mittäter ein und verurteilte ihn zu lebenslänglicher Haft. Die Verteidigungsstrategie Roses ist gekennzeichnet durch den Versuch, das Experiment am Menschen in Ausnahmesituationen zu rechtfertigen; der Krieg schaffe eine neue Dimension von Rechtsnormen. Dabei verneinte er den gleichen Lebenswert aller Menschen. Gerhard Rose ist der Einzige, der – vom Nürnberger Tribunal verurteilt – vor dem Bundesdisziplinarhof erfolgreich seine Rehabilitation betrieben hat.

Sulfonamidversuche im Konzentrationslager Ravensbrück
Zur militärischen Zweckforschung gehörten auch die Experimente, die Dr. Karl Gebhardt im KZ Ravensbrück durchgeführt hat.[11] Es waren vor allem Sulfonamidversuche an 74 Häftlingen, alles Frauen aus der polnischen Wiederstandsbewegung. Nach Vorversuchen an Männern im KZ Sachsenhausen wurden die Frauen in Versuchsgruppen von sechs bis zwölf Häftlingen eingeteilt. Ihnen wurden tiefe Schnittwunden an Unter- beziehungsweise Oberschenkel beigebracht, diese wurden dann bakteriell verunreinigt und daraufhin mit unterschiedlichen Sulfonamiden behandelt. Fünf Frauen starben direkt an den Folgen des Experiments, sechs andere wurden nach Abschluss der Versuche erschossen. Gebhardt hat sich die eigenen Hände nicht schmutzig gemacht; die Durchführung der Versuche überließ er seinem Assistenten Fritz Fi-

---

11 Vgl. Hahn, Judith, Karl Gebhardt und die Heilanstalt Hohenlychen, Magisterarbeit im Fachbereich Geschichts- und Kulturwissenschaften an der Freien Universität, Berlin 2000.

scher und die Versorgung der Versuchsopfer der Lagerärztin Herta Oberheuser. Nach einem Besuch des Reichsarztes SS Grawitz im September 1942 kam es zu einer deutlichen Verschärfung der Versuchsbedingungen: Grawitz forderte nun »kriegsgleiche« Wunden, die für die Opfer eine Zerstörung von Gefäßen und Gewebe bedeuteten. Gebhardt berief sich bei seinen Versuchen auf einen Befehl Himmlers zur schnellen Lösung der Sulfonamidfrage vom Mai 1942, für den er drei Ereignisse als ursächlich ansah: den Vertrauensverlust der Verwundeten der Waffen-SS in ihre Ärzte – vor allem an der Ostfront, eine Flugblattaktion der Alliierten, die über die Erfolge von Sulfonamiden und Penicillin in den angloamerikanischen Armeen informierte, und die Zustimmung Hitlers zu Menschenversuchen, die Himmler nach seinem Besuch bei Rascher in Dachau eingeholt und die kriegswichtige Forschung an Insassen von KZ und Gefängnissen erlaubt habe. Tatsächlich aber ging es um etwas anderes: Am 27. Mai 1942 war ein Attentat auf den SS-Obergruppenführer Reinhard Heydrich, stellvertretender Reichsprotektor von Böhmen und Mähren, verübt worden, bei dem dieser schwer verletzt wurde. Durch die Explosion einer in den offenen Wagen geworfenen Handgranate waren Teile der Sitzpolsterung tief in Heydrichs Körper eingedrungen und hatten zu einer Gasbrandinfektion geführt. Trotz zweier sofort durchgeführter Operationen mit Entfernung der Milz war die Infektion nicht zu beherrschen. Auch Gebhardt, auf Befehl Hitlers nach Prag entsandt, konnte das Geschehen nicht aufhalten. Da er auf die Verabreichung von Sulfonamiden, insbesondere auf das von Hitlers Leibarzt Morell entwickelte Ultraseptil, verzichtet hatte, machte ihm dieser den Vorwurf, am Tode Heydrichs mitschuldig zu sein. Seine Versuche in Ravensbrück dienten deshalb in erster Linie dem Ziel, sich vor den Anschuldigungen Morells zu schützen, indem er nachwies, dass Sulfonamide bei der Behandlung von Gasbrand unwirksam sind.

Hinter den Versuchen steht aber auch die Konkurrenzsituation zwischen Grawitz und Gebhardt. Grawitz hatte sich auf die Seite derer geschlagen, die in den Sulfonamiden, insbesondere in dem Schweizer Präparat Cibazol, ein Allheilmittel sahen, mit dem jede Infektion beherrscht werden könne und die auf diese Weise den Mangel von Chirurgen an der Front kompensieren sollte. Gebhardt hingegen beharrte auf einer Ausstattung der Lazarette mit Chirurgen. Die Versuche im KZ Ravensbrück sollten seine Position retten und seinen Einfluss in der SS stärken. Eigenes wissenschaftliches Interesse an den Sulfonamidversuchen hatte er ohnehin nicht; dieses galt ausschließlich kriegschirurgischen Experimenten, die im Anschluss durchgeführt und bei denen Regenerations- und Transplantationsversuche gemacht wurden. Während von anderen Opfern der medizinischen Versuche in KZ oft noch nicht einmal der Name bekannt ist, ist das Schicksal der Frauen aus Ravensbrück gut dokumentiert: Leo Alexander hat Überlebende der Experimente im Nürnberger Prozess befragt und Loretta Walz aus ihren Interviews mit den Opfern 1995 den Film »Man nannte uns Kaninchen« gedreht.[12]

Experimente aus »rassenhygienischen« Gründen

Genügten die Versuche zu militärischen Zwecken zumindest teilweise wissenschaftlichen, wenn auch nicht ethischen An-

---

12 Die Interviews sind dokumentiert in: Walz, Loretta, Gespräche mit Stanislawa Bafia, Wladyslawa Marczewska und Maria Plater über die medizinischen Versuche in Ravensbrück. In: Ebbinghaus/Dörner, Vernichten und Heilen, S. 241–272.

sprüchen, kann dies von den Forschungen zur Stützung des »rassenhygienischen« Grundkonzeptes in keinem Fall gesagt werden. Hier wurden Menschen aus ideologischen, wissenschaftlich verbrämten Grundüberzeugungen ermordet.

Am 9. Februar 1942 schrieb der Ordinarius der Reichsuniversität Straßburg, SS-Sturmbannführer Dr. August Hirt, an den Reichsführer-SS, Heinrich Himmler: »Nahezu von allen Rassen und Völkern sind umfangreiche Schädelsammlungen vorhanden. Nur von den Juden stehen der Wissenschaft so wenig Schädel zur Verfügung, dass ihre Bearbeitung keine gesicherten Ergebnisse zulässt. Der Krieg im Osten bietet uns jetzt Gelegenheit, diesem Mangel abzuhelfen. In den jüdisch-bolschewistischen Kommissaren, die ein widerliches, aber charakteristisches Untermenschentum verkörpern, haben wir die Möglichkeit, ein greifbares wissenschaftliches Dokument zu erwerben, indem wir ihre Schädel sichern.«[13] Hirt forderte in seinem Schreiben weiterhin, junge Ärzte sollten gefangen genommene Kommissare fotografieren, vermessen und den »Tod herbeiführen«. Das auf diese Weise gewonnene »Schädelmaterial« sollte an der Universität Straßburg »ihrer Bestimmung und Aufgabe gemäß« gesammelt und erforscht werden.[14]

Wann der Plan gefasst wurde, mehr als nur eine Schädelsammlung von »Kommissaren« anzulegen und dafür kaltblütig KZ-Häftlinge zu töten, ist nicht mehr festzustellen; jedenfalls suchte ein Mitarbeiter Hirts, Bruno Beger, in den Monaten Mai und Juni 1943 in Auschwitz insgesamt »115 Personen, darunter 79 Juden, 2 Polen, 4 Innerasiaten und 30 Jüdinnen«[15] aus, die in

---

13 Mitscherlich/Mielke, Wissenschaft, S. 165.
14 Ebenda, S. 165 f.
15 Schreiben des Leiters der Forschungseinrichtung »Ahnenerbe« der SS, SS-Standartenführer Dr. Sievers, an das Reichssicherheitshauptamt, SS-Obersturmbannführer Eichmann. In: Ebenda, S. 166.

das KZ Natzweiler verschleppt und in der dortigen Gaskammer ermordet wurden. Die Leichen wurden zum Teil im Anatomischen Institut, zum Teil im KZ Natzweiler in konservierender Flüssigkeit gelagert, um später präpariert zu werden. Beim Vormarsch der Alliierten auf Straßburg wurde ein Teil der Leichen zerstückelt und verbrannt, ein Teil blieb in den Bottichen liegen; alle Unterlagen wurden vernichtet. Hirt setzte sich über den Rhein ins Badische ab und beging im Juni 1945 Selbstmord.

Am Kaiser-Wilhelm-Institut (KWI) für Anthropologie, menschliche Erblehre und Eugenik in Berlin-Dahlem hatten sich mehrere Wissenschaftler ab Ende der dreißiger Jahre damit beschäftigt, biologische Merkmale für die Zugehörigkeit zu einer bestimmten Rasse zu bestimmen; durch die Tätigkeit von Dr. Karin Magnussen ab 1941 erfuhren diese Forschungen am Institut eine massive Zuspitzung.[16] Sie wollte experimentell nachweisen, dass erbliche Charakteristika aus der Augenfarbe und der Irisstruktur abzuleiten und so einer bestimmten Rasse zuzuordnen seien. Ihre Arbeiten wurden vom Reichsforschungsrat und von der Deutschen Forschungsgemeinschaft (DFG) gefördert. Einen Schwerpunkt bildeten die Heterochromie der Augen, der physiologische oder auch pathologische Zustand der Verschiedenfarbigkeit der Iriden bei einem Individuum. Karin Magnussen sah darin ein besonderes, »rassegebundenes« Erbmerkmal.

Gemeinsam mit Josef Mengele, dem ehemaligen Assistenten Prof. Otmar Freiherr von Verschuers in Frankfurt und nun Gastarzt am KWI, untersuchte sie dort eine »Zigeunersippe«, bei der nicht nur Heterochromie, sondern auch gehäuft Zwillinge festgestellt worden waren. Als diese Familie im März 1943 in das KZ Auschwitz eingeliefert wurde, erwies es sich

16 Vgl. Lösch, Niels C., Rasse als Konstrukt, Frankfurt/Main 1997.

für Magnussen als vorteilhaft und für die Familie als verhäng-
nisvoll, dass Mengele dort inzwischen Lagerarzt geworden war.

In ihrem Entnazifizierungsprozess hat Magnussen über das
weitere Vorgehen berichtet: »Meine Forschungsaufgabe habe
ich durchgeführt, obgleich mir nach Internierung der Hetero-
chromie-Sippe in Auschwitz jeder Zugang zu Mitgliedern dieser Sippe verschlossen war, und zwar durch die Hilfe von Dr.
Mengele, der zufällig als Arzt an das Lager kommandiert war.
Durch ihn erfuhr ich auch, dass eine der wichtigsten Familien
der Sippe mit Lungentuberkulose verseucht war ... Ich habe
ihn daraufhin gebeten, falls jemand von der Sippe sterbe, mir,
wenn möglich, Sektionsberichte und das pathologische Au-
genmaterial zusenden zu lassen.«[17]

Durch den Bericht des Häftlingsarztes Miklos Nyiszli, der
die Augen präparieren und nach Dahlem versenden musste,
ist bekannt, dass Mengele die Zwillinge durch eine intrakar-
diale Chloroform-Injektion getötet hatte und dass die angege-
benen Todesursachen fingiert waren.[18] Frau Magnussen fiel
die Übereinstimmung in den Todeszeitpunkten angeblich
nicht auf, wohl aber dem Herausgeber der *Zeitschrift für In-
duktive Abstammungs- und Vererbungslehre*, der einen Artikel
Magnussens wegen dieser Tatsache und den sich daran knüp-
fenden Überlegungen ablehnte.[19]

Mengele war auch in ein zweites Projekt am KWI für Anthropologie, das ebenfalls vom Reichforschungsrat und der
DFG gefördert wurde, eingebunden: die Erforschung von
»spezifischen Eiweißkörpern«. Auch hier sollte mit biologischen Markern eine vermeintliche Rassenzugehörigkeit er-

---

17 Ebenda, S. 412.

18 Nyiszli, Miklos, Auschwitz, a Doctor's Eyewitness Account, New York 1960,
    S. 64.

19 Vgl. Müller-Hill, Benno, Tödliche Wissenschaft, Reinbek 1984, S. 164.

härtet werden. »Als Mitarbeiter in diesen Forschungszweig ist mein Assistent Dr. med. et Dr. phil. Mengele eingetreten. Er ist als Hauptsturmführer und Lagerarzt im Konzentrationslager Auschwitz eingesetzt. Mit Genehmigung des Reichsführers-SS werden anthropologische Untersuchungen an den verschiedensten Rassengruppen dieses Konzentrationslagers durchgeführt und die Blutproben zur Bearbeitung an mein Laboratorium geschickt«,[20] schrieb Verschuer, seit 1942 Direktor des KWI für Anthropologie, an den Reichsforschungsrat, dem er auch die Zwischenberichte Mengeles vorlegte. Über zweihundert Blutproben, in der Regel von ermordeten Häftlingen, gingen allein bis Ende 1943 aus Auschwitz ein.

Verschuer und Magnussen haben nach dem Krieg vehement abgestritten, etwas über die tatsächliche Zustände im KZ Auschwitz gewusst zu haben. Vor allem hätten sie nicht wissen können, dass die Organe von ermordeten Häftlingen stammten. Rose hatte sich trotz aller Bedenken doch für Versuche an KZ-Häftlingen entschieden, und als Emil Abderhalden, der die Labormethoden zur Bestimmung bestimmter Eiweißkörper entwickelt hatte, von den Experimenten Verschuers erfuhr, zeigte er sich lediglich darüber erbost, dass er nicht einbezogen worden war![21]

Versuche im Rahmen der nationalsozialistischen Bevölkerungspolitik

Auch die Menschenversuche im Rahmen der Bevölkerungspolitik begannen im KZ Auschwitz. Der Generalplan Ost, der

---

20 Lösch, Rasse, S. 415.
21 Vgl. Frewer, Andreas, Medizin und Moral in Weimarer Republik und Nationalsozialismus, Frankfurt/Main/New York 2000, S. 172–181.

1940/41 entwickelt wurde, sah als Fernziel vor, acht Millionen Deutsche im eroberten Osten anzusiedeln. Dafür wollten die Planer in Berlin diese Gebiete von der einheimischen Bevölkerung »reinigen«. Für die Juden bedeutete das die Vernichtung; die anderen Völker sollten entweder umgesiedelt oder in ihrer Reproduktion beschränkt werden. In den Augen der Verantwortlichen brachte Letzteres noch den Vorteil mit sich, deren Arbeitskraft ausbeuten zu können. Der Dermatologe Adolf Pokorny hatte in einer Denkschrift für Himmler auf ein Sterilisierungsmittel der Firma Madaus hingewiesen, das – aus dem Schweigrohr, einer giftigen Pflanze, gewonnen – »weitgehendste Perspektiven« für die Umsetzung dieses Vorhabens biete.[22] Die von Himmler daraufhin angeregten Versuche zeigten freilich keine zufrieden stellenden Ergebnisse.

Viktor Brack, Leiter der Kanzlei des Führers, brachte daraufhin die Röntgenkastration männlicher Gefangener ins Spiel. Horst Schumann, Direktor der Euthanasieanstalten Grafeneck und Sonnenstein, führte in den Jahren 1942/43 die entsprechenden Versuche in Auschwitz durch. Dabei wurden ohne deren Wissen Häftlinge einer hohen Röntgendosis im Genitalbereich ausgesetzt. Die Methode erwies sich für die Mediziner jedoch als nicht praktikabel; bei den Opfern führte sie zu qualvollen Vereiterungen und Geschwüren, sogar zur Blutvergiftung. Brack resümierte 1944 in nachgerade zynisch anmutender Ärztemanier, »dass eine Kastration des Mannes auf diesem Wege ziemlich ausgeschlossen ist oder einen Aufwand erfordert, der sich nicht lohnt«.[23] Die konventionelle chirurgische Unfruchtbarmachung sei schneller, sicherer und billiger.

---

22 Mitscherlich/Mielke, Wissenschaft, S. 229 f.
23 Brief Bracks an Himmler aus dem Jahr 1944. In: Ebenda, S. 235.

Negative Eugenik wollte auch Carl Clauberg durchführen. Clauberg war ein angesehener Wissenschaftler: Er hatte mit seinen Forschungen die Grundlagen der synthetischen Herstellung weiblicher Sexualhormone gelegt, war Professor und Chefarzt einer Frauenklinik geworden. Clauberg schlug Himmler die Gründung eines »Forschungsinstituts für Fortpflanzungsbiologie« vor. Ziel eines solchen Instituts sollte es sein, einerseits die Fruchtbarkeit zwar unfruchtbarer, aber »rassisch wertvoller« Frauen wiederherzustellen, andererseits die Fruchtbarkeit »minderwertiger« Frauen zu vernichten. Nach mehr als einjähriger Erprobungszeit fand er ein Mittel, das es – wie er an Himmler schrieb – erlauben würde, innerhalb eines Tages, das nötige Personal und die nötigen Mittel vorausgesetzt, mehr als tausend Frauen zu sterilisieren.[24] Das »Institut für Fortpflanzungsbiologie« war nichts anderes als der berüchtigte Block 10 des KZ Auschwitz. Clauberg spritzte den Frauen eine Formalinlösung intrauterin, das heißt in die Gebärmutterhöhle, die zu einer Entzündung nicht nur der Gebärmutter, sondern auch der Eileiter und bei der Abheilung zu einem narbigen Verschluss führte. Mit einem eigens entwickelten Kontrastmittel, dem Neo-Röntyum, überprüfte er den »Erfolg« seiner Injektion. Von den Frauen, die die Versuche nicht überlebt haben, sind nur sechs namentlich bekannt; wie viele nach dem Eingriff sofort in das benachbarte Vernichtungszentrum Birkenau transportiert wurden, ist nicht zu ermitteln.

Clauberg war ein Fanatiker. Nachdem er im Januar 1945 Auschwitz verlassen musste, setzte er seine Sterilisationen im KZ Ravensbrück fort – nunmehr jedoch nicht als Versuche, sondern gezielt zur Unfruchtbarmachung einer Gruppe von 35 jungen »Zigeunerinnen«.

---

24 Brief Claubergs an Himmler vom 7.6.1944. In: ebenda, S. 238 f.

Resümee

Es wäre zu einfach, diese und die vielen anderen Versuche als Abartigkeit, als Ausfluss krimineller Energie, als psychopathisches Handeln abzutun. Sicher, dies hat es auch gegeben. Die meisten der Täter aber waren anerkannte Ärzte und Wissenschaftler; ihre Taten müssen anders gewertet werden als die eines Sigismund Rascher. Ihr Überschreiten der Grenzen hat zweifelsohne mit dem Selbstverständnis der Medizin im Nationalsozialismus zu tun: Der Einzelne war hinter die Gemeinschaft zurückgetreten. Die Reichsärzteordnung von 1935 hatte dem Arzt nicht nur die Gesundheit des Einzelnen, sondern die des Volkes als Aufgabe zugewiesen. Volk und Rasse waren die entscheidenden Begriffe – nicht das Individuum. Die Gesundheit der Rasse und des Volkes der Zukunft stand höher als die Gesundheit des Einzelnen. Individualethik war durch eine verschwommene, aber zugkräftige Gemeinschaftsethik ersetzt worden. Das Recht auf Gesundheit war an die Zugehörigkeit zum deutschen Volk geknüpft. Wer über jüdisches oder nicht »artverwandtes« Blut verfügte, hatte für die Nationalsozialisten dieses Recht verwirkt: Er war in den KZ zum Objekt geworden, das für medizinische Versuche bequem zur Verfügung stand.

Aber noch ein anderes hat zu diesem unreflektierten, inhumanen Umgang mit Menschen beigetragen: die Vernaturwissenschaftlichung der Medizin an sich. Sie hatte schon lange vor 1933 den Menschen zum bloßen Objekt gemacht. Der Ausdruck »Patientenmaterial« stammt aus dem ausgehenden 19. Jahrhundert. Die Übergänge zwischen experimenteller Medizin und medizinischen Verbrechen sind im Nationalsozialismus oft nicht eindeutig. Deshalb fiel es den Richtern im Nürnberger Ärzteprozess ja auch so schwer, Maßstäbe zu finden, an denen die Täter gemessen werden konnten.

Die Autorinnen und Autoren

Prof. Dr. Sibylle Quack, geboren 1951, ist außerplanmäßige Professorin für Politikwissenschaften an der Universität Hannover und seit März 2000 Geschäftsführerin der Stiftung Denkmal für die ermordeten Juden Europas. Sie publizierte zu den Themen deutsch-jüdisches Exil, Holocaust-Erinnerung und Gedenkpolitik, unter anderem »Zuflucht Amerika. Zur Sozialgeschichte der Emigration deutsch-jüdischer Frauen in die USA nach 1933« (1994), »Auf dem Weg zur Realisierung. Das Denkmal für die ermordeten Juden Europas und der Ort der Information. Architektur und historisches Konzept« (2002).

Dr. Beate Meyer, geboren 1952, Historikerin; arbeitet am Institut für die Geschichte der deutschen Juden, Hamburg; 1990–1995 Aufbau des Oral-History-Projekts »Werkstatt der Erinnerung« an der Forschungsstelle für Zeitgeschichte in Hamburg; Leiterin des Ausstellungsprojekts »Juden in Berlin 1938–1945« an der Stiftung »Neue Synagoge – Centrum Judaicum«, Berlin. Sie veröffentlichte zur regionalen NS-Geschichte, zur oral history, zur Verfolgung »jüdischer Mischlinge« und zu Mischehen.

Dr. Claudia Schoppmann, geboren 1958, Historikerin; 2000–2003 wissenschaftliche Mitarbeiterin am Forschungsprojekt »Rettung von Juden im nationalsozialistischen Deutschland« des Zentrums für Antisemitismusforschung der Technischen Universität Berlin. Sie veröffentlichte zur NS-Zeit, zur Geschlechter- und Exilforschung; Mitherausgeberin von »Überleben im Untergrund. Hilfe für Juden in Deutschland 1941–1945« (2002).

Dr. Michael P. Hensle, geboren 1952, ist Historiker und Wissenschaftlicher Dokumentar, lebt und arbeitet in Berlin. Veröffentlichungen zur Justizgeschichte und zum Nationalsozialismus: »Die Todesurteile des Sondergerichts Freiburg 1940–1945. Eine Untersuchung unter dem Gesichtspunkt von Verfolgung und Widerstand (1996) und »Rundfunkverbrechen. Das Hören von ›Feindsendern‹ im Nationalsozialismus« (2003).

Dr. Günter Grau, geboren 1940, Sexualwissenschaftler, 1991–1998 Mitarbeiter am Institut für Geschichte der Medizin der Charité Berlin, bis 2002 Mitarbeiter am Institut für empirische und angewandte Soziologie der Universität Bremen. Lebt und arbeitet heute in Berlin. Er veröffentlichte unter anderem: »Aids. Krankheit oder Katastrophe« (1990), »Schwulsein 2000. Perspektiven im vereinigten Deutschland« (2001) und »Homosexualität in der NS-Zeit« (2004, zweite Auflage).

Dr. Peter Jahn, geboren 1941, Historiker; ist seit 1995 Leiter des deutsch-russischen Museums Berlin-Karlshorst; 1975–1990 Arbeiten zur deutschen Rezeption Russlands, zur Gewerkschafts- und Universitätsgeschichte, Projektierung und Mitarbeit an historischen Ausstellungen; 1990/91 Planung und Mitarbeit an der Ausstellung »Der Krieg gegen die Sowjetunion« in der »Topographie des Terrors«, Berlin; 1992–1995 Aufbau des deutsch-russischen Museums Berlin-Karlshorst.

Prof. Dr. Gerhard Paul, geboren 1951, Historiker; ist seit 1994 Professor für Geschichte und ihre Didaktik an der Universität

Flensburg; zahlreiche Veröffentlichungen zur deutschen Geschichte des 20. Jahrhunderts, besonders zur NS-Zeit; zuletzt erschienen »Landunter« (2001), »Matrosenanzug – Davidstern« (2002) und »Die Täter der Shoah« (2002).

Dr. Peter Widmann, geboren 1968, Politikwissenschaftler; arbeitet als wissenschaftlicher Mitarbeiter am Zentrum für Antisemitismusforschung der Technischen Universität Berlin; erforscht im Rahmen eines DFG-Projekts die Rolle der Kriminalbiologie für die Verfolgung stigmatisierter Gruppen zwischen 1890 und 1960; Veröffentlichungen zur Minderheitenpolitik, zur NS-Geschichte, zur kommunalen Sozialpolitik und zur Analyse der Massenmedien.

Dr. Dietmar Sedlaczek, geboren 1960, Kulturwissenschaftler; ist seit 1999 Leiter der KZ-Gedenkstätte Moringen; Sprecherratsmitglied der Interessengemeinschaft niedersächsischer Gedenkstätten und Initiativen zur Erinnerung an die NS-Verbrechen; Lehraufträge an den Universitäten Göttingen und Bremen. Er veröffentlichte zum Komplex Biografieforschung und Nationalsozialismus, zu neuen Medien und Gedenkstättenarbeit.

Prof. Dr. Gisela Bock, geboren 1942, Historikerin; ist Professorin für Neuere Geschichte an der Freien Universität Berlin und war zuvor Professorin an der Universität Bielefeld (Geschlechtergeschichte) und am Europäischen Hochschulinstitut in Florenz (Europäische Geschichte des 19. und 20. Jahrhunderts). Sie publizierte unter anderem die Bücher »Zwangssterilisation im Nationalsozialismus« (1986) und »Frauen in der europäischen Geschichte« (2000).

PD Dr. phil. et med. habil. Georg Lilienthal, geboren 1948, ist Privatdozent am Medizinhistorischen Institut der Universität Mainz, Leiter der Gedenkstätte Hadamar für Opfer der NS-»Euthanasie«-Verbrechen und Mitherausgeber des Medizinhistorischen Journals. Er veröffentlichte unter anderem: Der »Lebensborn e.V.«. Ein Instrument nationalsozialistischer Rassenpolitik (Frankfurt/Main 2003, dritte Auflage).

Prof. Dr. phil. et Dr. med. Rolf Winau, geboren 1937, Historiker und Mediziner; ist seit 1976 Professor für Geschichte der Medizin an der Freien Universität Berlin, seit 1995 auch Professor am Friedrich-Meinecke-Institut (Institut für Geschichte), 1997 Gründungsdirektor und seit 2000 Direktor des Zentrums für Human- und Gesundheitswissenschaften der Berliner Hochschulmedizin, seit 1998 kommissarischer Direktor des Instituts für Anthropologie. Zahlreiche wissenschaftliche Arbeiten zur Geschichte der Berliner Medizin, zur Geschichte des Versuchs mit Menschen, der Medizin im Nationalsozialismus und zur Ethik in der Medizin.